ang Buchholz-Graf
Christiane Caspary
Lis Keimeleder
Florian Straus

Familienberatung bei Trennung und Scheidung
Eine Studie über Erfolg und Nutzen gerichtsnaher Hilfen

unter Mitarbeit von
Dr. J. Kandler, Dipl.-Volkswirt, München
O. Dahme, Rechtsanwalt, München

Wolfgang Buchholz-Graf
Christiane Caspary
Lis Keimeleder
Florian Straus

# Familienberatung bei Trennung und Scheidung
## Eine Studie über Erfolg und Nutzen gerichtsnaher Hilfen

unter Mitarbeit von
Dr. J. Kandler, Dipl.-Volkswirt, München
O. Dahme, Rechtsanwalt, München

Lambertus

Diese Publikation und das Forschungsprojekt wurden aus Mitteln des Bayerischen Ministeriums für Arbeit und Sozialordnung, Familie, Frauen und Gesundheit gefördert.

Die Deutsche Bibliothek - CIP-Einheitsaufnahme

**Familienberatung bei Trennung und Scheidung :** eine Studie über Erfolg und Nutzen gerichtsnaher Hilfen / Wolfgang Buchholz-Graf ... unter Mitarb. von J. Kandler ; O. Dahme. - Freiburg im Breisgau : Lambertus, 1998
    ISBN 3-7841-1045-2

Umschlaggestaltung: Grafikdesign Christa Berger, Solingen
Umschlagfoto: Uwe Stratmann, Wuppertal
Herstellung: Druckerei F.X. Stückle, Ettenheim
ISBN 3-7841-1045-2

# Inhalt

# Einleitung

Die Familie mit Kindern ist kein Auslaufmodell. Für viele junge Erwachsene gehört sie nach wie vor zu den zentralen Zielen ihres Lebens. Doch genauso wie Familie heute mit anderen attraktiven Lebensformen konkurriert, ist sie vielfach auch ein Modell auf Zeit. Fast jedes Kind kennt heute andere Kinder, deren Eltern geschieden sind oder war selbst von einer Trennung/Scheidung betroffen.

So normal damit eine Trennung/Scheidung auch ist, so wenig erfahren sind in der Regel diejenigen, die diese erleben. Nur wenige Betroffene können sagen, daß sie oder ihre Eltern eine konstruktive Trennung vollzogen haben und sie damit über positive Vorbilder für einen gelungenen Trennungsprozeß verfügen. Die Folgen sind Unsicherheit und Ratlosigkeit. Wenn diese sich mit Verletzungen aus dem Trennungsprozeß verbinden, dann droht (das), was ein Nachrichtenmagazin vor kurzem mit „Scheidung brutal" überschrieben hat - ein Kampf um Kinder oder/und Geld. Oftmals führen diese Sorgerechtsstreitigkeiten zu traumatischen Beeinträchtigungen beim Kind. Der Amerikaner R.A. Gardner (1992) hat den Begriff „Parental Alienation Syndrom" (PAS) geprägt. Er weist mit diesem Syndrom auf einen Sachverhalt hin, der den mit Scheidung befaßten Berufsgruppen nur zu bekannt ist: PAS-Kinder sind Kinder, die zumindest nach außen einen Elternteil heftig ablehnen (Kodjoe & Koeppel 1998). Je jünger die Kinder sind, desto eher ergreift es die Partei des nahen Elternteils. Für diese Kinder ist die kompromißlose Hinwendung zu einem Elternteil die Möglichkeit mit quälenden Loyalitätskonflikten fertig zu werden. Nur Eltern, die erkennen, wie wichtig es ist, trotz des Scheiterns ihrer Paarbeziehung, als Eltern für Kinder erhalten zu bleiben, können das Trauma verhindern.

Die Gerichte, vor denen dieser Kampf ausgetragen wird, sind meistens überfordert. Gerade auch das neue Kindschaftsrecht macht deutlich, was diese Familien vielfach brauchen: eine schnelle, unbürokratische und effektive Form der Beratung. Wir möchten mit diesem Buch ein Modellprojekt für Trennungs- und Scheidungsfamilien vorstellen, das auf die Initiative von Familienrichterinnen und Beraterinnen in Regensburg hin entstanden ist. Dieses Projekt wurde vom Institut für Praxisforschung und Projektberatung in München und Prof. Dr. Wolfgang Buchholz-Graf (Fachhochschule Regensburg) wissenschaftlich begleitet. Auftraggeber war das Bayerische Ministerium für Arbeit und Sozialordnung, Familie, Frauen und Gesundheit, welches auch zu großen Teilen das Modellprojekt ermöglicht hatte.

Das besondere Profil dieser Beratung ist, daß sie *im* Amtsgericht, quasi neben dem Sitzungssaal der Familienrichterinnen stattfindet. Diese Nähe der Beratung zum Gericht stieß auch bei uns wissenschaftlichen Begleiterinnen zunächst auf Vorbehalte und Fragen. Wir wollen hier einige beispielhaft anführen: Erleben nicht viele Klientinnen die Gerichtsnähe als einschüchternd? Kann man mit nicht- oder geringmotivierten Eltern überhaupt beraterisch arbeiten? Und wie kommen die Beraterinnen im Setting am Amtsgericht ihrer Schweigeverpflichtung nach? Während zu Beginn der Begleitforschung unsere Einstellung dem Modell gegenüber durch ein skeptisches Interesse gekennzeichnet war, wurde uns im Verlauf unserer Untersuchung immer deutlicher, daß diese Form der institutionalisierten Beratung Sinn macht und wie relevant das Projekt und die Fragen, die durch die Regensburger Arbeit aufgeworfen werden - auch über die Grenzen Bayerns hinaus - sind.

Daher haben wir uns entschlossen, die Ergebnisse der Studie in dieser Form zu veröffentlichen. Wir würden uns freuen, wenn die Regensburger Arbeit auch in anderen Bundesländern wahrgenommen wird - vor allem aus zwei Gründen: Die Beratung von Trennungs- und Scheidungsfamilien erhält mit der Verabschiedung des neuen Kindschaftsrechts eine besondere Aktualität. Mit dem neuen Kindschaftsrecht, das am 1. Juli 1998 in Kraft treten soll, erhält jedes Kind das Recht auf Kontakte mit Vater und Mutter. Ein weiterer Kernpunkt der Reform ist, daß geschiedenen Eltern grundsätzlich das Sorgerecht gemeinsam zusteht, es sei denn, einer der beiden Elternteile beantragt vor Gericht die alleinige Sorge. Auch nichtverheiratete Eltern können für ihre Kinder das gemeinsame Sorgerecht bekommen und werden auch im Falle von Trennung und Scheidung mit Verheirateten gleichgestellt. Zwar wurde das neue Kindschaftsrecht im Bundestag mit großer Mehrheit verabschiedet. Dennoch ist die Diskussion nach wie vor kontrovers. Vor allem fürchten viele Fachleute, daß durch die gemeinsame Sorge als Regelfall Konflikte vorprogrammiert sind. Ein fachlich angemessenes Beratungs- und Mediationsangebot wird immer wieder als Begleitung in der Umsetzung des neuen Kindschaftsrechts gefordert.

Ein zweiter Grund für die Bedeutung des Regensburger Modells betrifft den sogenannten freien Zugang für scheidungswillige Eltern zu den Beratungseinrichtungen. Es ist immer wieder darauf hingewiesen worden, daß viele Eltern auch bei einem ausreichenden Angebot Hilfe im Falle von Trennung und Scheidung nicht nutzen. Der "freie Zugang" bzw. die Freiwilligkeit der Beratung stellt zwar sicher, daß grundsätzlich allen Eltern die Möglichkeit zur Beratung kostenfrei offensteht, er erweist sich aber gegenwärtig auch als eine Art Nadelöhr, das zu einer ungleichen Verteilung der Beratungs- und Hilfsressourcen führt. Es sind oft die für

Beratung motivierten Eltern, die Hilfe erhalten. Doch was ist mit den anderen Eltern? Den Eltern, die sich scheuen oder es gar ablehnen, Hilfsangebote für sich und vor allem für ihre Kinder zu nutzen? Ein großer Teil dieser Eltern benötigt nicht nur im Interesse ihrer Kinder ebenfalls und oft sogar mehr Hilfe als die aktiven Beratungswilligen. Bekanntlich gibt es auch in der Bundesrepublik Stimmen, die, wie in verschiedenen Staaten der USA für Scheidungseltern Beratung verpflichtend machen oder sogar therapeutisch-pädagogische Programme absolvieren müssen, um einen Fortgang im gerichtlichen Verfahren zu erhalten (z.B. Kalifornien und Kentucky).

Wir halten nach wie vor auch bei Trennung und Scheidung die Freiwilligkeit im Zugang zur Beratung für unverzichtbar, meinen aber, mit dem Regensburger Modell einen möglichen dritten Weg vorstellen zu können, der über intensivierte Formen der Kooperation von psychosozialer Beratung und Familiengericht verbesserte Möglichkeiten im Zugang der Eltern realisiert und für mehr Verteilungsgerechtigkeit von Beratungs- und Hilfsressourcen in der Jugendhilfe sorgt.

Um eine gute Lesbarkeit unserer Studie zu erreichen, haben wir die methodischen Aspekte in den Hintergrund gestellt. Im Anhang finden sich aber ausreichende Informationen zur Durchführung und Methodik dieser Studie. Da wir sowohl quantitative Erhebungen als auch umfangreiche qualitative Interviews mit ehemaligen Klientinnen sowie mit Expertinnen und thematisch strukturierte Gruppeninterviews mit den beteiligten Richterinnen und Beraterinnen durchgeführt haben, werden wir unsere quantitativen Ergebnisse jeweils mit Fallberichten und Zitaten aller Beteiligten ergänzen - den Eltern, den Richterinnen und Beraterinnen und den lokalen Expertinnen.

Im Kapitel 1 geben wir einen Überblick zur konkreten alltäglichen Arbeit des Modells und seinem Profil im Kontext der sozialwissenschaftlichen Ergebnisse und der bundesdeutschen Jugendhilfe. Kapitel 2 stellt die wichtigsten Ergebnisse zur Gerichtsnähe der Beratung dar. Wie erleben und bewerten die Eltern den Zugang unter dieser besonderen Bedingung? Wie stellt sich ihre Motivation dar, und vor allem wie entwickelt sie sich im Verlauf der Beratung? Kapitel 3 widmet sich der Beratungstätigkeit und wie die Eltern diese erlebt haben. Kapitel 4 stellt die zentralen Ergebnisse der Wirkung des Modells dar. Im Mittelpunkt steht die Perspektive der Klientinnen. Ergänzend wurde eine Nutzen–Kosten-Analyse durchgeführt. Kapitel 5 stellt die Sichtweise des Modells von Expertinnen im Umfeld dar. Wie sehen beispielsweise Anwältinnen und Jugendamtsmitarbeiterinnen die neue Zusammenarbeit zwischen Familienrichterinnen und psychosozialen Beraterinnen? Kapitel 6 gibt eine zusammenfassende Bewertung und versteht sich zugleich als Empfehlungskapitel für die weitere Entwicklung der Jugendhilfe bei Trennung und Scheidung. Zwar bezieht sich dieses letzte Kapitel in besonderem Maße auf die bayerische Situation. Wir glauben aber, daß dennoch Anregungen für die Diskussion in anderen Bundesländern enthalten sind.

Noch ein Hinweis zur Schreibweise. Um das meist mühevolle Lesen der doppelten (weiblichen und männlichen) Form oder des „großen "I" - Berater/innen oder KlientInnen - umgehen zu können, haben wir uns *durchgehend für die weibliche Form* entschieden.

Wir möchten uns an dieser Stelle bei allen Beteiligten für die gute Zusammenarbeit bedanken. Ohne die hohe Kooperationsbereitschaft und Offenheit, insbesondere seitens der Mitarbeiterinnen der Beratungsstelle und bei den Familienrichterinnen wäre es nicht möglich gewesen, eine so breit gefächerte wissenschaftliche Untersuchung durchzuführen. Eine gleichfalls sehr kooperative Rolle hat der wissenschaftliche Beirat des Modells eingenommen.

Ein besonderer Dank gebührt auch Thomas Kurz, der uns bei den Interviews in und um Regensburg unterstützt hat, Dr. Jakob Kandler, der die Nutzen-Kosten-Analyse durchgeführt und Otfried Dahme, der uns in juristischen Details beraten hat. Im Rahmen dieser Studie sind auch 3 Diplomarbeiten an der Fachhochschule Regensburg und eine Magisterarbeit an der Universität München entstanden. Schließlich haben uns Mona Simonsen und Katja Werner mit gewohnter Umsicht bei der Fertigstellung des Manuskripts geholfen. Nicht vergessen wollen wir den Dank an alle Klientinnen, die in schriftlicher und mündlicher Form bereit waren, sich noch einmal mit der schwierigen Trennungsphase zu beschäftigen und uns ihre Erfahrungen mit dem Beratungsprozeß zu berichten.

Wolfgang Buchholz-Graf (FH Regensburg)          Florian Straus (IPP)

# 1. Ein Modell gerichtsnaher Beratung für Familien in Trennung und Scheidung

## 1.1 DAS REGENSBURGER MODELL EINER GERICHTSNAHEN BERATUNG

### 1.1.1 Das Modellprofil

Das Modellprojekt "Familienberatung bei Trennung und Scheidung am Amtsgericht" (FATS) begann im November 1991 offiziell seine Arbeit. Die Bayerischen Staatsministerien für Arbeit und Sozialordnung, Familie, Frauen und Gesundheit, der Justiz sowie die Stadt und der Landkreis Regensburg hatten nicht nur grünes Licht für den Start des Modells gegeben, sondern auch die erforderlichen finanziellen Mittel zur Verfügung gestellt. Ein in Deutschland wohl einmaliges Projekt *gerichtsnaher* psychosozialer Beratung und Vermittlung konnte beginnen.

Das Attribut der ‚Gerichtsnähe' meint zum einen die räumliche Integration der Familienberatung in das Familiengericht. Zum zweiten weist die ‚Gerichtsnähe' auf Überweisungsformen der sich im gerichtlichen Verfahren befindenden Scheidungsfamilien durch Richterinnen und Anwältinnen hin. Zum dritten verlangt ‚Gerichtsnähe' Kooperationsformen und interdisziplinäre Arbeitsabläufe der beteiligten Berufsgruppen.
Vor allem durch die Vermittlung von Ratsuchenden und durch regelmäßige gemeinsame Besprechungen zwischen Richterinnen und Beraterinnen sind Familiengericht und Familienberatung miteinander verbunden. Die Initiatorinnen dieser organisatorischen Zusammenarbeit schreiben im Jahresbericht 1992: "Wohl in keinem anderen Bereich der Justiz besteht ein mehr oder weniger institutionalisierter Austausch zwischen Justiz und Beratung bzw. Psychologie. Wir hoffen, daß sich beide Partner dieser 'Vernunftehe' trotz eines klaren Arbeitsteilungsmodells gegenseitig bereichern können" (S. 27).

Das Modell ist eine Außenstelle der Psychologischen Beratungsstelle des Diakonischen Werkes Regensburg, die seit Jahren integrierte Ehe-, Erziehungs- und Lebensberatung anbietet. Die Psychologische Beratungsstelle erhielt für die Dauer des Modellprojektes eine Vollzeit-Fachkraft. Diese Diplompsychologinnen-Stelle teilten und teilen sich weiterhin vier (zeitweise fünf) Diplompsychologinnen der Beratungsstelle. An allen vier Sitzungstagen des Familiengerichtes ist somit (mindestens) eine der psychologischen Fachkräfte im Gerichtsgebäude anwesend. Den Beraterinnen steht eine Angestellte des Amtsgerichts mit ihrer halben Arbeitszeit zur Erledigung der Schreibarbeit zur Verfügung. Ihre Tätigkeit ist organisatorisch nicht dem Familiengericht zugeordnet, um auch in dieser Hinsicht der Schweigepflicht Rechnung zu tragen.

Die Familienberaterinnen haben unmittelbar neben dem Sitzungssaal einen Beratungsraum. Das Beratungszimmer unterscheidet sich deutlich von der nüchternen Sachlichkeit der Gerichtsräume: Es ist mit Bildern, Spielzeug, Bilderbüchern etc. so ausgestattet, daß es für die Eltern und vor allem für die beteiligten Kinder eine angenehme Atmosphäre bietet. Während der Anhörung der Parteien erfolgt der Hinweis auf die Möglichkeiten der Beratung. Gelingt es den Richterinnen, zumindest ein oberflächliches Interesse zu wecken, können die Parteien unmittelbar aus dem Sitzungssaal zu den Familienberaterinnen gehen. Die Beraterinnen haben am Sitzungstag - wenn möglich - einen oder zwei Termine freigehalten, welche die Richterinnen für die Parteien nutzen können. Die Richterinnen können aber auch mit den Eltern feste Termine in den Kalender der Beratungsstelle eintragen. Die Beratung ist für die Eltern kostenfrei und erfolgt auf freiwilliger Basis.

Während des Erstkontaktes entscheiden die Eltern gemeinsam mit den Beraterinnen über eine weitere Zusammenarbeit. In dieser ersten Sitzung wird nicht nur über die Beratungsarbeit informiert, sondern auch auf die Freiwilligkeit und Vertraulichkeit der Beratung hingewiesen. Wegen der räumlichen und konzeptionellen Nähe der Beratung zum Familiengericht werden Fragen der Schweige- und Auskunftspflicht besonders sorgfältig behandelt. Über Beratungsinhalte bestehen den Familienrichterinnen gegenüber keinerlei Auskunfts- oder Informationspflichten. In der Beratung geht es darum, gemeinsam mit den ratsuchenden Eltern konkrete und praktikable Regelungen und Vereinbarungen zum Sorge- und Umgangsrecht zu finden. Die Vermittlung soll helfen, die Elternfunktion über die Trennung der Ehepartner hinaus zum Wohle des Kindes zu erhalten und zu stärken. Die Eltern klären mit der Beraterin, ob ein einvernehmlicher Vorschlag an das Familiengericht möglich ist und halten diesen gegebenenfalls schriftlich fest. Im Idealfall führt die Vermittlung zu einer selbstbestimmten Auflösung der Ehe und einer Fortführung der Elternschaft (vgl. Konzeptentwurf vom 15.04.1991).

*Die Familienrichterin hat die Beraterin gebeten, sich die Zeit von 10 bis 11 Uhr freizuhalten, da Herr Mangold und Frau Schwarz-Mangold in dieser Zeit zur Anhörung erscheinen werden. Die Richterin hat nämlich bereits nach der Aktenlage eine Trennung- und Scheidungsberatung in Erwägung gezogen. Herr Mangold und Frau Schwarz-Mangold, die seit zehn Monaten getrennt leben und einen Scheidungsantrag beim Familien-*

*gericht gestellt haben, erscheinen um 9.30 Uhr zur Anhörung. Die Famili-*
*enrichterin erörtert unter anderem, wie sich die beiden ihre Elternschaft in*
*der Zukunft vorstellen.*
*Zwar sind sich beide Eltern im großen und ganzen einig, daß Frau*
*Schwarz-Mangold das alleinige Sorgerecht für die beiden Kinder im Alter*
*von zwei und fünf Jahren erhalten soll, aber der Streit um die konkrete*
*Ausgestaltung des Umgangs für den Vater flammt auch während der Anhö-*
*rung so heftig auf, daß Herr Mangold auch eine Übertragung der alleini-*
*gen Sorge an Frau Schwarz-Mangold in Frage stellt. Die Richterin weist*
*auf die Möglichkeit der Beratung im allgemeinen und durch Familienbera-*
*terinnen am Familiengericht im besonderen hin. Sie berichtet den Eltern,*
*daß bereits viele Eltern vor ihnen dieses Angebot wahrgenommen haben*
*und daß viele Kinder und auch Eltern davon profitiert haben. Herr Man-*
*gold ist sofort bereit, es mit der Beratung zu versuchen, Frau Schwarz-*
*Mangold zeigt zunächst eine unentschlossene bis ablehnende Haltung. Die*
*Richterin erläutert, daß ein Kontakt völlig unverbindlich ist und daß es*
*durchaus möglich ist, einfach einmal mit den Beraterinnen zu sprechen und*
*auch - wenn dieses gewünscht sei - ohne den Ehepartner. Die Richterin hat*
*dem Ehepaar berichtet, daß eine Beraterin für ein erstes Gespräch im Fa-*
*miliengericht zur Verfügung steht. Sie bietet Herrn Mangold und Frau*
*Schwarz-Mangold an, sie mit der Beraterin bekannt zu machen. Zögernd*
*läßt sich auch Frau Schwarz-Mangold auf ein unverbindliches Informati-*
*onsgespräch mit der Beraterin ein. Die Richterin stellt die Beraterin den*
*Noch-Eheleuten vor und verläßt das Beratungszimmer. Herr Mangold und*
*Frau Schwarz-Mangold vereinbaren jeweils ein Treffen getrennt mit der*
*Beraterin und ein Treffen gemeinsam. Sie wollen sich dann entscheiden, ob*
*und wie viele weitere Treffen mit welcher Zielsetzung nötig sind. Die Fami-*
*lienrichterin erfährt lediglich mittels eines Formblattes, daß sich das Schei-*
*dungspaar in Trennungs- und Scheidungsberatung befindet. Es finden in*
*der Folge noch fünf weitere gemeinsame Beratungstermine statt, wobei ei-*
*ner in Anwesenheit beider Kinder durchgeführt wird. Es kommt nach teil-*
*weise schwierigen Gesprächen zu einer Einigung, vor allem ist bei den*
*„Noch-Eheleuten” die Bereitschaft gewachsen, den Kindern beide Eltern*
*zu erhalten Die Parteien berichten über das Ergebnis der Beratung der*
*Familienrichterin. Die Scheidung wird unter Einbeziehung der Beratungs-*
*ergebnisse zur Sorge und zum Umgang vollzogen.*

Heute - Ende 1997 - verfügen die Beraterinnen und Richterinnen über
sehr umfangreiche Erfahrungen mit gerichtsnaher Beratung. In sechs Jahren haben 818 Scheidungsfamilien (mit insgesamt 1829 Eltern/-teilen,
Kindern, Jugendlichen und sonstigen Bezugspersonen wie neue Partnerinnen und Großeltern) die Beratungsstelle genutzt.

## 1.1.2 Projektfacetten: Das Modellprofil im Verlauf

Wir haben mit mehreren Richterinnen und Beraterinnen, die von Anfang an dabei waren, Gespräche geführt, die ergänzt wurden durch Gruppeninterviews mit allen Richterinnen und Beraterinnen (zur Methode vgl. die Darstellung im Anhang). Wir wollen über diese Darstellung auch etwas von der Projektdynamik deutlich machen. Die Jahresberichte und Veröffentlichungen des Modells haben uns bei unserem Anliegen, die komplexe Entwicklungsgeschichte zu dokumentieren, sehr geholfen (Jahresberichte 1992-1996; Lossen & Vergho 1993, 1995; Vergho & Lossen 1993; Vergho 1995; Ramming & Vergho 1996).

*Kleine Entstehungsgeschichte des Modells*

Da die Entstehungsgeschichte nicht nur von historischem Interesse ist, sondern wichtige Aufschlüsse geben kann, wo es um Fragen des Transfers des Modells in andere Bereiche geht, wollen wir die Ausgangslage, die zur Modellidee und zur erfolgreichen Realisierung dieser Idee führte, skizzieren.

Ausgangspunkt war die Unzufriedenheit Regensburger Richterinnen mit den Beratungsmöglichkeiten für die Scheidungsfamilien:

„Das war die Erfahrung, daß ich trotz aller Bemühungen feststellen mußte, daß ich den Kindern im Sinne von Kindeswohl nicht ausreichend helfen konnte, daß die Möglichkeiten zu gering waren, um den Eltern Hilfe anzubieten. So ungefähr drei, vier Jahre, nachdem ich als Familienrichterin angefangen habe, habe ich zunächst versucht, mit den Beratungsstellen, die es gab, zusammenzuarbeiten, und ich habe auch, wenn ich angerufen habe, schnelle Termine gekriegt, wenn ich gesagt habe es ist absolut brennend....(aber) ich habe überhaupt nur die schlimmsten Fälle genommen, und das waren dann vielleicht bei jeder Beratungsstelle ein Fall pro Jahr, also eine Familie." (Richterin)

Zwar bieten die Jugendämter und drei Beratungsstellen verschiedener Träger kompetente Beratung an, aber - ähnlich wie in anderen Familiengerichtsbezirken - die Kapazitäten sind schnell ausgeschöpft. Da sich die Zusammenarbeit mit der psychologischen Beratungsstelle zum Beispiel über die Erstellung von Gerichtsgutachten in Sorgerechtsfragen für das Familiengericht intensiviert hat, kommt es zu einem verstärkten fachlichen Austausch.

Ohne jemanden zu nahe treten zu wollen, kann man festhalten, daß die Initiative für das Modell vom Familiengericht und da insbesondere von einer Richterin ausging. Ihre Initiative weckt sofort Interesse und Engagement auf Seiten der Beratungsstelle. Dies ist nicht selbstverständlich, da von psychologischer Seite oft übertrieben starke Abgrenzungsbedürfnisse gegenüber der Gerichtsbarkeit festzustellen sind:

„...daß da so Fragen kommen: Laßt ihr euch nicht zu sehr auf die Justiz ein, das hat vielleicht Auswirkungen auf euer Image, paßt auf, daß die Beratungsstelle als Hort freier Arbeit erhalten bleibt. Und es hat früher schon Kollegen gegeben, die sich strikt geweigert haben, Gutachten zu machen für das Gericht eben mit dieser Argumentation." (Beraterin)

Eine Richterin ergänzt:

„Das gibt es aber nicht nur in diesem Bereich. Also dieses Weigern. Ich kenne das von anderen Kollegen, die immer erstaunt sind, daß bei uns die Berater aus den Beratungsstellen immer schon Gutachten gemacht haben. Also ohne dieses Modell. Es gibt Bezirke, wo die Psychologen sich strikt weigern. Ich kann dann das gar nicht glauben. Ich sage immer, das ist eine Frage der Kommunikation."

Auf Anregung der Psychologischen Beratungsstelle wird gemeinsam eine Fachtagung zum Thema "Elterliche Sorge und Umgangsrecht" besucht. Die Erfahrungen dort lassen vor allem für die Richterin die Idee einer Beratung direkt am Gericht immer deutlicher Gestalt annehmen. Aber erst müssen die Kolleginnen am Familiengericht gewonnen werden. Eine Richterin:

„... die hat uns Familienrichter damals gefragt, ob wir Interesse haben... und wir haben da von Anfang an mitgemacht. Wir haben gesagt, das ist eine gute Sache, zumindest können wir es mal versuchen."

Die Initiatorin dazu im Rückblick:

„Es war von Anfang an eigentlich die Bereitschaft da. Und es fing an, daß ich die Frau ... (Richterin) gefragt habe, die am längsten bei uns am Familiengericht ist, ich hab die Idee, aber ich frage dich, eh ich überhaupt weitermache, wie kriegen wir einen Raum, weil ich als erstes das Raumproblem gesehen habe. Wir waren früher mal in einem Raum gesessen, und ich habe sie gefragt, ob sie mich wieder aufnimmt, dann stelle ich meinen Raum zur Verfügung. Da hat sie ja gesagt. Dann bin ich erst an die Außenstellen gegangen. Das war der allererste Schritt, die Frau X. zu fragen, ob ich wieder zu ihr ins Büro kann, weil ich gedacht habe, ich müßte mein Zimmer zur Verfügung stellen. Weil ich nicht damit gerechnet habe, daß sich die Justiz so entgegenkommend zeigt."

Die Richterin fand nicht nur bei ihrer Kollegin Unterstützung. Auch die beiden männlichen Kollegen zeigten sich sofort zu diesem „Experiment" bereit.

Für die Initiatorin war von Anfang an klar, daß allein die Idee nicht reicht, daß sie zu deren Umsetzung möglicherweise persönliche Opfer bringen muß. Nachdem das Familiengericht und die Beratungsstelle für die Modellidee gewonnen waren, mußten die Verhandlungen mit dem Sozialministerium, dem Justizministerium und der Stadt Regensburg geführt werden. Ein Glücksfall lag sicherlich in der Tatsache, daß die Leiterin des Familienreferats im Ministerium sofort großes Interesse an einer Beratungsstelle am Familiengericht fand. Das Thema lag ihr ohnehin am Herzen, war sie doch eine der tatkräftigen Initiatorinnen des beispielgebenden „Familiennotruf" in München, einer Einrichtung, die Pionierarbeit für Bayern und Deutschland in der Trennungs- und Scheidungsberatung geleistet hat.

Nicht ganz leicht war dagegen anfangs die Situation in Regensburg. Denn das Jugendamt sah sich durch das Modell in seiner Arbeit nicht angemessen wahrgenommen. Hatte man doch über eine berufsbegleitende Fortbildung in Vermittlung die Mitarbeiterinnen auf Beratungsaufgaben bei Trennung und Scheidung vorbereitet und nun wurde eine neue Beratungsstelle im Gericht aufgebaut. Mittlerweile scheinen diese Unstimmigkeiten mit dem Jugendamt ausgeräumt, haben sich doch beide - Jugendamt und die gerichtsnahe Beratung - in ihrer ergänzenden und parallelen Funktion bewährt (vgl. Kap. 5).

## Die zentralen Argumente für die Gerichtsnähe des Modells

Die Richterinnen hatten immer wieder in vielen Fällen gesehen, daß mit richterlicher Erfahrung und juristischen Mitteln allein vielen Kindern in keiner Weise geholfen werden kann.

Einige Zitate:

„Es läuft alles formell ab, ein bißchen schnell ab, die Zeit drückt, die Verfahren drücken, die Anwälte sind dabei, das ist alles etwas formell. Und ich denke, diese Beratungsstelle ist so eine zusätzliche Möglichkeit, wo die Leute sagen, man gibt sich Mühe mit uns, man hört uns jetzt mal zu, wo uns der Schuh drückt, da ist es nicht formell, die ziehen das nicht so durch, um die Scheidung schnell auszusprechen." (Richterin)

„Es verringert ja das Streitpotential vor Gericht. Wenn sie es nicht im Scheidungsverfahren los werden, also wenn sie sich nirgends aussprechen können, dann entsteht der Streit halt woanders. Wenn es nicht die Scheidung ist oder das Sorgerechtsverfahren, dann ist es halt bei einem anderen Rechtsprechungsverfahren." (Richterin)

„Unser neues Scheidungsverfahren, „neu" kann man ja nicht sagen, nimmt ja den Parteien etwas die Möglichkeit, darüber zu streiten, warum die Ehe eigentlich kaputt gegangen ist. Früher haben sie darüber richtig streiten können. Jetzt werden halt diese Dinge auf andere Nebengeleise verlagert." (Richterin)

Eine Kollegin ergänzt:

„Die Leute kommen ja mit völlig falschen Vorstellungen hier an. Die glauben, da hat man zwei Stunden Zeit, um wirklich mal die Ehe von Adam und Eva an mal aufzudröseln. Und innerhalb von einer Viertel Stunde sind sie plötzlich geschieden und es ist noch nichts zur Sprache gekommen, was wichtig gewesen wäre." (Richterin)

Ein weiteres Argument ist die Erfahrung, daß die Richterinnen immer wieder die Familien für eine Beratung motivierten, aber die Zahl derjeniger, die sie auch nutzten, extrem gering war:

„...man bräuchte eine Beratungsstelle, die eine besondere Nähe zum Gericht hat, damit die Hemmschwelle der Leute, da hinzugehen, überwunden werden kann. Das war damals schon das entscheidende Argument, und das hat sich wohl als richtig herausgestellt." (Richterin)

Die Initiatorinnen beziehen sich mit ihrem Modell explizit auf das KJHG mit den Grundgedanken einer präventiven und offensiven Hilfe: "Die Beratungsdienste sollen sich zum Umfeld öffnen, kurze Wege für die Adressaten schaffen, institutionelle Schwellen abbauen, offene Sprechstunden anbieten und die Kooperation mit anderen Institutionen ausbauen" (Lossen & Vergho 1993, S. 168). Auch verweisen sie auf die langen Wartezeiten an den bestehenden Beratungseinrichtungen, die eine kurzfristige Begleitung der Familien im familiengerichtlichen Verfahren nahezu unmöglich macht. Ein weiterer Grund lag sicher auch in der Distanz der Richterinnen zu den Beratungsstellen, die sich teilweise aus der geringen beruflichen Zusammenarbeit ergab:

„Und weil man aus der Ferne auch nicht so gewußt hat, wie die Beratungsstelle arbeitet. Sicher, die hat es immer schon gegeben, aber der Austausch war nicht so da. Man hat sich zwar gekannt von den Gutachten her, wenn welche erstellt worden sind, aber die Beratungsstelle selber war für uns immer mehr oder weniger anonym gewesen." (Richterin)

„... und es ist auch so gewesen, daß man keinen Einfluß und keine Kontrolle gehabt hat: sind die Leute hingegangen, die man geschickt hat, oder ist das im Sand verlaufen. Und die Erfahrung hat gezeigt, daß wesentlich weniger zur Beratungsstelle gegangen sind, solange wir die Beratungsstelle nicht vor Ort gehabt haben." (Richterin)

*Beratung zwischen Stigma und Privileg*

Die Zusammenarbeit zwischen Richterinnen und Beraterinnen im Interesse der Kinder hat Sensibilitäten erzeugt. Alle Beteiligten haben sich sehr stark damit auseinandergesetzt, wie das Angebot von Beratung auf die Scheidungsfamilien wirkt. In einzelnen Fällen war zum Beispiel den Richterinnen sehr deutlich und manchmal überraschend, daß das Privileg, kostenlos und kompetent Hilfe zu erhalten, als Makel oder Stigma erlebt werden kann.

„Ein wichtiger Aspekt wäre sicher auch, die Leute dahin zu beruhigen, daß das auch wirklich keine Behandlung ist. Daß sie ja nicht wegen irgendwelcher Makken in irgendeine Therapie geraten, sondern daß man ihnen einfach behilflich sein will, wieder ins Gespräch zu kommen zu einem Zeitpunkt, wo sie besonders viel miteinander reden müssen, aber besonders schlecht miteinander reden können." (Richterin)

Die räumliche Integration wird in diesem Zusammenhang als eine gute Voraussetzung angesehen, Stigmatisierungsängsten entgegenzuwirken:

„Daß das auch ein Grund war, die Beratung hier bei dem Gericht anzusiedeln. Daß praktisch Beratung in den klassischen Einrichtungen der psychosozialen Hilfe von den Leuten viel mehr begriffen wird als etwas Stigmatisierendes. Und diese räumliche Ansiedlung hier bei Gericht so ein bißchen die Stigmatisierungsfurcht nimmt." (Richterin)

Das Scheitern einer Ehe verursacht häufig Versagensgefühle, die durch den Verweis auf psychologische Beratung noch verstärkt werden können:

„Wenn es dann an einer anderen Beratungsstelle wäre, daß es dann viele ablehnen würden aus Angst, jetzt ist schon die Ehe gescheitert, nun scheitere ich auch noch, damit selber fertig zu werden. Aber wenn es natürlich direkt daneben ist, kein Mensch sieht, wo sie hingehen, sie gehen einfach in das Gericht, und wenn fast alle so dahingehen, dann ist das eben auch etwas Normales. Das heißt, daß es jedem Elternteil, es kann ja auch jemand allein gehen, es müssen ja nicht beide Eltern gehen, freisteht zu sagen, ich gehe nach fünf Minuten, nach einer Stunde, ich gehe nach drei Stunden oder ich komme nicht wieder ... und die Vertraulichkeit, daß kein Abbruchgrund weitergegeben wird." (Richterin)

Die Richterinnen versuchen teilweise über die Bedürfnisse der Kinder die Eltern zu motivieren, weil sie die Erfahrung gemacht haben, daß auf diese Weise die Hilfe eher angenommen werden kann.
Teilweise wird auch gezielt auf den Wert und die Einmaligkeit der psychologischen Beratung am Gericht hingewiesen, um Stigmatisierungsängsten entgegenzuwirken:

„Also ich privilegiere eher die Leute, wie ich es formuliere, daß ich sage, da sitzen Leute, die haben auch noch Zeit, ihr habt einen reservierten Termin, nehmt ihn wahr - das ist nichts zum Verschenken, sondern etwas Kostbares, so motiviere ich." (Richterin)

Auch die Beraterinnen sehen die Problematik, daß für viele Scheidungsfamilien das Angebot psychologischer oder therapeutische Hilfe Zugangsbarrieren erzeugen kann:

„Wir versuchen dem ja auch Rechnung zu tragen, daß unser Angebot nicht als so ein therapeutisches oder psychologisches verstanden wird, indem wir also viele Briefe dann nicht mit Namen und Psychologe, sondern mit Namen und Familienberater unterzeichnen." (Beraterin)

„Mir ist es wichtig, daß wir es als Vermittlungsangebot bieten. Wir sind ein Gesprächsvermittlungsangebot, damit die Leute alles, was mit Scheidung zu tun hat besser regeln können." (Beraterin)

## Der Zugang: Zwischen Freiwilligkeit und Verpflichtung

Das Modell der gerichtsnahen Beratung kann nur funktionieren, wenn die Beratung freiwillig erfolgt, und gleichzeitig setzt es auf Druck und bejaht einen oft nur rein äußerlich motivierten Zugang zur Beratung (vgl. vor allem Kap. 2).

„In den letzten Monaten bin ich dazu übergegangen (wenn kein Berater verfügbar war), dann frage ich die Eltern, ob sie einverstanden sind, das heißt immer Eltern und Anwälte, daß ich das Protokoll an die Beratungsstelle schicke mit der Bitte, ihnen einen Termin anzubieten. Bisher haben alle in den Fällen, wo ich gefragt habe, zugestimmt." (Richterin)

Und eine Richterin zu ihren Überweisungspraktiken:

„Ich weise alle Leute, auf die Möglichkeit dieser Beratungsstelle hin. Die einzige Ausnahme sind die Verfahren, bei denen entweder gar keine Kinder da sind oder bei denen es bis zu diesem Termin, der erst am Ende des Scheidungsverfahrens stattfindet, völlig unproblematisch läuft. Alle anderen kriegen das Angebot mit dem Standardsatz, daß ich es allen anbiete. Dann ist oft wenigstens einer da, der sagt, das ist genau das, was ich eigentlich gewollt habe. Dann geht der andere mit, um nicht schlecht dazustehen." (Richterin)

Man geht davon aus, daß viele Eltern - auch in einer sehr kritischen Lebensphase - zunächst einmal eine innere Motivation zur Beratung nicht aufbringen können. Der sogenannte freie Zugang führt nicht dazu, daß die Scheidungsfamilie, die wirklich Hilfe benötigt, diese sich auch holt. Im Modell soll Information und Überzeugungsarbeit durch Richterinnen (und Anwältinnen) den Zugang erleichtern, und viele Eltern erleben möglicherweise die Überzeugungsarbeit der Richterinnen als Druck und ihre Beratungsgespräche als verpflichtend. Aber dieser Zugang eröffnet vielen erst die Möglichkeiten von Beratung. Die Beraterinnen stehen vor dem Problem, eine nur äußerliche Motivation in eine innere umzuwandeln, wohl wissend, daß nur Freiwilligkeit und eine innere Bereitschaft zur Beratung Erfolge erzielen können. Damit ergibt sich für die Beraterinnen eine widersprüchliche Situation: Einerseits wissen sie, daß viele Eltern ohne diesen Druck gar nicht den Zugang finden, und andererseits sehen sie die innere Freiwilligkeit als vielleicht wichtigste Beratungsvoraussetzung nicht gegeben. Aber die Beraterinnen haben gelernt, die innere Motivation nicht als Voraussetzung zu sehen, sondern als Aufgabe, die zum Beratungsprozeß gehört.

„Für mich ist das so ein Beispiel, daß wir am Anfang so Sorge hatten, wenn die Richterinnen die Leute so rübergebracht haben, daß wir gedacht haben, um Gottes willen, die Leute werden gezwungen, mittlerweile sind wir da anderer Ansicht!" (Beraterin)

„Für mich ist ein ganz wichtiger Punkt zwischen Autonomie und Direktion wieder einen Weg zu finden. Weil ich manchmal das Gefühl habe, Autonomie ist so etwas wie eine heilige Kuh in Beratung und Therapie. Es ist höchste Zeit, das zu hinterfragen, daß man mal ein bißchen anschiebt, ein bißchen auf den Weg bringt, daß das auch seine Berechtigung hat. Also ich denke, daß Autonomie und Direktion in einem Gleichgewicht sein müssen!" (Beraterin)

Eine Richterin antwortet der Beraterin:

„Es ist das Lernen, die Fremdmotivation wirklich zu benutzen. Man hat mir ja am Anfang vorgeworfen, ob ich nicht zuviel Druck ausübe. Das kam ja von Ihnen (zu einer Beraterin) Und ich bin froh, wenn Sie jetzt sagen, eigentlich, hätten Sie es jetzt gerne, daß wir alle hinbringen."

„Also ich fühle mich nur für die äußere Motivation zuständig, daß die mal hingehen und dann meine ich, das müßten die Psychologen dann in den Griff bekommen." (Richterin)

Die letzte Äußerung verweist auf die Erwartung der Richterinnen an die Beraterinnen, in kompetenter Weise eine innere Motivation herzustellen. Das hat sich in der Vergangenheit mitunter wohl auch als eine Art Falle dargestellt, vor allem angesichts des Erfolgsdrucks, den die Beraterinnen im Modell spürten. Manchmal haben sie wohl den Druck auf die Eltern fortgeführt, was in etlichen Fällen kontraproduktiv war:

„Am Anfang habe ich viel Druck gemacht und versucht, sie zu halten. Ich denke, so ein Verhalten überträgt sich auf Leute, die sind da in Gefahr, daß das Gegenteil passiert!" (Beraterin)

„Ich denke mir, nicht mehr soviel werben, das ist vielleicht etwas Sinnvolles, sondern denen auch mehr die Entscheidung zu überlassen, wenn die sagen nein. In schwierigen Fällen mache ich es auch so, sie sollen es sich noch einmal gut überlegen, weil das erste Gespräch schon so stressig war. Ich denke es zahlt sich aus, wenn ich denen sage, noch einmal darüber zu schlafen, ob sie es wirklich wollen." (Beraterin)


*Fragen der Indikation - zwischen Hochstrittigkeit und Normalität*

Im Verlauf des Modellprojektes hat sich vor allem in den ersten Jahren immer wieder gezeigt, daß zu einem großen Teil die hochstrittigen Familien von den Richterinnen für Beratung motiviert wurden. Das ist auch zunächst verständlich, sahen die Richterinnen doch in diesen Scheidungsfamilien eine starke Beeinträchtigung des Kindeswohls und erhofften von Beratung eine Absenkung des Konfliktniveaus, die sich dann auch auf das familiengerichtliche Verfahren auswirken sollte. Wenn von hochstrittigen Fällen gesprochen wird, meinen die Mitarbeiterinnen des Modells etwa folgende Sachlage:

„Hochstrittigkeit liegt dann vor, wenn unterschiedliche Anträge gestellt werden, während des Scheidungsverfahrens oder auch nach der Scheidung. Das ist sicher ein Kriterium für hochstrittig. Es gibt aber noch ein paar andere, wenn geheime Telefonnummern im Spiel sind, da kann man fast immer sicher sein, daß das eine hochstrittige Sache ist. Wenn längere Zeit der Kontakt unterbrochen ist, dann kann man sicher sein, daß es hochstrittig ist. Wenn die Eltern schon beim Vorschlag (zur Beratung) sagen, sie wollen nur getrennt kommen." (Beraterin)

Zwar sind heute nach wie vor hochstrittige Paare in Beratung, aber einzelne Richterinnen überweisen verstärkt die Scheidungsfamilien mit durchschnittlichem Streitniveau:

„Es gibt natürlich Leute, die woanders sich Beratung holen oder die vielleicht auch wirklich die Fähigkeit entwickeln, mit der Situation gut umzugehen für sich und die Kinder. Aber ich behaupte mal, und es gibt auch entsprechende Untersuchungen, daß in ungefähr 89% zwar eine Einverständlichkeit behauptet wird, die aber tatsächlich gar nicht gegeben ist." (Richterin)

„Die Frage, die hier auftaucht, die kennen wir ja aus der Beratung insgesamt, ob wir die Leute erreichen, die es brauchen. Bei den 80% Leisen, sind viele dabei, die sich resignativ zurückziehen, und die bräuchten es vielleicht genauso wie die Hochkämpfenden." (Beraterin)

„Gerade die Leisen bräuchten es viel mehr, weil sie es nicht gelernt haben, sich auseinanderzusetzen und die Kinder auch nicht wissen, worum es geht. Bei den hochstrittigen Fällen, da ist es für die Kinder offensichtlich und sie können es dann auch viel eher akzeptieren! Die Normalen und Leisen lassen bei den Kindern den Zweifel, warum das Ganze." (Richterin)

Man hat also festgestellt, daß eine große Zahl von Familien offenbar das Bedürfnis hat, sich nach außen unauffällig darzustellen („die leise Scheidungsfamilie"), obwohl sie ähnliche Probleme haben kann, wie die „lauten, kämpfenden Scheidungsfamilien".
Teilweise wird auch argumentiert, daß die hochstrittigen Familien zuviel Beratungsressourcen binden und das bei einem höchst ungewissen Beratungserfolg. Wenn auch insgesamt eine Tendenz im Modell festzustellen ist, daß die sogenannte normale oder sich unauffällig darstellende Familie im Interesse des Kindeswohls Hilfe benötigt, so sind es wohl nach wie vor noch die hochstrittigen, die vermehrt in Beratung überwiesen werden:

„Aber die Wahrheit schaut anders aus! Die Hochstrittigen landen bei den Kollegen von der Psychologie, genau die!" (Richterin)

Eine Kollegin hat dagegen ihre Überweisungspraxis bereits umgestellt:

„Das habe ich aber versucht in meinem Bereich zu ändern!" (Richterin)

Die Kriterien für die Überweisung an Beratung sind also in Bewegung geraten. Man sieht stärker die Nöte der "normalen", der "leisen" Scheidungen. Auch die Beraterinnen machen deutlich, daß jeder Familie Hilfe angeboten werden sollte.

„Ich würde mir wünschen, daß die Schickpraxis so ist wie bei Ihnen, daß sie möglichst alle schicken, weil ich halte es schon für gefährlich, von vornherein zu sagen, die eignen sich und die eignen sich nicht. Wir erleben immer wieder Überraschungen, und ich würde es ganz gut finden, wenn jeder eine Chance hätte auf Hilfe, auch jene, die sich auf den ersten Blick nicht eignen." (Beraterin)

„Und für diesen großen Teil, die sich normal empfinden, aber doch letztendlich Schwierigkeiten haben, für die sollte es mehr sein!" (Beraterin)

Aber die Erfahrungen im Modell haben die Psychologinnen im Umgang mit den Hochstrittigen auch gelassener werden lassen:

„Mich haben diese hochstrittigen Fälle am Anfang auch sehr durcheinander gebracht und sehr belastet. Und jetzt merke ich, daß ich auch manchmal mehr Geduld habe und auch weiß, jetzt kommt sicher ein Gespräch, wo die Fetzen fliegen und das halte ich aus, weil ich weiß, im nächsten Gespräch kann es wieder ganz anders sein. Ich bin jetzt nicht mehr so verbissen und auch nicht mehr so beteiligt, wenn ich eine so heftige Auseinandersetzung mitkriege." (Beraterin)

„Und das macht mir auch nicht mehr Angst, wenn einer aufspringt und hin- und herrennt ... und ich weiß genau: er rennt gleich raus, und er führt sich so auf, weil ich nicht bewirken kann, daß er sein Kind nächste Woche sieht. Und da gerate ich nicht mehr so unter Druck wie früher." (Beraterin)

## *Was die Beratungsstelle bietet: Teilmediation und mehr*

Wenn es so etwas wie ein Scheidungsideal für Familienrichterinnen und Psychologinnen gibt, dann ist es die gemeinsame, einvernehmliche, übereinstimmende, eigenverantwortliche und möglichst autonome Regelung relevanter Fragen durch die Eltern. Man geht davon aus, daß Einigungen und Regelungen, die von den Parteien selbst getroffen werden, eher eingehalten und in den Alltag umgesetzt werden können als Anordnungen des Familiengerichts, die von Eltern und Kindern innerlich nicht mitgetragen werden. Erfolgt diese Einigung der Parteien mit Hilfe eines neutralen Dritten, so wird von Mediation oder Vermittlung gesprochen. Wenn auch Mediation - beziehungsweise die Initiatorinnen sprechen von Teilmediation - zentraler Bestandteil des Beratungsangebotes ist, so ist dieses Angebot jedoch in der Verbindung mit weiteren Hilfen zu sehen.

„Also wir klären vorher erst ab. Ich denke, das ist der Punkt, daß wir erst abklären, was die Leute brauchen und dann sagen wir, was wir anbieten können. Wenn beide es sich vorstellen können, dann können wir Mediation anbieten. Es kann aber auch sein, daß einer sagt, ich bin heute zwar dabei, aber ich habe überhaupt kein Interesse und der andere Elternteil sagt, ich will aber Beratung haben, dann kriegt er Einzelberatung im Umgang mit dem Kind, mit der Scheidung und Trennung." (Beraterin)

„Es ist klar, wenn die Richter Scheidungsfamilien schicken und die Leute auch sagen, die möchten das miteinander regeln, dann hat das für uns schon auch Priorität." (Beraterin)

**Aufgaben und Angebote des Regensburger Modells:**

**(1) Vermittlung zur außergerichtlichen (Konflikt-)Regelung im Zusammenhang mit dem Sorge- und Umgangsrecht**
**(2) Bewältigungshilfen für die emotionale und lebenspraktische Verarbeitung von Trennung und Scheidung für Eltern und Kinder**
**(3) Kontaktanbahnung bei ruhendem beziehungsweise Begleitung von gestörtem Umgangsrecht**
**(4) Krisenmanagement bei Trennung und Scheidung (vgl. Konzeption FATS 1994).**

„Mediation pur" erscheint den Richterinnen und Psychologinnen als zu enges Angebot, das nur Teilbereiche der Bedürfnisse von Scheidungsfamilien abdecken kann.

„Weil da die Einzelberatung rausfällt, die durchaus auch drin ist, wenn nicht beide Partner kommen, also in den höchsten Krisen der Scheidung, das würde rausfallen. Die Kindergruppen, speziell die Arbeit mit Kindern würde rausfallen. Und die Scheidungsverarbeitung." (Beraterin)

„Es werden ja auch immer mal Leute wieder geschickt, wo Vermittlung nicht das Thema ist, sondern wo die Richterin gemeint hat, die Mutter braucht Unterstützung oder der Vater ist im Begriff sich zurückzuziehen vom Kind. Wenn die Richterin sich da etwas erhofft, berücksichtige ich das natürlich." (Beraterin)

„... daß auch die Trennungsbewältigung der Eltern da einen wichtigen Platz hat, weil das genau im Umgang mit den Kindern eine Rolle spielt." (Beraterin)

Die Wahl der Methoden hat sich an den Bedürfnissen der Scheidungsfamilien zu orientieren und nicht umgekehrt: Nach Ansicht der Mitarbeiterinnen im Modell würde die Beschränkung auf Mediation zu einer beträchtlichen Selektion der Familien führen.

„Also nur so ein Beispiel: Gestern hat eine Frau von einer Alleinerziehenden-Organisation angerufen und hat gesagt, zu euch kann man ja nur kommen, wenn beide kommen. Also so ein großes Mißverständnis war da und da würde ich mir wünschen daß das deutlicher rauskommt, daß wir nicht nur diesen Teil abdecken." (Beraterin)

„Ich sehe es als eine Begleitung beim Übergang zu einer neuen Familienform also von der jetzt bestehenden Form der Vater-Mutter-Kind-Beziehung zu der Mutter-Kind-Familie oder Vater-Kind-Familie. Und wir begleiten das. Das kann Mediation sein, Beratung oder Therapie." (Beraterin)

Eine *Vollmediation* wird ebenfalls abgelehnt. Man beschränkt sich im wesentlichen auf die Vermittlung in Sorge- und Umgangsrechtsfragen - die sogenannte *Familienmediation*. Man sieht in dieser Beschränkung, der Ausklammerung von Unterhaltsfragen und dem gesamten finanziellen Bereich, insgesamt eine Stärke:

„Ich denke, in vielen Fällen ist das eine Mediation unter erschwerten Bedingungen, wenn man diesen Teil ausklammern muß. Andererseits hat es den Vorzug, daß von der äußeren Thematik auch ganz klar getrennt wird zwischen Kindersachen und Gütersachen." (Beraterin)

Die Mitarbeiterinnen sehen in der Teilmediation den Vorzug, das Kindeswohl in den Vordergrund zu rücken. Die Vermittlung in Fragen des Güterrechts, des Kindesunterhalts, des Ehegattenunterhalts impliziere die Gefahr, daß die Bedürfnisse der Kinder in den Hintergrund treten können. Allerdings wird in den folgenden Aussagen auch deutlich, daß sich eine zu strikte Grenzziehung vor allem zu finanziellen Fragen als zu künstlich erweist:

„Was aber nicht heißt, daß es bei uns nie Thema ist!" (Beraterin)

„Es hat deswegen schon etwas damit zu tun damit, weil wir schon auch darauf schauen, daß wir in Unterhaltsfragen auch eine Vermittlungsfunktion haben." (Beraterin)

Und eine Richterin ergänzt:

„Klar aber nie Anlaß, daß wir ihnen die Familien hinschicken, wo der Anlaß ein Unterhaltsverfahren ist. Das scheidet aus!"

„Das kann vielleicht innerhalb des Projektes eine Rolle spielen, weil auch aufgrund der Beratung bei den Vätern die Einsicht kommt, wenn ich beim Unterhalt zögerlich bin, dann regelt sich auch mein Umgangsrecht nicht. Aber ich glaube nicht, daß das eine Zielrichtung ist. Das kann indirekt eine Rückkopplung sein." (Richterin)

„Es ist auf alle Fälle leichter, wenn der Unterhalt geregelt ist." (Beraterin)

„Es kommt dann halt so, daß es heißt, er darf das Kind nicht sehen, weil er nicht zahlt und umgekehrt, ich darf das Kind nicht sehen, also zahle ich nicht mehr. Ich denke schon, das ist oft eine Verquickung, die oft kommt." (Beraterin)

*Familiengericht und Psychologie - Zwischen Kooperation und*
*Abschottung*

In der Entstehungsphase der Beratungsstelle am Gericht wurde der Gedanke einer Amtspsychologin schnell verworfen. Eine organisatorische Einbindung der Beratungsstelle in die Gerichtsbarkeit würde zwei völlig unterschiedliche Aufgabenbereiche administrativ und organisatorisch zusammenführen mit dem Ergebnis, daß Beratung nicht mehr möglich wäre:

„Die Überlegungen haben wir auch angestellt, aber das war von vornherein nicht möglich, weil wir vom Gericht ja nicht einen Psychologen einschalten können von Amts wegen. Er muß ja der Schweigepflicht unterliegen und das war uns klar, daß das nicht funktionieren kann. Also das Konzept war von Anfang an so, daß das zwar eine bei uns nah installierte Einrichtung sein sollte, die aber trotzdem unabhängig von der Justiz arbeitet." (Richterin)

„Es war uns von Anfang an klar, daß es nichts bringt, wenn man einen amtlichen Psychologen von der Justiz da hinsetzt und sagt, jetzt hört euch mal an, was unser Amtspsychologe dazu sagt. Die Leute sind ja uns gegenüber mißtrauisch, was ja verständlich ist, und wenn man das dann vorklotzt, das funktioniert nicht." (Richterin)

Beratung - gerade unter der Bedingung "räumliche Integration im Familiengericht" - benötigt eine klare Grenzziehung zur Gerichtsbarkeit.

### Grenzziehungen der Beratung zum Gericht

(1) Die Psychologinnen im Modell haben keine Verpflichtung zur Teilnahme am Familiengerichtsverfahren nach § 50 KJHG, das heißt sie müssen dem Familiengericht keinerlei Stellungnahmen zur Frage des Sorge- oder Umgangsrecht abgeben (vgl. 1.2).
(2) Die Psychologinnen haben mit Modellbeginn ihre Tätigkeit als psychologische Gutachterinnen im Familien- und Vormundschaftsgericht aufgegeben.
(3) Die Klientinnen werden darauf hingewiesen, daß alle Inhalte aus Gesprächen im Beratungskontext weder von den Ratsuchenden noch von deren Anwältinnen bei Gericht gegen die andere Partei verwendet werden dürfen, anderenfalls wird die Beratung abgebrochen.
(4) Die Schweigeverpflichtung der Psychologinnen ist gerade bei Kooperation mit den verschiedenen Berufsgruppen besonders strikt zu handhaben. Es gehen keine Informationen an Richterinnen, Anwältinnen und Jugendamt. Statt dessen ermutigen die Beraterinnen ihre Klientinnen, diese Information eigenverantwortlich durchzuführen; das heißt Anwältinnen etc. über Stand und Ergebnisse der Beratungsgespräche zu informieren (vgl. auch Konzeption FATS 1994).

An die Richterinnen geht lediglich vermittels Formblatt die Information, daß der Beratungsprozeß begonnen hat oder abgeschlossen wurde. Auch Gespräche über Klientinnen mit Mitarbeiterinnen der Jugendämter werden ausgeschlossen:

„Unser Ziel ist es, daß das die Klienten selber übernehmen, daß die selber beim Jugendamt sagen, wir haben jetzt hier die Mediation oder aber, daß die Klienten (uns) sagen, es ist uns am Jugendamt sympathischer, die Wahlfreiheit besteht ja, und wir möchten hier nicht noch extra eine Beratung haben ... das hängt wieder zusammen mit dem Stichwort Autonomie. Wir passen sehr darauf auf, daß wir den Leuten nicht zuviel wegnehmen, was ja eh im Trennungs- und Scheidungsprozeß die Gefahr ist, daß sehr viel fremdgesteuert ist." (Beraterin)

Auch zu den Anwältinnen hat sich eine ähnliche Praxis entwickelt, die die Klientinnen als autonome Subjekte betont: Es soll nichts mit anderen über den Kopf der Klientin verhandelt und vereinbart werden:

„Ich habe mir am Anfang auch die Einzelfallarbeit zusammen (mit den Anwälten) vorstellen können, und die Autonomie des Klienten ist so ein Punkt, der bei uns immer stärker in den Blickpunkt gerückt ist und wir sehr aufpassen wollen, daß wir nicht mit den Anwälten da irgendwelche Lösungen favorisieren oder betreiben über die Köpfe der Klienten, sondern jetzt ist es eher so, daß wir die ermutigen, selbstbewußt auch gegenüber Anwälten zu sein und denen zu sagen, wir sind die Auftraggeber, und wenn wir diesen Wunsch haben, dann sollte der Anwalt das auch so machen. Und deswegen halten wir uns auch sehr zurück." (Beraterin)

„Wir betonen ganz stark, daß alles, was hier vereinbart wird, dem Anwalt vorgelegt werden soll. Nicht daß wir das tun, sondern daß die Parteien das selber tun." (Beraterin)

Allerdings ist diese hohe Anforderung an die Schweigeverpflichtung, welche die Psychologinnen an sich selber stellen, nicht immer einfach zu praktizieren: Eltern wollen mitunter im Streit Parteinahme, oder sie suchen Munition für die Auseinandersetzung. Von daher ist es wichtig, daß die Psychologinnen aktiv die Schweigepflicht auch dann praktizieren, wenn sie von einem Elternteil entbunden werden.

„Es ist für die Leute manchmal sogar wünschenswert, wenn es zu ihrem Vorteil wäre, wenn wir die Richter informieren würden. Aber wehe, es wäre für sie subjektiv zum Nachteil." (Beraterin)

Eine weitere Problematik beruht im Kooperationsanspruch mit den Richterinnen im Modell. Lösungen im Interesse der Kinder zu entwickeln, erfordert natürlich auch das Gespräch zwischen den Berufsgruppen, aber dieses ist aus Gründen der Grenzziehung im Einzelfall nicht möglich.

„Der Hauptkonflikt, möchte ich mal sagen, der liegt in der mangelnden Kommunikation über den konkreten Fall, und das sehen die Kollegen sicher genauso. Und da muß ich sagen, das ist fast systemimmanent. Wir haben uns ja eine strikte Vertraulichkeit auferlegt. Wir wollen nicht wissen, was da in der Beratung besprochen wird und die Psychologen wollen das auch nicht nach Außen tragen, das ist klar, da halten wir uns absolut strikt dran ... und das macht dann natürlich in der Praxis Probleme. Ich sitze da, kriege die Akten, sage, Mensch, das sind ja die schon wieder, die geschrieben haben wie die Wilden, ich weiß immer noch nicht, was ich da machen soll. Der Jugendamtsbericht ist nicht da, ich weiß nicht, gehen die noch in die Beratung oder nicht." (Richterin)

Wenn die Richterin nachfragt, bekommt sie lediglich formelle Auskünfte etwa derart, daß sie erfährt, daß die Klientinnen vor 14 Tagen das letzte Mal da waren, oder daß die Beratung weiterläuft; über Inhalt oder Ergebnis und deren Einschätzung ihr aber für ihre weiteren Entscheidungen wichtig wäre, darüber erfährt sie nichts:

„Mich würde dann noch mehr interessieren, wie schaut es aus, beruhigt sich das, hat das einen Sinn noch zwei oder drei Monate zu warten? Wenn ich das Signal kriegen würde, dann gibt man den Leuten ja Zeit. Und wenn man zu einem klaren Ergebnis kommt, dann ist es in einem halben Jahr besser als ein schnelles Ergebnis in zwei Monaten." (Richterin)

„Ich wünsche mir einen transparenten Ablauf der Beratung, kommen die Parteien, oder besser gesagt, ab wann kommen sie nicht mehr. Wenn einer abspringt, daß ich das möglichst bald erfahre und damit auch weiß, der Weg führt nicht weiter." (Richterin)

„Und daß der Berater den Mut hat zu sagen, da kommt man nicht weiter, das bringt nichts, daß man frühzeitig andere Wege einschlagen kann. Das wäre vielleicht ein Wunsch!" (Richterin)


### Elternwohl ist Kindeswohl? - Zur Rolle der Kinder in der Beratung

Natürlich geht diese Formel nicht immer auf - Elternwohl ist nicht immer Kindeswohl! Im Modell gibt es aus diesem Grund schon seit mehreren Jahren die Möglichkeit, Kindern bei der Verarbeitung von Trennungserfahrungen zu helfen. Das Angebot von Kindergruppen ist ein wichtiger Teil der Arbeit des Modells. Sehr vorsichtig sind die Psychologinnen dagegen, Kinder in die konkrete Vermittlungsarbeit, die mit den Eltern durchgeführt wird, einzubeziehen (vgl. auch Kapitel 3). Dennoch hat sich bei den meisten Beraterinnen eine Tendenz ergeben, Kinder zumindest zeitweise stärker in der Vermittlung zu beteiligen.

„Ich denke schon für mich, daß ich die Kinder mehr einbeziehe als früher!" (Beraterin)

„Das schaut bei mir so aus, daß ich von mir aus mehr (mit den Kindern) mache ...
also daß ich die Kinder einfach mehr einbeziehe, ohne sie zu überfordern." (Beraterin)

„Also ich versuche die Kinder schon mehr einzubeziehen. Ich hatte in letzter Zeit so
Fälle, da habe ich die Kinder extra eingeladen. Ich bespreche es vorher mit der
Mutter und lade die Kinder extra ein. Manchmal merke ich, wenn der Kontakt noch
etwas wackelig ist mit der Mutter, also daß ich dann darauf eher verzichte, wobei es
bei der Familienberatung und Erziehungsberatung gar keine Frage ist, da sind immer
Kinder dabei ..., und es passiert ja auch häufig, wenn die noch in der Phase sind, wo
sie noch heftig miteinander streiten und jeder aufeinander schimpft, daß die Eltern es
auch vermeiden, daß die Kinder kommen, weil sie Angst haben, daß etwas in ein
anderes Licht gerückt wird. Und von daher dauert es schon einige Zeit, bis ich vorschlage, daß die Kinder kommen sollen." (Beraterin)

Nach wie vor aber achten die Psychologinnen sehr genau darauf, ob
wichtige Voraussetzungen für die Beteiligung der Kinder in der Arbeit
mit den Eltern erfüllt sind. Sie wollen damit verhindern, daß im Beratungssetting Kinder verstärkt in Loyalitätskonflikte mit ihren Eltern
kommen. Wesentlich ist zum Beispiel das Wissen des Kindes, daß beide
Eltern eine Beteiligung unterstützen. Wenn dieses nicht der Fall ist, so
fürchten die Beraterinnen, wird der Druck auf die Kinder durch das Setting noch verstärkt:

„Entlastung ist es für ein Kind ja dann, wenn es denkt, daß es von beiden Eltern
erlaubt ist. Nur wenn man wirklich sicher sein kann, daß das Okay von beiden
Eltern da ist, dann kann es für das Kind eine Entlastung sein. Da reicht ein Termin, damit die Kinder auch sehen, sie spielen eine Rolle bei dem Ganzen, wobei
ich denke, das ist gar nicht so wichtig, daß deren konkrete Vorstellungen auch
dann direkt eingehen in das, was die Eltern aushandeln, weil die Kinder ja froh
sind, wenn sich die Eltern einigen." (Beraterin)

„Es ist halt immer so, daß in dem Kind eine ganz große Spannung entsteht in
der Rivalität zwischen Vater und Mutter. Es liebt ja beide Eltern und es soll
jetzt irgendwie aussagen. Also ich erlebe da viele Ängste bei den Kindern und
bin schon sehr vorsichtig, wenn die Eltern sehr zerstritten sind, da die Kinder
dazuzunehmen. Ich habe es einmal erlebt, da habe ich es gemacht. Und das war
ein großer Fehler. Die Mutter wollte das, die wollte das um ihre Meinung zu
stützen. Die Kinder dem auszusetzen, halte ich für eine ganz belastende Situation" (Beraterin)

„Mir geht es schon auch so, daß ich ganz vorsichtig bin oder eher abblocke,
wenn ich merke, ein Elternteil will mir seine Kinder aufdrängen, weil ich dann
vermute, daß sind Sprachrohre, dann blocke ich." (Beraterin)

Insgesamt legen die Beraterinnen Wert darauf, daß die Kinder merken, sie
sind wichtig für die Eltern und die Beratung. Einige weitere Aussagen zur
Rolle der Kinder im Vermittlungsprozeß:

„Es wäre gut, noch mehr Klarheit zu schaffen, wenn die Kinder zum Beispiel beim Abschlußgespräch dabei wären. Da könnte auch so eine Art Ritual gemacht werden, damit für alle klar ist, daß eine neue Situation beginnt. Das könnte ich mir für die Zukunft vorstellen." (Beraterin)

„Es gibt ja auch die Möglichkeit, wo die Eltern den Kindern quasi noch einmal erklären, warum sie sich getrennt haben, daß es nichts mit den Kindern zu tun hat. Das kann so eine abschließende Sitzung sein." (Beraterin)

„Das hängt schon vom Einzelfall ab. Mir fällt ein Fall ein, da haben wir mit den Eltern eine Vereinbarung getroffen und wir haben dann mit dem 12jährigen Sohn geredet und dem die Vereinbarung vorgelegt. Der war halt in der Schluß- phase mit einbezogen gewesen, aber nicht in der Phase, in der ich mit den El- tern gearbeitet habe, da hätte die Gefahr bestanden, daß er in einen Loyalitäts- konflikt gekommen wäre. Aber wir wollten ihm das nicht überstülpen, sondern er konnte es so noch ein bißchen mitgestalten." (Beraterin)

Trotz einer stärkeren Einbeziehung der Kinder, gilt nach wie vor im Mo- dell der Grundsatz: Elternwohl ist Kindeswohl:

„Gerade dann, wenn die Eltern es eben noch nicht schaffen, dann kann man we- nigstens dem Kind helfen, mit den Dingen umzugehen. Weil es für uns Berater sehr schwierig ist, so zu trennen, hier Eltern, hier Kind, weil es ja auch das Stichwort gibt ‚Elternwohl ist Kindeswohl‘. Ich denke, die Eltern können für ihre Kinder am meisten tun, wenn sie miteinander gut kooperieren. Das ist für uns schon nach wie vor ein ganz wichtiger Ansatzpunkt." (Beraterin)

*Sicherung des Kindeswohls: Zwischen Mütterinteressen und Vätererhalt*

Wir haben bereits festgehalten, daß nicht nur die hochstrittigen Fälle allen Beteiligten große Schwierigkeiten machen. Die "stillen", nach außen un- strittigen Fälle können ebenfalls Richterinnen und Beraterinnen fordern. Eine weitere Problematik scheinen in einzelnen Fällen die resignierten Väter darzustellen. Den Kindern beide Eltern erhalten helfen, stellt sich dann als nicht erreichbares Ziel dar. Aus der empirischen Forschung wis- sen wir, daß ein großer Teil der Väter (ca. 40% ) ein bis zwei Jahre nach der Scheidung den Kontakt zum Kind abreißen läßt (zum Beispiel Napp- Peters 1992).

„Besonders schwierig ist für mich nicht so sehr, wenn die Leute streiten, sondern die Väter, die resigniert haben und kein Umgangsrecht wollen. Die dazu zu brin- gen, zu einer Beratungsstelle zu gehen, das ist für mich die schwierigste Arbeit im Verfahren. Wenn mir das gelingt, dann bin ich auch sehr zufrieden." (Richterin)

„Also das sind auch für uns die schwierigsten Geschichten, Väter dabei zu helfen, daß sie wieder ihr Vatergefühl entdecken, das ist oft ein bißchen schwieriger als bei langfristig Streitenden etwas Einvernehmliches herauszuholen. Die habe ich dann eher schon mal ermutigt, einen Antrag bei Gericht zu stellen mit dem Wissen, jetzt rumpelt die Kiste kräftig." (Beraterin)

Und eine Richterin sieht durchaus in einzelnen Fällen, daß eine Klage gegebenenfalls mit dem Kindeswohl zu vereinbaren ist:

„Dann erlebt das Kind ja mit, daß der Vater das erste Mal Interesse hat und um das Kind kämpft. Auch das ist dann für das Kind ... effektiv gewesen." (Richterin)

Das Bemühen von Richterinnen und Beraterinnnen, den Kindern die Väter zu erhalten, wird vor allem auch durch die Gesetzeslage erschwert. Das Sorge- und Umgangsrecht ist ein Gesetz für Eltern. Das Kind hat kein Recht auf den Umgang mit den Eltern und somit können Richterinnen keinen Vater zum Umgang zwingen. Hinzu kommt die Problematik, daß in vielen Familien mit klarer geschlechtsspezifischer Aufgabenverteilung Vaterschaft oft durch die Frauen und Mütter aktiv für ihre Männer hergestellt wird (vgl. Furstenberg & Cherlin 1993). Mit der Scheidung besteht (verständlicherweise) auch meist nicht mehr das Interesse der Frauen, aktiv die Männer in ihrer Vaterschaft zu unterstützen. Viele Männer stehen daher vor der Situation, Vaterschaft nach der Scheidung neu erlernen zu müssen.

„Das ist sicher eine alte Erfahrung von Familienrichtern, daß viele Väter erst mit der Scheidung überhaupt merken, daß sie Väter sind, bewußt merken. Sie haben vorher einfach mitgelebt. Und nun müssen sie sich erstmals Gedanken machen, was vielleicht positiv für Kinder ist und insofern ist Scheidung nicht immer ein Unglück für Kinder." (Richterin)

„Was als Problem dazukommt, daß bei der Trennung, wo die Mütter wissen, daß sie im Prinzip die Vaterschaft konstruiert haben und jetzt deswegen denken, der ist gar nicht in der Lage, Vater zu sein und seine Kinder zu erziehen." (Beraterin)

„Wo das am stärksten der Fall ist, das sind die klassischen Kontaktwiederanbahnungen, wo Väter längere Zeit keinen Kontakt zu den Kindern hatten und zum Teil auch bei uns mit ihren Kindern wieder zusammentreffen. Wir geben ihnen dann Hilfestellung, wie sie wieder ihre Vaterschaft aktivieren können, ohne dabei von der Mutter abhängig zu sein." (Beraterin)

Ist einerseits der Erhalt der Väter eine wichtige Aufgabe, so muß man sich aber vor Einseitigkeiten im Elternkonflikt hüten:

„Mir ist auch nicht ganz wohl, wenn wir unsere Arbeit als Väterarbeit bezeichnen, weil das immer zu Lasten von irgend etwas geht. Genauso Anwalt des Kindes, da denke ich mir, das geht schon wieder zu Lasten der Eltern. Es ist ja ein Gefüge, das so ineinander geht. Wenn wir uns bemühen, diese Vaterschaft zu wecken oder zu fördern oder zu stützen, ohne daß wir dabei bedenken, daß wir die Erlaubnis der Mutter dazu brauchen, dann kann man es vergessen. Darum denke ich mir, nur ein Blickpunkt greift zu kurz." (Beraterin)

Wenn man über Modelle liest, so geht es fast immer um Fragen des Erfolgs und des Transfers. Fragen der Belastungen und der Psychohygiene, des "Modellstresses", werden selten thematisiert. Der Offenheit der Mitarbeiterinnen im Regensburger Modell verdanken wir die folgenden Ausführungen, die deutlich machen, daß mit den Privilegien, die der Modellcharakter verleiht, meist auch große Belastungen verbunden sind. Gerade in der Anfangsphase ergaben sich Belastungen, die vor allem die Beraterinnen nicht in diesem Ausmaß erwartet haben:

„Da gab es Pressegespräche, die von der Justiz organisiert waren in einem Umfang, wie wir es bisher auch nicht kannten. Dann kamen plötzlich zwei Staatssekretäre mit Fernsehen, in allen möglichen Zeitungen war es gestanden, das hat schon Druck gemacht, den spüre ich schon immer noch." (Beraterin)

„Wieviel Vereinbarungen schafft ihr denn und wieviel Prozent davon sind schriftlich? Das hat uns schon gescheit Druck gemacht, weil es dann halt sehr schwierig ist, das Differenzierte unserer Arbeit rüberzubringen." (Beraterin)

Nicht nur der Druck von außen auch die Erwartungen bzw. die erlebten Erwartungen der Richterinnen an die Beraterinnen waren teilweise drückend:

„Und daß wir gemerkt haben, daß wir von den Richtern Leute geschickt bekamen, die wirklich so total zerstritten waren und bei denen schon vieles versucht worden war und alles gescheitert war ... Wir haben es immer mit Krebspatienten verglichen, daß wir noch an hoffnungslosesten Fällen das Beste erreichen sollten." (Beraterin)

„Eine andere Sache war auch sehr aktuell, daß von den Richtern am Anfang auch so eine Art Zeitdruck für uns gegeben war, weil die einfach in kürzeren Abständen terminieren. Da waren wir immer im Druck gestanden, innerhalb sehr kurzer Zeit möglichst große Ergebnisse zu bringen." (Beraterin)

„Ich glaube, daß nicht die Schwere der Fälle den größten Druck gemacht hat, sondern die unterschiedlichen Vorstellungen über das, was Beratung ist und über das, was Beratung leisten kann. Da gehört (die Erwartung der Richter und Ministerien) dazu, daß man mit zwei, drei Gesprächen irgend etwas in die Wege leiten kann und erfolgreich sein kann. Das hat sich für mich schon so in den Vorgesprächen abgezeichnet. Auch wenn ich mit Frau ... (Ministerialrätin) gesprochen habe, da kamen so Standards, sie müssen den Leuten nur klar machen, daß ... also so die Vorstellung, Beratung ist etwas, wo man den Leuten argumentativ was klarmacht." (Beraterin)

Aber ein solcher Modell-Streß kommt nicht nur von außen, sondern die Mitarbeiterinnen haben sich auch mit ihren eigenen, manchmal überhöhten und undifferenzierten Erwartungen auseinandersetzen müssen:

„Ich denke schon, daß wir am Anfang die Vorstellung hatten, Erfolg ist nur dann, wenn wir mit zerstrittenen Parteien zu einer einvernehmlichen Lösung kommen ..." (Beraterin)

„Ich glaube, daß wir Erfolg differenzierter sehen, und je mehr wir gesehen haben, auf wie vielen Ebenen man vielleicht Entwicklungen begünstigen kann, sind wir nicht mehr so gefangen vom Ideal der Einvernehmlichkeit im Sinne von Lösungen finden. Ich erlebe es, daß ich ein bißchen freier bin und auch den Richtern gegenüber nicht in jedem Fall eine schriftliche Vereinbarung präsentieren muß." (Beraterin)

„Ich möchte es fast drastisch sagen, es war ein Leidensdruck von uns, wenn wir uns weiterhin am Pauschalergebnis Erfolg gemessen hätten, dann hätte das geheißen, daß wir als Berater nichts tauge, oder daß wir mit der Arbeit einpacken müssen. Es war auch ein Leidensdruck da, so stark habe ich den empfunden. Und entweder gibt es neue Kriterien, an denen wir weiterschauen können." (Beraterin)

Im Verlauf der fünf Modelljahre sind jenseits der überhöhten Erwartungen von innen und außen differenzierte Zielsetzungen für die Richterinnen und Beraterinnen sichtbar geworden. Natürlich ist nach wie vor eine Vereinbarung, die zwischen streitenden Parteien im Interesse der Kinder getroffen wird, ein wichtiger Erfolg. Aber es gibt mehr, auf das sich hinzuarbeiten lohnt.

### Was Beraterinnen jenseits des großen Erfolges wichtig ist:

„Über was ich mich freue, wenn ich merke, einer kann dem anderen wieder zuhören, was in vielen Fällen am Anfang nicht der Fall ist, daß die nur sich sehen und auf den anderen losdonnern."

„Daß ich ein bißchen helfen kann, daß etwas aufgeweicht wird von einer Angst oder Abwehr bei Müttern, ihre Kinder mit dem Vater zusammenkommen zu lassen."

„Freuen tut es mich überhaupt, wenn die Leute, wenn wir mal getrennte Termine gemacht haben, wenn von den Leuten der Vorschlag kommt, wir möchten mal wieder ein gemeinsames Gespräch haben. Da habe ich den Eindruck, da ist etwas gelaufen, da ist etwas passiert."

„Ich merke da bei mir eine Erleichterung, wenn die Leute dann wieder über sich selber reden können, ich und mein Kind und nicht der andere und das Kind. Wenn sie sich wieder mehr damit beschäftigen können und nicht nur auf den anderen, gegen den anderen."

„Auch wenn ich den Eindruck habe, daß die von den Anklagen ein bißchen wegkommen und mehr bei ihren Bedürfnissen sind."

„Und gerade, wenn dann diese großen Fighter auch mal bei der eigenen Verletzlichkeit sind, das klingt jetzt fast ein bißchen zynisch, aber wenn der Vater dann auch mal Tränen hat, der sonst immer nur auf diese Frau eingedroschen hat, dann freut mich das und ich denke, da kommt was in Bewegung, und wenn die Frau das dann mitkriegt, dann ist auch etwas gewonnen."

„Wenn Klienten selbst neue Lösungen finden und sie ausprobieren wollen."

„Aber ich freue mich nach wie vor besonders, wenn es zu Vereinbarungen kommt. Das ist nicht weg. Das ist noch da, weil ich mir denke, das ist auch wirklich etwas, da hat man noch etwas Sichtbares, wenn das möglich ist, und in den meisten Fällen ist es auch etwas Gutes."

## 1.2 DAS MODELL GERICHTSNAHER BERATUNG IM KONTEXT EMPIRISCHER SOZIALFORSCHUNG

Differenzierte Kenntnisse über die Auswirkungen von Trennung und Scheidung auf Kinder verdanken wir im wesentlichen der amerikanischen Scheidungsforschung. Erfreulicherweise sind eine Reihe von Arbeiten verfügbar, die einen guten Überblick der amerikanischen empirischen Forschung im Bereich Trennung und Scheidung bieten (vgl. etwa Furstenberg & Cherlin 1993, Fthenakis 1995, Niesel 1995). Die amerikanischen Ergebnisse werden im wesentlichen durch die Längsschnittstudie von Napp-Peters, die sie mit einer Stichprobe von 150 Scheidungsfamilien mit 265 Kindern in Norddeutschland durchführte, bestätigt (1992).

Ergebnisse der empirischen Studie von A. Napp-Peters über die Scheidungsfolgen bei Kindern:

(1) Die meisten Kinder erlebten die Scheidung ihrer Eltern als einen schweren Einbruch ihrer Lebenswelt, der sie vorübergehend aus dem Gleichgewicht brachte und grundlegende Umstellungen erforderte.
(2) Bei immerhin 29% der Kinder haben ihre Eltern keine unmittelbare Reaktion auf die Scheidung festgestellt.
(3) Bei den meisten dieser Reaktionen handelte es sich um unmittelbare Reaktionen, die in der Regel nach ein bis zwei Jahren abklangen (relativ kurzfristige Anpassungsprobleme).
(4) Bei jedem vierten Kind allerdings berichteten die Eltern Verhaltensstörungen, die bereits längere Zeit andauerten (langandauernde Anpassungsprobleme).
(5) 40% dieser Kinder mit langandauernden Verhaltensauffälligkeiten lebten mit ihren Eltern und Geschwistern an der Armutsgrenze.

(6) Bei jedem zweiten Kind bestand kein Kontakt mehr zum nichtsorgeberechtigten Elternteil; bezogen auf die Gesamtstichprobe waren es 40%
der Kinder, bei denen der Kontakt in der Regel zum Vater abgerissen war
(7) Bei der Mehrheit der Eltern (54%) war der Kontakt zum geschiedenen
Partner abgebrochen, bei 21% wurde der Kontakt als ''freundlich, aber
reserviert'' bezeichnet; einige wenige bezeichneten den Kontakt als ''gut''
(Napp-Peters 1992).

Napp-Peters stellte in ihrer Untersuchung als zentrales Ergebnis die Bedeutung eines kontinuierlichen Kontakts mit beiden Eltern für die psychosoziale Entwicklung und emotionale Stabilität des Kindes heraus: ''Bei
Kindern, die den Kontakt zum getrennt lebenden Elternteil verloren hatten, waren Verhaltensauffälligkeiten und psychosoziale Störungen am
stärksten ausgeprägt. Kinder dagegen, deren Eltern es gelungen war, auch
nach der Trennung ihre Elternrolle gemeinsam oder in Absprache miteinander wahrzunehmen, hatten am wenigsten Schwierigkeiten, sich auf die
veränderte Familiensituation einzustellen'' (Napp-Peters 1992, S. 18).
Wie aber kann der Kontakt zwischen den Eltern, die sich als Partner
nichts mehr zu sagen haben, aussehen? Wie kann die vielbeschworene
Trennung von Elternebene und Paarebene gelebt werden? Es gibt eine
Reihe von Erfahrungen, die zeigen, daß die Zielsetzung „kooperierender
Eltern" ein Ideal ist, das nur in wenigen Fällen erreicht wird. Maccoby
u.a. (1990) haben in diesem Zusammenhang den Begriff der „parallelen
Elternschaft" (*parallel parenting*) eingeführt. Damit bezeichnen sie El-
tern, die in ihrer Studie ein „losgelöstes" Kontaktmuster zeigten: wenig
Kooperation, wenig Kontakt aber auch wenig Konflikte. Furstenberg und
Cherlin resümieren: „Die parallele Elternschaft ist in den Augen vieler
Eltern die beste Möglichkeit, nacheheliche Konflikte zu vermeiden. Im
Kontakt mit dem draußen lebenden Elternteil ist immer die Möglichkeit
eingebaut, daß alte Wunden wieder aufreißen oder neue geschlagen werden. Derartige Konflikte lassen sich in Schach halten, wenn die Eltern ihre je eigene häusliche Sphäre wahren" (S. 69). Uns scheinen diese Überlegungen für die Praxis sehr wichtig, können doch idealisierte Vorstellungen über die Zusammenarbeit von Eltern nach Trennung und Scheidung
die Belastungen der Eltern (und Kinder) verstärken.
Wir möchten uns im weiteren auf einige Anmerkungen zu drei zentralen
Bereichen beschränken, die im direkten Zusammenhang mit dem Regensburger Modell stehen. Das sind zum einen Ergebnisse, die sehr viel stärker die aktive Rolle des Kindes bei der Bewältigung von Trennung und
Scheidung betreffen. Zweitens werden wir auf Evaluationsstudien zur
Mediation eingehen und drittens möchten wir über ähnliche Ansätze gerichtsnaher Beratung berichten.

## 1.2.1 Kindliche Anpassungsprozesse und Bewältigungsformen

Die verstärkten Bemühungen um Beratung bei Trennung und Scheidung verdanken wir der Einsicht, daß weniger das kritische Lebensereignis Scheidung für anhaltende kindliche Verhaltensauffälligkeiten verantwortlich ist, als vielmehr die Qualität des komplexen Bedingungsgefüges des gesamten Trennungsprozesses. Unter welchen personalen, situativen, milieubezogenen und gesellschaftlichen Bedingungen alle Beteiligten den Trennungsprozeß vollziehen, bestimmt darüber, wie Kinder auf Trennung und Scheidung reagieren. Die sogenannte Broken-Home-These, nach der eine vereinfachende kausale Verknüpfung zwischen der Elterntrennung und Entwicklungsstörungen des Kindes angenommen wurde, konnte durch die empirische Forschung widerlegt werden (vgl. Niesel 1995). An dieser Stelle soll beispielhaft auf die Studien der amerikanische Forschergruppe um Jeanne Block (1986) hingewiesen werden, die berichtete, daß „schon dreijährige Jungen, deren Eltern sich später trennten - verglichen mit ihren Altersgenossen, denen dieses Schicksal erspart blieb - als rücksichtsloser gegenüber anderen Kindern, als undisziplinierter, was Kleidung und Verhalten betraf, als impulsiver und als Charaktere beschrieben, die eher als andere dazu neigten, ihre Kameraden auszunutzen" (Furstenberg & Cherlin 1993, S. 102-103). Die Forschergruppe hatte in einer Längsschnittstudie das Schicksal dieser Kinder verfolgt. Die Wissenschaftlerinnen verfügten somit über Verhaltens- und Entwicklungsdaten sowohl von Kindern, deren Eltern sich später trennten, als auch über Kinder, die keine Trennung erleben mußten. Hätten die Forscherinnen ihre Untersuchung erst nach der Scheidung durchgeführt, läge es nahe, die Verhaltensauffälligkeiten dieser Kinder, die vermehrt die Scheidung ihrer Eltern erlebten, als Folge der Scheidung zu interpretieren. Die Ergebnisse der Längsschnittstudie aber machen deutlich, daß das, was oft als Scheidungsfolge angesehen wird, in gewissem Umfang bereits vor dem Zusammenbruch der Familien vorhanden gewesen ist (Furstenberg & Cherlin 1993). Block u.a. interpretieren diese Ergebnisse folgendermaßen: Die Konflikte der Eltern haben nachhaltig die Entwicklung der Kinder gestört. Es sind nicht die Trennung und Scheidung, die kindliche Verhaltensauffälligkeiten erzeugen, sondern die Art der Konflikte in der Familie. Das bedeutet aber auch, daß wir bei aller berechtigten Sorge um Scheidungskinder nicht die Tatsache vergessen sollten, daß auch ohne Trennung und Scheidung ein bestimmtes „elterliches Konfliktniveau" nachhaltige Verhaltensauffälligkeiten erzeugen kann. Damit haben sich für die empirische Forschung neue Fragen gestellt, die bisher keineswegs befriedigend gelöst worden sind: Wie etwa sollen „destruktive" und „konstruktive" Konflikte in Partnerschaft und Familie in ihren Wirkungen auf das Kind differenziert werden? Wieviele „destruktive" Konflikte verträgt Partnerschaft? Ab welchem „Mischungsverhältnis" von Konstruktivität und Destruktivität leiden die Kinder? Und - eine Frage, die nicht zynisch gemeint ist - ab welchem Konfliktniveau ist Scheidung für alle Beteiligten die Lösung? Wir möchten die Ergebnisse dieser Studie nicht überinterpretieren: Selbstverständlich gehen wir nach wie vor davon aus, daß die erlebte Realität der Trennung der Eltern auch in sehr konfliktbelasteten Familien für die Kinder eine sehr schmerzliche Erfahrung ist, in der die meisten Hilfe von außen benötigen. Wir dürfen aber nicht in unserem Engagement für das Scheidungskind - und das macht diese Studie deutlich - das Leid von Kindern (und Erwachsenen) in sogenannten intakten Familien vergessen. Übrigens hat bereits 1948 Haffter für die BRD nachgewiesen, daß für Kinder die stark konfliktreiche Zeit *vor* der Trennung besonders belastend ist: "Der Überblick über das durchschnittliche Schicksal der Kinder aus geschiedenen Ehen gibt uns Anlaß, mit aller Entschiedenheit der oft geäußerten Ansicht gegenüberzutreten, wonach die Scheidung der Eltern für die Kinder immer ein Unglück bedeuten muß" (zit. nach Nave-Herz 1995, S. 103).

Eine weitere Studie, welche die Scheidungsforschung sehr beeinflußt hat, ist die Untersuchung von Hetherington u.a. (1982, 1991), die eine Reihe weiterer Studien inspiriert hat, die personalen Faktoren beim Kind für die Bewältigung der Trennung zu untersuchen. In diesen Studien wurde deutlich, daß Kinder sehr unterschiedlich auf die Trennung der Eltern reagieren. Kinder mit „schwierigem" Temperament zeigten heftigere und länger anhaltende Reaktionen (nach Niesel 1995, S. 159). In der Forschung wird das Kind immer stärker als aktive Bewältigerin gesehen, das heißt man untersucht, wie Kinder die Konflikte der Eltern bewerten und in Bedeutung auf das eigene Wohlergehen einschätzen. Niesel betont, daß Kinder auf alle Fälle Möglichkeiten brauchen, ihre Reaktionen auszudrücken, sei es in der Beratung oder in der Familie. Da Kinder sehr oft auf die Konflikte der Eltern mit Rückzug reagieren, stellt sich mit besonderer Dringlichkeit die Frage für entsprechende Settings außerhalb der Familie, zum Beispiel in Beratung. In diesem Zusammenhang weist die Autorin auch auf neuere Evaluationsstudien (Kitzman u.a. 1994) zur Mediation hin, die ernüchternde Ergebnisse erbracht haben, was die Auswirkungen auf Kinder betrifft: „Die erhofften Unterschiede in der Befindlichkeit der Kinder, deren Eltern eine Scheidungsvereinbarung durch Mediation erlangt hatten, und denen, die ein traditionelles Scheidungsverfahren durchlaufen hatten, waren - wenn überhaupt vorhanden - nur gering" (Niesel 1995, S. 167). Die Autorin bringt zwei interessante Konsequenzen ein: Zum einen plädiert sie dafür, in die Mediationsprogramme stärker familienpädagogische Erweiterungen zu integrieren. Eine Einigung in der

*Forderung nach Einbeziehung der Kinder in die Beratung*

Mediation stellt offenbar nicht sicher, daß die Eltern die Bedürfnisse der Kinder in Trennung und Scheidung angemessen berücksichtigen. Die Beratungskonzepte müssen stärker das Kindeswohl fokussieren. Das stützt noch einmal die Konzeption des Modells, das sich als Familienmediation mit einer starken, fast ausschließlichen Orientierung am Kindeswohl versteht. Eine weitere Überlegung betrifft die stärkere Einbeziehung von Kindern in die Mediation. Wie wir gezeigt haben, gibt es im Regensburger Modell einen (vorsichtigen) Trend zu einer stärkeren Einbeziehung der Kinder (vgl. auch Kap. 3).

Fazit: Viele Eltern benötigen Hilfe im Trennungs- und Scheidungsgeschehen, um Kinder bei der Bewältigung zu unterstützen - vor allem auch, um die möglichen längerfristigen Auswirkungen bei Kindern möglichst gering zu halten. Die Betonung einer aktiveren Rolle der Kinder in der Trennung stellt an die Praxis die Aufgabe, Kinder mit ihren Interessen, Bedürfnissen und individuellen Verarbeitungsformen intensiver in die Beratung der Eltern einzubeziehen. Das kann - wie im Regensburger Modell - durch eine stärkere familienpädagogische oder -psychologische Orientierung geleistet werden.

### 1.2.2 Der Einsatz von Mediation (Vermittlung) im familiengerichtlichen Verfahren

Mediation als Form der Konfliktlösung und -regelung wurde in den USA entwickelt (Coogler 1978) und erprobt und ist dort in einigen Ländern wie Kalifornien gesetzlich verankert (wer sich scheiden lassen will, muß zum Mediator und dieses mit Bescheinigung nachweisen). Übrigens wurde es bereits viele Jahre zuvor eingesetzt bei Nachbarschaftskonflikten, Umweltkonflikten, Arbeitskonflikten und dann auch bei familiären Konflikten (vgl. Proksch 1989a, 1989b, Bastine 1995, Duss-von Werdt, Mähler & Mähler 1995). Dieses Verfahren ist von einigen erfahrenen Praktikern nach Deutschland gebracht worden (Haynes 1991, 1993). Der Familiennotruf in München (Dietz 1993) und Trialog Münster (Krabbe 1993) stehen für eine immer größere werdende Zahl von Mediationseinrichtungen in Deutschland. Auch Ausbildungsinstitutionen sind mittlerweile gegründet worden, die im Bundesverband für Mediation zusammengeschlossen sind (Mähler & Mähler 1995). Mediation ist aktuell, Mediation ist zeitgemäß. Duss-von Werdt sprach auf dem ersten deutschen Kongreß für Mediation in München im Dezember 1996 vom „Zeitzeichen Mediation". Wir hatten bereits im vorigen Abschnitt auf die geringen Auswirkungen der elterlichen Vereinbarungen auf ihre Kinder hingewiesen und möchten vorsorglich festhalten, die Ergebnisse der Evaluationsforschung sind in der Erfolgsbewertung nicht so eindeutig, wie es die rasante Entwicklung der Mediation vielleicht nahelegen könnte. Die Soziologin Pelikan (1996) stellt in ihrer Bewertung der Evaluationsstudien fest: „Der dominierende Eindruck, der sich aus dieser Befassung mit einer Auswahl dieses Schrifttums ergab, ist sicher, daß die mediatorische Intervention eine so eindeutig und fraglos erfolgreiche sicher nicht ist, daß sich vielmehr recht heftige Kontroversen um ihre Verbreitung ranken", sie fügt allerdings mit Verweis auf den Titel eines Aufsatzes „Der unaufhaltsame Aufstieg der Familienmediation" (Bastard u.a. 1992, S. 17) hinzu, daß diese schnelle Verbreitung der Mediation auch ihre Berechtigung hat.

In Deutschland sind empirische Studien über den Erfolg von Mediation nur vereinzelt vorhanden. Für den deutschsprachigen Raum sind vor allem die Arbeiten von Proksch in Erlangen und Jena (1995) sowie der Gruppe um Pelikan (1996) in Österreich zu nennen. Bastine führt mit seinem Forschungsteam in Heidelberg gegenwärtig ebenfalls eine Evaluationsstudie mediatorischer Ansätze in der Scheidungsberatung durch. Ergebnisse sind noch nicht veröffentlicht.

Proksch faßt die Ergebnisse der amerikanischen Studien wie folgt zusammen:

(1) Die Effektivität, gemessen am zahlenmäßigen Ergebnis erzielter Vereinbarungen, erreichte die durchschnittliche Erfolgsziffer 40-65% zuzüglich 20-30%, die teil- beziehungsweise zeitlich begrenzte Vereinbarungen erreichten.
(2) Eheleute, die verpflichtend an Mediation teilnahmen, waren in einem hohen Maße mit diesem Ansatz zufrieden. 60-70% bevorzugten Mediation im Vergleich zum herkömmlichen Verfahren. Eine gesetzliche Verpflichtung führt demnach nicht zu nachteiligen Ergebnissen.
(3) „Im Vergleich von Personengruppen, die ihre Streitpunkte „vermittelten", zu jenen, die ausschließlich im Gerichtsverfahren verblieben, erreichten über 80% jener, die ihre Konflikte vermittelten, eine eigene Vereinbarung, während dies nur bei 20% derjenigen zutraf, die im Gerichtsverfahren verblieben waren" (Person & Thoennes 1988, S. 434 zit. nach Proksch 1993).

*Evaluationsstudien im deutschsprachigen Raum*

Pelikan kam dagegen in ihrer Studie, die sie in Salzburg und Wien durchführte (vgl. 1.2.3) zu einem sehr viel bescheideneren Ergebnis:

(1) In 57,1% wurde eine Vereinbarung erzielt (in 11,1% eine Teilvereinbarung).

(2) Darüber hinaus wurden die Klientinnen befragt, was eine solche Vereinbarung für sie bedeutet: Nur etwas weniger als die Hälfte hat diese als gerecht empfunden, als nachteilig für sich selbst mehr als ein Viertel und als erträglich 17%.

(3) Zu diesen vergleichsweise bescheidenen Erfolgen steht folgendes Ergebnis im Kontrast: Empfehlen würden 67,6% Mediation und immerhin noch 29,7 mit Vorbehalt, also über 90% aller Fälle.

Eine weitere relativierende Einschränkung ist nötig: lediglich ein Drittel der Mediationspaare schickten den Fragebogen zurück. Die Rücklaufquote von 33% schränkt die Aussagekraft dieser Ergebnisse doch etwas ein.

Proksch teilte in seiner Erlanger „Pilotstudie zur Praxiserprobung von Vermittlung - Mediation - streitiger Familiensachen" 51 Elternpaare nach Zufall in zwei Gruppen ein. Einer Gruppe wurde Mediation angeboten (27 Elternpaare), in der anderen erfolgte lediglich eine Anhörung der Betroffenen. Knapp die Hälfte der Paare mit Mediation (48%) erzielte eine einvernehmliche Sorge- und Umgangsregelung. Neun Elternpaare (33%) nahmen das Angebot nicht wahr und fünf Elternpaare (18,5%) brachen das Vermittlungsverfahren ab.

Die Vergleichsgruppe (Eltern ohne Mediation) gelangte nur zu 20% zu einem Einvernehmen (Proksch 1995).

Derselbe Autor führte eine umfangreichere Studie in Jena durch, die auf der Pilotstudie in Erlangen aufbaute. Während der einjährigen Praxisphase des Modellversuchs von April 1993 bis März 1994 war das Jugendamt mit insgesamt 195 Scheidungsfällen befaßt. In 77 dieser Fälle (39,5%) hatten die Eltern bereits vorab einvernehmliche Regelungen gefunden. In 112 Fällen (57,5%) hatten die Eltern widerstreitende Anträge gestellt. Von diesen 112 Elternpaaren nahmen 72 (64%) das angebotene Vermittlungsverfahren an, was in etwa der Annahme der Erlanger Studie entspricht. Von dieser Gruppe erreichten 61 (84%) eine einvernehmliche Regelung, so daß damit 54,5% der streitigen Fälle einvernehmlich gelöst wurden (Drucksache 180/96, S. 61).

Die Ergebnisse dieser umfangreicheren Studie bestätigen im wesentlichen die Ergebnisse der Erlanger Studie. Wenn auch nicht die Ergebnisse amerikanischer Untersuchungen erreicht wurden, so kann man dennoch von ermutigenden ersten systematischen Erfolgsuntersuchungen sprechen.

*Familienberatung und das Kindschaftsreformgesetz*

Ein Ergebnis der deutschen und internationalen Scheidungsforschung ist unumstritten: Viele Eltern benötigen Hilfe im Trennungs- und Scheidungsgeschehen, um Kinder bei der Bewältigung zu unterstützen - vor allem auch, um die möglichen längerfristigen Auswirkungen bei Kindern gering zu halten. Dies gilt auch und gerade unter der Bedingung eines neuen Kindschaftsrechts, das der Bundestag mit Zustimmung des Bundesrates beschlossen hat und ab 1. Juli 1998 in Kraft treten wird. Der Schwerpunkt des Kindschaftsrechtsreformgesetzes liegt bei der Regelung der elterlichen Sorge und des Umgangsrechts. Wesentlich ist zum einen, daß die Eltern eines nichtehelichen Kindes durch eine öffentlich beurkundete Sorgeerklärung zum Ausdruck bringen können, daß sie die Sorge gemeinsam übernehmen wollen. Die Auflösung der gemeinsamen Sorge kann dann, wie bei ehelichen Kindern, nur durch das Familiengericht entschieden werden. Zum zweiten entscheiden die Familiengerichte künftig nicht mehr unabhängig vom Willen der Eltern über die elterliche Sorge. Solange kein Antrag der Eltern zur Sorge vorliegt, trifft das Gericht auch keine Entscheidung.

## Das Kindschaftsreformgesetz zu Trennung und Scheidung

Ein wesentlicher Schwerpunkt des Kindschaftsreformgesetzes liegt darin, daß künftig bei einer Ehescheidung, bei der minderjährige Kinder betroffen sind, das Familiengericht nicht mehr von Amts wegen über die elterliche Sorge entscheidet. Vielmehr gilt mit dem neuen Gesetz bei der elterlichen Sorge das Antragsprinzip: Jeder Elternteil kann beantragen, daß ihm das Familiengericht die elterliche Sorge oder einen Teil hiervon überträgt. Werden keine Anträge gestellt, so bleibt, wie bereits in der Ehe und in der Trennungsphase, weiterhin die gemeinsame Sorge fortbestehen. Allerdings unterscheidet sich die gemeinsame Sorge nach Scheidung wesentlich von der gemeinsamen Sorge in der Ehe: Der Elternteil, bei dem sich das Kind gewöhnlich aufhält, entscheidet alleine in „Angelegenheiten des täglichen Lebens". Nur in Angelegenheiten, „deren Regelung für das Kind von erheblicher Bedeutung ist" besteht ein Mitspracherecht für den Elternteil, bei dem sich das Kind gewöhnlich nicht aufhält. Grundlegende Fragen der Schullaufbahn, der Berufswahl, der religiösen Erziehung usw. sind solche Angelegenheiten, in der eine Absprache der Eltern erforderlich ist (vgl. auch Knittel 1997, S. 655).
Damit ist die elterliche Sorge mit den neuen gesetzlichen Bestimmungen aus dem Verbundverfahren (sogenannten „Zwangsverbund") herausgelöst worden, da eine richterliche Entscheidung nur auf Antrag eines der beiden Elternteile erfolgt. Allerdings ist auch vorgesehen, daß das Familiengericht – wenn minderjährigen Kinder betroffen sind - grundsätzlich die Ehegatten zur elterlichen Sorge hören und auf Möglichkeiten der Beratung hinweisen soll. Der Gesetzgeber ist mit diesen Regelungen zumindest teilweise auf die Be-

Durch die enge Verknüpfung der
Scheidung ... denen mit Beratungsange-
boten die Jugendhilfe ... die Gleichgeba...
... weise auf die Betreuung ...

fürchtungen von Fachleuten eingegangen. Es ist nämlich immer wieder eingewandt worden, daß diese Herauslösung der elterlichen Sorge aus dem sogenannten „Zwangsverbund" in vielen Einzelfällen nicht den kindlichen Bedürfnissen bei der Scheidung ihrer Eltern entspricht. Die Familienrichterin Lossen (1997) betont, daß Richterinnen auch ohne Antrag eines Elternteils die Möglichkeit haben müssen, mit den Eltern über die Regelung der elterlichen Sorge und des Umgangs zu sprechen. Nicht zuletzt sei dieses wichtig, um Eltern auf das bestehende Beratungs- und Hilfsangebot hinzuweisen.

In der gegenwärtigen gesellschaftlichen Situation muß davon ausgegangen werden, daß eine öffentliche Verhandlungsnotwendigkeit darüber besteht, was mit den Kindern nach der Scheidung passiert. In diesem Zusammenhang führt die Differenzierung in einen Entscheidungs- und Verhandlungsverbund weiter. Nach dem neuen Kindschaftsrecht bleibt auch ohne Antrag der Verhandlungsverbund bestehen, wohingegen der Entscheidungsverbund nur auf Antrag eines Elternteils erfolgt. Die gemeinsame Sorge wird nach der Scheidung nun ohne richterliche Entscheidung fortgeführt. Nur die Beendigung der gemeinsamen Sorge ist nach wie vor nur durch eine richterliche Entscheidung möglich.

Mit dieser Reform gibt der Gesetzgeber stärker als bisher der Elternautonomie Raum. Er vertraut auf selbstregulative Kräfte und die Fähigkeit der Eltern, mit Konflikten konstruktiv umzugehen. So begrüßenswert die „Philosophie" des neuen Kindschaftsrechts in diesem Aspekt ist, so ist nicht zu übersehen, daß gesetzliche Veränderungen allein die Eltern nicht fähiger machen, tragfähige Lösungen für den alltäglichen Umgang mit den gemeinsamen Kindern zu entwickeln und zu leben. Vor allem auch im Interesse der Kinder dürfen Eltern im Scheidungskonflikt nicht allein gelassen werden. Unter Fachleuten besteht Einigkeit nach einem verstärkten und gut erreichbaren Beratungsangebot (vgl. etwa die Expertinnen-Anhörung vom 24. 02. 1997 zum Gesetzentwurf, in der fast alle Expertinnen eine Verstärkung der Beratung fordern). Viele Eltern brauchen Maßnahmen der Konfliktdämpfung und vor allem auch Hilfe für ein Leben mit den Kindern nach der Scheidung. Anstelle der Regelung der elterlichen Sorge durch die richterliche Entscheidung muß eine Beratung (und/oder Mediation) treten, die Eltern befähigt, ihre Elternschaft in einer Phase des Umbruchs zu leben.

### 1.2.3 Weitere Modelle der gerichtsnahen Beratung bei Trennung und Scheidung

Obwohl davon auszugehen war, daß das Regensburger Modell gerichtsnaher Beratung in Deutschland einmalig ist, haben wir versucht, ähnliche

41

Projekte in Deutschland ausfindig zu machen.[1] Das Ergebnis vorweg: Unsere Bemühungen waren wenig erfolgreich! Es gibt in Deutschland keine vergleichbaren Arbeitsansätze. Man verwies uns bei unserer Suche auf Projekte in Berlin, Frankfurt und Münster. Hier die Ergebnisse unserer Recherche im einzelnen:

(1) In Berlin wurde 1995 das neue Familiengericht seiner Bestimmung übergeben. Als Novum wurde eine Stelle für Beratung bei Trennung und Scheidung gefeiert. Dort arbeitete ein Beraterinnenteam, das Gespräche mit Eltern, Paaren und Einzelpersonen im Sinne der Beratung durchführte und, falls notwendig, die Familien an entsprechende Beratungsstellen (außerhalb des Gerichts) weitervermittelte (vgl. DRiZ 1995, S. 487). Leider war die Laufzeit nur kurz, und das Projekt wurde wegen finanzieller Engpässe abgebrochen.

(2) In Frankfurt gab es ein Mediationsprojekt, das im Vorfeld familiengerichtlicher Entscheidungen arbeitete. Zwar war die Beratung nicht räumlich in das Gericht integriert, aber man zielte mit seiner Arbeit auf Familien, die sich im gerichtlichen Verfahren befanden (Schramm-Gruber & Breinlinger 1995). Allerdings wurde das Modellprojekt vor dem Ablauf abgebrochen, so daß keine weiteren Bewertungen der Erfahrungen möglich sind.

(3) In Münster gibt es Verhandlungen zwischen dem Stadtjugendamt und der Caritas-Beratungsstelle. Man plant eine Vereinbarung, welche die Beratungsstelle verpflichtet, sowohl nach § 17 KJHG (Beratung) als auch § 50 KJHG (Mitwirkung) bei Trennung und Scheidung tätig zu werden. Wie uns der Leiter der Einrichtung mitteilte, ruhen allerdings wegen rechtlicher Probleme die Verhandlungen zunächst einmal. Auch geht es wohl weniger um gerichtsnahe Beratung als um die Delegation von Aufgaben des Jugendamtes an freie Träger.

Während also in Deutschland unsere Recherche unter dem Strich ergebnislos war, stießen wir in Österreich auf ein Modell „Familienberatung am Gericht" (Pelikan & Schandl 1996). Das Modell wurde an Familiengerichten in Salzburg und Wien im Frühjahr 1994 nach einer halbjährigen Vorbereitungszeit im Auftrag des Justiz- und des Jugendministeriums be-

---

[1] Ein Beispiel für ein gerichtsnahes Projekt, allerdings in einem völlig anderen Bereich, nämlich der Strafgerichtsbarkeit, ist als Modell in Passau und Augsburg durchgeführt worden. Die Thematik war in diesem Projekt „Gewalt im sozialen Nahraum". Es wurde den Tätern in bestimmten Fällen Beratung angeboten mit der Aussicht auf Einstellung des Ermittlungsverfahren durch die Staatsanwaltschaft (Beulke 1995).

42

gonnen. Um die Entstehungsgeschichte zu verstehen, müssen wir kurz eine Besonderheit an den österreichischen Familiengerichten erläutern: den sogenannten Amtstag. Der Amtstag findet im regelmäßigen wöchentlichen Turnus statt (in Wien zweimal die Woche) und bietet der Bevölkerung Rat und Information in allen Fragen, die mit der Familiengerichtsbarkeit zusammenhängen. Ausgangspunkt waren Klagen und Kritik von Familienrichterinnen an einer zunehmenden Beanspruchung am sogenannten Amtstag. Die wachsende Zahl von ratsuchenden Parteien aber auch die Art der Probleme überforderten die Familienrichterinnen zusehends. Die Familienberaterinnen wurden von den Familienberatungsstellen entsprechender Träger zur Verfügung gestellt und der Amtstag für die Integration der psychologischen Beraterinnen genutzt. Die Tätigkeiten der Beraterinnen umfassen „Familienberatung. Mediation und Kinderbegleitung".

## Ein Modell in Österreich: „Familienberatung am Gericht"

„Die ‚Familienberatung bei Gericht' sollte zeitgleich mit dem Amtstag im Gerichtsgebäude stattfinden. Sie sollte mit einem Juristen /einer Juristin und einer psychologisch-therapeutisch ausgebildeten Person besetzt sein; beide sollten womöglich über entsprechende (Familien-) Beratungspraxis verfügen. Es war weiters geplant, daß die Familienrichterinnen am Amtstag den vorsprechenden Parteien, falls ihnen das Anliegen der Partei und die Natur des Falles geeignet erschienen, die Inanspruchnahme der Familienberatungsstelle empfehlen sollten. Die Leute mußten dann faktisch nur ein paar Türen weitergehen und könnten unmittelbar - ohne komplizierte Voranmeldungen und Terminabsprachen - ihr Problem vorbringen; die Beraterinnen sollten Zeit haben und sich Zeit nehmen, ausführlich darauf einzugehen. Je nach Lage des Falles würden sich Juristinnen oder Psychologinnen der Parteien annehmen, eventuell könnten auch beide gemeinsam beraten. Außerdem nahm man an, daß im Laufe der Zeit Parteien auch den Weg direkt zu der Familienberatungsstelle am Gericht finden würden. Jedenfalls sollte der Kontakt von Beraterinnen und Richterinnen - in der Modellphase durch regelmäßige Besprechungen (einem jour fixe) gewahrt werden" (Pelikan & Schandl 1996, S. 2).

Die Modelle wurden empirisch auf ihre Akzeptanz bei den Klientinnen untersucht und führten zu dem Ergebnis, daß „die Klientinnen der Familienberatung mit der Art und Weise, wie die Beraterinnen ihrer Aufgabenstellung nachkommen, hochzufrieden sind" (Pelikan & Schandl 1996). Auch soll das Modell nach Auskunft der wissenschaftlichen Begleitforschung bereits in zwei weiteren Städten Österreichs übernommen worden sein.

In Bayern gibt es vereinzelt in verschiedenen Jugendamtsbereichen Arbeitskreise, die eher auf informeller Basis entstanden sind. Besonders erwähnen möchten wir einen Arbeitskreis in Ingolstadt, der seit 1995 besteht. Richterinnen und Mitarbeiterinnen des Jugendamtes sowie Beratungsstellen der freien Träger (Caritas und Diakonie) treffen sich mindestens zweimal im Jahr. Seit 1996 ist auch eine Beratung im Familiengericht möglich. Richterinnen und Beraterinnen sprechen sich über die Präsenz von Beraterinnen im Gericht ab. Die Mitarbeiterinnen des Arbeitskreises berufen sich explizit auf das Regensburger Modell einer gerichtsnahen Beratung (Lütkenhaus 1996). Ähnliche Arbeitskreise um die Familiengerichtsbarkeit sind beispielsweise in Würzburg, Nürnberg, Ulm und Freising entstanden.

In Deggendorf wurde bereits 1991 eine schriftliche Vereinbarung zwischen den Familienrichterinnen und der Erziehungsberatungsstelle der Caritas getroffen, die vor allem strittige bis hochstrittige Fälle betrifft. Das Familiengericht überweist die Eltern an die Beratungsstelle und setzt für diese Zeit das Verfahren am Gericht aus (vgl. Scheuerer-Englisch 1993). Nach Angaben der Beratungsstelle können auf diese Weise fünf bis zehn Fälle im Jahr, die vom Gericht überwiesen wurden, beraten werden. Die Zusammenarbeit mit dem Gericht sei gut, die Richterinnen seien aber mit den geringen Fallzahlen unzufrieden.

Wir meinen, daß die Arbeit, wie sie sich in diesen Gerichtsbezirken im Alltag entwickelt hat, gerade auch für Fragen der Übertragbarkeit des Regensburger Modells sehr wichtig ist (vgl. auch Kapitel 6) Wir haben diese Arbeitskreise und berufsgruppen-übergreifenden Kooperationsformen mit einer (unsystematischen) Telefonrecherche ermittelt und wären nicht überrascht, wenn es in Bayern gegenwärtig weitere Arbeitskreise in einzelnen Gerichtsbezirken gibt.

## 1.3 DAS MODELL GERICHTSNAHER BERATUNG IM KONTEXT DER KINDER- UND JUGENDHILFE

### 1.3.1 Aufgaben der Jugendhilfe bei Trennung und Scheidung im Umbruch

Dem Erfordernis von Beratung für Eltern und Kinder in Trennung und Scheidung entsprechen auch die neueren Entwicklungen in der Jugendhilfe. Die Rolle der Träger in der Jugendhilfe befindet sich spätestens seit Einführung des SGB VIII (KJHG) im Jahre 1991 im Umbruch. Mit dem rechtlichen Rahmen des neuen Kinder- und Jugendhilferechts sind die Jugendämter (beziehungsweise Beratungsstellen freier Träger) aufgefordert und verpflichtet, im Falle von Trennung und Scheidung Hilfen für Mütter und Väter sowie deren Kinder anzubieten, möglichst mit dem Ziel, ein einvernehmliches Konzept für die Wahrnehmung der elterlichen Sorge zu entwickeln, die als Grundlage für die richterliche Entscheidung dienen kann. Die angebotene Beratung soll Eltern dabei helfen, ihre Probleme auf der Partnerebene von ihrer Verantwortung auf der Elternebene zu trennen und dabei die Interessen des Kindes in den Vordergrund zu stellen. Kindern soll der Zugang und die Beziehung zu beiden Elternteilen erhalten werden, ohne in Loyalitätskonflikte zu geraten, um Identifikationsmöglichkeiten mit Vater und Mutter zu erhalten, und ihnen sollen möglichst viele ihrer sie stützenden Beziehungen und so weit wie möglich ihre vertraute Umgebung erhalten bleiben (vgl. Buchholz-Graf 1994). Bestand also die Aufgabe der Jugendämter bisher darin (vor Einführung des neuen KJHG), eine möglichst qualifizierte gutachterliche Stellungnahme betreffend das Kindeswohl abzugeben, was in vielen Fällen bedeutete, daß Sozialpädagoginnen pädagogisch Stellung bezogen im elterlichen Kampf um das Kind (als wenn es denn - sieht man einmal von Extremfällen ab - objektive Verfahren gäbe, fähige und nichtfähige Elternteile voneinander zu unterscheiden und das vor dem Hintergrund, daß bei funktionierender Partnerschaft diese Frage niemand stellt!), so soll nun die Jugendhilfe zu einer wirklichen Begleiterin der Trennungsfamilie werden. Der Deutsche Verein: „Die Rolle der Fachkräfte hat sich somit von der „schiedsrichterlichen" zur „vermittelnden" gewandelt" (Faltermeier & Fuchs auf einer Fachtagung des Deutschen Vereins 1991). Dies ist eine Chance für Eltern, ihre Konflikte autonom zu regeln und optimale Entscheidungen zu treffen - zunächst unabhängig von der Justiz (vgl. Knappert 1992).

1.3.2 Zwischen Beratung und Mitwirkung: Rechtliche Grundlagen der Jugendhilfe

Die Jugendhilfe hat bei Trennung und Scheidung zwei Aufgaben sehr unterschiedlicher Natur: Die Beratung (zum Beispiel § 17 SGB VIII) und die Mitwirkung (§ 50 SGB VIII). Seit Inkrafttreten des KJHG haben sich in bezug auf diese beiden Aufgaben kontroverse Diskussionen ergeben.
Die *Beratung* ist eine Leistung, welche die öffentliche Jugendhilfe vorhalten muß. Nach einer Übergangsfrist wurde sie ab dem 01.01.1995 als Soll-Vorschrift konzipiert und ist somit eine im Regelfall zu erbringende Leistung; das heißt, die öffentlichen Träger der Jugendhilfe müssen die notwendigen Einrichtungen und Dienste vorbereiten beziehungsweise durch Träger der freien Jugendhilfe sicherstellen. Die Beratung wird auf freiwilliger Basis von den betroffenen Scheidungsfamilien in Anspruch genommen. Sie kann von der öffentlichen und freien Jugendhilfe angeboten werden.

Nach § 65 SGB VIII ist sichergestellt, daß die in der Beratung anvertrauten Informationen einem besonderen Geheimhaltungsschutz unterliegen, der nur mit Einwilligung der Betroffenen, in den Fällen zur Abwendung einer Gefährdung des Wohls des Kindes durch die öffentliche Jugendhilfe und im Falle des gesetzlichen Notstandes nach § 34 StGB durch die freie Jugendhilfe durchbrochen werden darf (vgl. die Verlautbarung des Bayerischen Ministeriums für Arbeit und Sozialordnung, Familie, Frauen und Gesundheit vom 19.02.1993). Inhaltlich umfaßt die Beratung:

(1) *Familienberatung in der Ambivalenzphase* mit den Zielen, die Familienkrise durch Aufzeigen und Erlernen von Bewältigungsstrategien aufzufangen und die Familiengemeinschaft durch Unterstützung beim Wiederaufbau eines partnerschaftlichen Zusammenlebens zu erhalten (§ 17 Abs. 1 Nr. 1 und 2 SGB VIII).

(2) *Trennungs- und Scheidungsberatung* wird Eltern nach endgültig gefaßtem Trennungsentschluß mit den Ziel geboten, die Bedingungen für eine dem Kindeswohl förderliche Elternverantwortung zu schaffen (§17 Abs.1 Nr. 3 SGB VIII). Eltern sollen bei der Entwicklung eines einvernehmlichen Konzeptes für die Wahrnehmung der elterlichen Sorge unterstützt werden, das als Grundlage für die richterliche Entscheidung über das Sorgerecht nach der Trennung oder Scheidung dienen kann (§ 17 Abs.2 SGB VIII).

(3) In der *Nachscheidungsphase* sind nach § 18 SGB VIII Beratungsangebote vorgesehen: Zum einen Beratung des allein sorgeberechtigten Elternteils bei der Ausübung der Personensorge einschließlich der Geltendmachung von Unterhaltsansprüchen und die Beratung des nicht sorgeberechtigten Elternteils bei der Ausübung des Umgangsrechts.

Die *Mitwirkung* im familiengerichtlichen Verfahren ist eine Aufgabe, zu der das Jugendamt berechtigt und verpflichtet ist (§ 85 Abs. 1 SGB VIII). Der Mitwirkung des Jugendamtes entspricht die Pflicht des Familiengerichts, das Jugendamt anzuhören (§§ 49 I, 49a I FGG).
Es ist zu hören bei der Regelung der elterlichen Sorge (§§ 1671, 1672 BGB), zur Regelung des Kontaktes des Nichtsorgeberechtigten mit seinem Kind (§§ 1671, 1634 BGB) sowie der Regelung des Umgangs des nichtehelichen Vaters mit seinem Kind (§ 1711 BGB) und hat die Aufgabe, die Entscheidungsfindung des Familiengerichtes zu unterstützen.
Das Jugendamt wirkt vor dem Familiengericht mit, indem es das Familiengericht

(1) bei der Regelung der elterlichen Sorge durch die Beratung der Eltern unterstützt,

46

(2) insbesondere über Hilfsangebote und Beratungsleistungen sowie Entwicklungserfordernisse des Kindes unterrichtet und

(3) auf weitere Hilfemöglichkeiten hinweist (Empfehlungen des Deutschen Vereins 1992).

Allerdings hat das Jugendamt im Falle einer Verweigerung der betroffenen Eltern keine Möglichkeit, seiner Mitwirkungspflicht nachzukommen. Auch im familiengerichtlichen Verfahren bleibt die Mitwirkung des Jugendamtes selbstverständlich Jugendhilfe, das heißt „das Jugendamt hat den jungen Menschen in seiner individuellen und sozialen Entwicklung zu fördern, Benachteiligungen auszugleichen, die Erziehungsberechtigten zu beraten, Kinder und Jugendliche vor Gefahren zu schützen und positive Lebensbedingungen für junge Menschen und ihre Familien zu schaffen" (Hahn 1992, S. 73). Wie das Jugendamt dem Auftrag nachkommt, zur Sicherung des Kindeswohls beizutragen, liegt in seiner fachlichen Kompetenz und Verantwortung.

Eine Datenerhebung im Rahmen der Mitwirkung setzt eine Aufklärung der Betroffenen über den Zweck der Erhebung als der Mitwirkung im familiengerichtlichen Verfahren voraus (§ 62 SGB VIII). Eine Datenerhebung bei Dritten ist nur mit Einwilligung der Betroffenen möglich (§ 61 SGB VIII). Eine Offenbarung von Daten zur Erfüllung der Aufgabe der Mitwirkung ist grundsätzlich zulässig, wobei das Jugendamt über Art und Umfang der Offenbarung im gerichtlichen Verfahren entscheidet (vgl. die Verlautbarung des Bayerischen Ministeriums für Arbeit und Sozialordnung, Familie, Frauen und Gesundheit vom 19.02.1993). Die beiden Aufgaben der Beratung und Mitwirkung stehen in einem Spannungsverhältnis. Während die Beratung durch die Geheimhaltungsverpflichtung geschützt ist, zielt die Mitwirkung auf die Information Dritter, das heißt die Unterrichtung des Familiengerichts ab. Die Beratung ist nur möglich, wenn die betroffenen Eltern beziehungsweise der Inhalt der Beratungsgespräche einer strengen Schweigeverpflichtung unterliegen. Die Ehepartner (und die Kinder) sind in einer äußerst kritischen Lebensphase, und das Konfliktniveau ist teilweise extrem hoch. Eine persönliche Öffnung in der Beratung ist von daher nur möglich, wenn die Klientinnen absolut sicher sein können, daß die Beratungsinhalte nicht außerhalb des Beratungssettings Verwendung finden. Dem Gesichts-punkt des Vertrauensschutzes wird Priorität eingeräumt. Nur mit Einwilligung der Betroffenen können Informationen, zum Beispiel für den schriftlichen Bericht an das Familiengericht (§ 50 SGB VIII), genutzt werden. Eine Offenbarungsbefugnis ist auch im Falle einer Kindeswohlgefährdung gegeben (§ 50 III SGB VIII).

Die beiden Aufgaben der Beratung und Mitwirkung sind im Fall einer Einigung der Eltern bezüglich des Sorge- und Umgangsrechts relativ problemlos aufeinander zu beziehen. Haben sich die Eltern mit oder ohne Beratung geeinigt, erfolgt die Mitwirkung in der Weise, daß der Einigungsvorschlag dem Familiengericht vom Jugendamt im schriftlichen Bericht mitgeteilt wird. Das Bayerische Staatsministerium schlägt vor, im Falle eines einvernehmlichen Vorschlags *ohne* Inanspruchnahme der Beratung, daß sich das Jugendamt im Rahmen seiner Mitwirkungspflicht zu vergewissern hat, daß die elterliche Einigung nicht das Wohl des Kindes gefährdet. Erst in dem Fall, daß sich die Eltern mit oder ohne Beratung nicht einigen können, wird das Verhältnis von Beratung und Mitwirkung in seiner Problematik für die Praxis deutlich.

Mittlerweile liegen teilweise sich widersprechende Empfehlungen zur Frage der Beratung und Mitwirkung der Jugendhilfe vor. Vor allem die Empfehlungen des Deutschen Vereins Grundsatz der Personalunion" und vom Bayerischen Staatsministerium für Arbeit und Sozialordnung "Gebot des Personalwechsels" stehen für eine Kontroverse, die noch nicht abgeschlossen ist und unseres Erachtens den Dialog in der Praxis in angemessener Weise befördert hat. In den Empfehlungen des Bayerischen Staatsministeriums werden die Philosophien" der beiden unterschiedlichen Positionen wie folgt charakterisiert: „Die Befürworter der personellen Verknüpfung von Beratung und Mitwirkung betonen die Subjektstellung und Autonomie der Eltern auch im Rahmen der Mitwirkung und berufen sich auf den Vorrang der Elternverantwortung bis zur Grenze des § 1666 BGB. Die Befürworter der personellen Trennung von Beratung und Mitwirkung stellen bei der Mitwirkung die Einbringung und Vertretung der Interessen des Kindes und Jugendlichen durch das Jugendamt als Fachbehörde in den Vordergrund" (Empfehlungen 1992, S. 12-13).

Position 1: Das Gebot des Personalwechsels

Um den Aufgaben nach §§ 17 und 50 SGB VIII unter den gegeben Datenschutzbestimmungen zu entsprechen, ist eine personelle Trennung von Beratung und Mitwirkung geboten. Dieser Personenwechsel ist im Falle einer Einigung beider Eltern (sogenannte reduzierte Mitwirkungspflicht) nicht notwendig. Im Falle, daß keine Einigung der Eltern vorliegt, sei allerdings eine Mitwirkung des Jugendamtes in vollem Umfang unverzichtbar. Gerade wenn alle Bemühungen des Jugendamtes, den Eltern bei der Suche einer einvernehmlichen Lösung zu helfen, gescheitert sind, sollte das Jugendamt als Fachbehörde eine sozialpädagogische Beurteilung vornehmen, damit das Familiengericht eine kindgerechte und fundierte Entscheidung fällen kann. Konkret bedeutet diese Empfehlung, daß nach dem Scheitern der Beratung eine zweite Sozialpädagogin Kontakt mit der Scheidungsfamilie aufnimmt und Gespräche mit den Familienmitgliedern führt. Die Fachkraft weist die Familie darauf hin, daß es in den Gesprächen um die Mitwirkung geht; d h. um die Erstellung einer gutachterlichen Stellungnahme. In Explorationsgesprächen mit allen Betroffenen sollen diejenigen Daten erhoben werden, die für die künftige Gestaltung des Sorge- und Umgangsrechts im Einzelfall maßgeblich sind. Das Jugendamt solle bei der Mitwirkung eine kindorientierte Position einnehmen und entsprechend auf die Eltern einwirken; dabei sollen die Sichtweisen des Jugendamtes den Eltern dargelegt werden (vgl. Empfehlungen des Bayerischen Staatsministerium für Arbeit und Sozialordnung vom 19.02.1993).

Position 2: Grundsatz der Personalunion

Aufgaben von Beratung und Mitwirkung werden - so die Position des Deutschen Vereins - von einer Fachkraft durchgeführt. Einigen sich die Eltern nicht (mit oder ohne Beratung), „werden Art und Umfang der Informationsweitergabe an das Familiengericht mit den Eltern im einzelnen erörtert. Mit Zustimmung beider Eltern werden dem Gericht die Einschätzungen der Eltern aufgezeigt, worin nach Auffassung des jeweiligen Elternteils die Hindernisse für eine einvernehmliche Entscheidung über die gemeinsame Wahrnehmung der Elternverantwortung bestehen sowie Möglichkeiten weiterer Hilfen für die Kinder. Wenn auch nur ein Elternteil mit der Informationsweitergabe nicht einverstanden ist, ist die Weitergabe der beanstandeten Informationen zu unterlassen, soweit nicht eine Kindeswohlgefährdung nach § 50 III SGB VIII vorliegt. Kann ein Elternteil nicht einbezogen werden, unterrichtet das Jugendamt das Familiengericht unter erzieherischen Gesichtspunkten zum Beispiel über die Situation des Kindes; der andere Elternteil darf nicht bewertet werden (vgl. Empfehlungen des Deutschen Vereins vom 06.04.1992).

Die Vertreter der Personalunion betonen eine im Vergleich zur Organisationsform Personalwechsel reduzierte Mitwirkungspflicht. Sie glauben nur dann, den Aufbau eines Feindbildes Jugendamt aus der Perspektive der Familien verhindern zu können. Sie betonen den Beratungsvorrang und verweisen darauf, daß auch nach der Scheidung eine vertrauensvolle Zusammenarbeit mit den Eltern noch möglich sein soll. Das ist zweifellos ein wichtiger Hinweis und nicht nur, wenn man an die Probleme bei der Umsetzung des Scheidungsurteils denkt. Eine Scheidungsfolge ist auch die Stieffamilie oder zusammengesetzte Familie, die nach Einschätzungen von Expertinnen in Forschung und Praxis die Jugendhilfe erheblich fordert (vgl. Deutsches Jugendinstitut 1993).

Beratung vor Mitwirkung im
famigeirichterlichen Verfahren

49

Die Vertreter des Wechselmodells betonen, daß der Personalwechsel vor allem beratende und aufsichtliche Aufgaben trennt und damit aus Gründen der Transparenz für die Familien geboten sei. Weiterhin müsse - gerade auch in den hochstrittigen Fällen, in denen aufgrund der datenschutzrechtlichen Regelungen und der Schweigepflicht nur eine reduzierte Mitwirkung beim Grundsatz der Personalunion gegeben sei - vor allem der Wunsch und Bedarf der Gerichte im Interesse des Kindes nach einer fachkundigen Ermittlung für ihre Entscheidungsfindung berücksichtigt werden (vgl. auch Balloff 1995).

Die gutachterliche Stellungnahme des Jugendamtes im Sinne einer fachlich zu begründenden Aufteilung in Gewinner und Verlierer scheint uns allerdings wenig überzeugend. Aber zweifellos müssen Überlegungen angestellt werden, in diesen strittigen Fällen das Kindeswohl offensiver zu vertreten. Der Vorschlag von Jopt (1992), in besonderen Katastrophenfällen dem Jugendamt die Möglichkeit zu geben, das Sorgerecht solange zu übernehmen, bis die Eltern sich der Notwendigkeit einer Klärung ihrer Elternrolle stellen, scheint uns zweifelhaft. Allerdings sollten Überlegungen angestellt werden, im Interesse des Kindes in solchen Fällen den Druck auf beide Eltern zu erhöhen. Das Problem scheint hier allerdings eher im Grundsätzlichen zu liegen. Und Überlegungen, wie sie etwa auf der Tagung 'Kindschaftsrecht und Völkerrecht' in München (1/1996) formuliert wurden, müssen weitergedacht werden: Das Recht sollte nicht mehr von der elterlichen Sorge sprechen, sondern vom Kindesrecht auf Elternverantwortung. Nach der Scheidung sollten beide Eltern nicht mehr aus der elterlichen Verantwortung entlassen werden (vgl. Koeppel 1996).

Wenn auch in dieser Kontroverse um Personaltrennung und Personalunion gegenwärtig ein Kompromiß schwer vorstellbar ist, so soll doch erwähnt werden, daß einige Jugendämter nicht strikt nach dem Grundsatz der Personalunion arbeiten, sondern zusätzlich auf *Wunsch der Eltern* eine Personaltrennung durchführen. Erste empirische Erhebungen zeigen allerdings recht eindeutige Präferenzen zum Modell „Personalunion". Nach einer Befragung der *bayerischen Jugendämter* in der Zeit 12/1993 - 1/1994 hatten sich 75% der Jugendämter für den Grundsatz der Personalunion entschieden. „Es hat den Anschein, daß sich die meisten Jugendämter in erster Linie aus fachlichen Erwägungen für diese Organisationsform entschieden haben. Lediglich bei der strikten Personalunion haben manche Jugendämter die Personalknappheit als Entscheidungskriterium für diese Organisationsform ausdrücklich genannt." (Bayerisches Staatsministerium für Arbeit und Sozialordnung, Familie, Frauen und Gesundheit 1995, S. 155)

In einer Untersuchung *badischer Jugendämter* liegen ähnliche Ergebnisse vor: 18 von 24 Jugendämtern lehnen eine personelle Trennung von Beratung und Mitwirkung ab. „Eine Trennung der beiden Aufgaben erscheint

50

auch nach dem Verständnis des KJHG und der Intention des Beratungsauftrages nicht plausibel zu sein. Eine Trennung der Aufgabenbereiche ist nach Auffassung dieser Jugendämter gleichermaßen den Eltern schwer zu vermitteln, diese würden dadurch über Gebühr gefordert" (Schön & Müllensiefen 1995, S. 59).

### 1.3.3 Zur Umsetzung des neuen Kinder- und Jugendhilferechts in Bayern

Empirische Untersuchungen zu diesem Umstellungsprozeß und -ergebnis gibt es bisher wenige. Außer vereinzelten Erfahrungsberichten von Bezirkssozialarbeiterinnen in der Trennungs- und Scheidungsberatung und Familiengerichtshilfe[2] soll auf die bereits erwähnte umfassende Erhebung der Praxis in bayerischen Jugendämtern (Bayerischen Staatsministerium für Arbeit und Sozialordnung, Familie, Frauen und Gesundheit 1995) und in badischen Jugendämtern hingewiesen werden (Schön & Müllensiefen 1995).
Die wichtigsten Ergebnisse der Befragung bayerischer Jugendämter - 93 der 96 Jugendämter beteiligten sich an der Befragung - sollen an dieser Stelle festgehalten werden. Allerdings ist zu berücksichtigen, daß der Stand (12/1993 - 1/1994) angesichts der rasanten Entwicklung in diesem Bereich nicht mehr ganz aktuell ist:

(1) Fast jedes Jugendamt bietet Beratung nach § 17 SGB VIII an (91 von 93 Jugendämtern). Beratungsstellen freier Träger werden nicht ganz so oft von den Jugendämtern benannt: Erziehungsberatungsstellen freier Träger in 54 Fällen, Ehe- und Familienberatungsstellen in 36 Fällen.
Dieses Ergebnis muß erläutert werden: Das Angebot der Beratungsstellen ist gegenwärtig sicher viel höher, ist doch die Beratung in diesem Bereich genuin Aufgabe dieser Stellen. Das macht eine Studie der Landesarbeitsgemeinschaft deutlich. Unter anderem wurde in dieser Arbeit der Anteil der Fälle von Trennungs- und Scheidungsberatung an der Gesamtklientel berechnet. Bei einer Rücklaufquote von 70% aller bayerischen Erziehungsberatungsstellen ergab sich teilweise ein sehr großer Anteil von Trennungs- und Scheidungsfamilien. Der Anteil dieser Klientel streute von 8% bis zu 46% der Fälle an der Gesamtklientel (Dillig & Gerlicher 1991). Interessanterweise stellten die Autoren dieser Studie auch fest, daß während des gerichtlichen Scheidungsverfahrens Beratung am wenigsten in Anspruch genommen wird. Für die alten Bundesländer stellen Menne und Golias (1992)

*läßt den Schluß zu, daß Beratung vor allem*

---

[2] Vgl. den Erfahrungsbericht aus dem ASD München von Mosandl (1993) und die Befragung von BezirkssozialarbeiterInnen der Stadt Regensburg von Haubner (1997).

*vor dem Scheidungstermin wichtig ist* 51

fest, daß „bereits vor Inkrafttreten des KJHG 30,9 Prozent aller Kinder und Jugendlichen, um derentwillen eine Erziehungsberatungstelle aufgesucht wurde, von der Scheidung ihrer Eltern betroffen waren" (S. 15).

(2) Die Mitwirkung in familiengerichtlichen Verfahren nach § 50 SGB VIII wird grundsätzlich von den Jugendämtern wahrgenommen, wobei in fünf Fällen die kommunalen Beratungsstellen diese Aufgabe übernommen haben. Eine volle Delegation dieser Aufgaben auf Beratungsstellen freier Träger ist in Bayern nicht gegeben.

(3) Kinder und Jugendliche werden bei der Wahrnehmung der Aufgaben nach §§ 17 und 50 in sehr unterschiedlichem Ausmaß beteiligt. Gut 50% der Jugendämter beteiligen Kinder regelmäßig, knapp 25% nur in streitigen Fällen. Eine Mehrzahl der Jugendämter hält eine Beteiligung von Kindern bei einer Einigung der Eltern ohne Inanspruchnahme der Beratung für erforderlich. Die meisten halten eine regelhafte Einbeziehung der Kinder ab sechs Jahren für notwendig.

(4) Die Zusammenarbeit des Jugendamtes mit Beratungsstellen, Familiengerichten und Rechtsanwälten beschränkt sich in den meisten Fällen auf Kontakte im Einzelfall. Allerdings haben 26 Jugendämter mit Familiengerichten Absprachen getroffen. In zwölf Fällen bestehen fallübergreifende, interdisziplinäre Arbeitskreise; in acht Fällen waren diese im Erhebungszeitraum in Planung.

(5) Daß Verbesserungen gerade in der Zusammenarbeit mit den Familiengerichten nötig sind, zeigt die Tatsache, daß immerhin 21 von 72 Jugendämtern dieser schlechte Noten geben („nicht so gut" beziehungsweise „schlecht").

Man kann insgesamt feststellen, daß in Bayern die Umsetzung des neuen Kinder- und Jugendhilfegesetzes zumindest in der Weise gelungen ist, daß für die betroffenen Familien eine ausreichende Wahlfreiheit bei der Nutzung der Beratungsangebote der öffentlichen oder freien Träger besteht. In Regensburg wurden die Mitarbeiterinnen des Allgemeinen Sozialdienstes im Amt für Jugend und Familie mit einer berufsbegleitenden Fortbildung in Vermittlung (Mediation) für die neuen Aufgaben - vor allem der Beratung - vorbereitet. Gleichzeitig bieten alle drei Erziehungs- Jugend- und Familienberatungsstellen (der öffentlichen und freien Träger) sowie die Eheberatungsstellen Trennungs- und Scheidungsberatung an.

### 1.3.4 Schnittstellen zwischen Jugendhilfe und Trennungs- und Scheidungsfamilien

Verlangt schon das neue SGB VIII (KJHG) von der Jugendhilfe den Ausbau einer bedarfsgerechten Beratung bei Trennung und Scheidung, so

52

wird weiterer Druck durch die kontinuierlich steigenden Scheidungszahlen auf die Jugendhilfe ausgeübt.

Nach Mitteilungen des Statistischen Bundesamt wurden im Jahre 1996 in Deutschland rund 175.550 Ehen geschieden, 6.150 oder 3,6% mehr als 1995. Insgesamt waren 1996 von der Scheidung ihrer Eltern 148.882 minderjährige Kinder betroffen, 6.490 beziehungsweise 4,6% mehr als 1995 (Statistisches Bundesamt 1996).

| Jahr | Bayern Scheidungen | Kinder | Regensburg Stadt | Kinder | Regensburg Land | Kinder |
|------|--------------------|--------|------------------|--------|-----------------|--------|
| 1993 | 23011 | | | | | |
| 1994 | 23087 | 18442 | 327 | | 297 | |
| 1995 | 23434 | 19257 | 298 | 222 | 222 | 251 |
| 1996 | 24259 | 20469 | 307 | 205 | 308 | 262 |

Tabelle 1: Gerichtliche Eheauflösungen und betroffene minderjährige Kinder in Bayern und Regensburg

Auch in Bayern stiegen die Scheidungszahlen von 1995 auf 1996 um 3,5% an; das entspricht in etwa dem Bundesdurchschnitt von 3,6% (vgl. Tabelle 1). Im Jahr 1996 waren in Bayern 20.469 Kinder von der Scheidung ihrer Eltern betroffen. Wichtig für die Jugendhilfe ist, daß in 54,4% (oder 13.232 Fällen) aller Scheidungsfälle minderjährige Kinder betroffen waren, das heißt die Jugendhilfe war in 13.232 Familienfälle qua Gesetz einbezogen. Hinzukommen für die Jugendhilfe natürlich die Fälle, die sich in der Trennungsphase (vor dem Scheidungsantrag) und in der Nachscheidungsphase (nach der Scheidung) befinden.

Wenn auch die absoluten Scheidungszahlen kontinuierlich steigen, so ist in Bayern bezogen auf 1.000 Einwohner von 1,9 (1993) auf 2,0 (1996) Scheidungen nur ein unwesentlicher Anstieg der Ehescheidungen zu verzeichnen. Dem entspricht die Regensburger Situation: Sowohl in Regensburg Stadt (2,4) und Land (1,8) stagniert die Scheidungshäufigkeit - allerdings auf hohem Niveau. Vom Amtsgericht Regensburg sind also 1996 insgesamt 615 Scheidungsurteile ausgesprochen worden, wovon 467 minderjährige Kinder betroffen waren. Leider geht aus der Statistik nicht die Anzahl der Scheidungsfamilien im Jahr mit minderjährigen Kindern hervor. Für 1994 wurde das Amt für Jugend und Familie in Regensburg in 286 Fällen mit 436 betroffenen Kindern innerhalb des familiengerichtlichen Verfahrens einbezogen (§§ 1671 und 1672 BGB), wobei zu berücksichtigen ist, daß hier natürlich nicht nur die betroffenen Kinder im Scheidungsverfahren, sondern auch Familien in der Trennungsphase und Nachscheidungsphase mit eingehen. Das Kreisjugendamt Regensburg war in 299 Fällen mit insgesamt 446 minderjährigen Kindern einbezogen. Wir können also von knapp 300 Fällen pro Jahr für die Stadt Regensburg und noch einmal ca. 250-300 Fällen für das Land Regensburg ausgehen, in denen Familiengericht und Jugendhilfe qua Gesetz im gesamten Trennungs- und Scheidungsprozeß zusammenwirken.

Trennungs- und Scheidungsfamilien können natürlich auf eigenen Wunsch in allen Phasen des Trennungs- und Scheidungsablaufes Kontakt mit Einrichtungen der Jugendhilfe haben. Sichergestellt beziehungsweise gesetzlich vorgeschrieben ist der Kontakt in jedem Einzelfall (unter der Voraussetzung minderjähriger Kinder) in der Trennungsphase, und zwar dann, wenn einer der beiden Elternteile einen Antrag auf gerichtliche Regelung der elterlichen Sorge oder auf Umgangsregelung stellt. In der Scheidungsphase wird das Jugendamt mit dem Eingehen des Scheidungsantrags informiert und nimmt Kontakt mit der Familie auf. Ebenfalls in der Nachscheidungsphase, wenn beim Familiengericht Anträge betreffend Sorge- und Umgangsrecht eingehen, wird dieser Kontakt wahrgenommen.

*Ambivalenzphase:* Einer der beiden Ehepartner trägt sich mit Scheidungsabsichten.

*Trennungsphase:* Sie beginnt mit dem Auszug eines Elternteils aus der gemeinsamen Wohnung (beziehungsweise Trennung in der ehelichen Wohnung).

*Scheidungsphase:* Sie beginnt mit dem Stellen des Scheidungsantrages.

*Nachscheidungsphase:* Sie beginnt mit dem Scheidungsurteil des Familiengerichtes.

Das heißt, der gesetzliche Rahmen macht es möglich, daß jede Familie über einen durch das Jugendamt hergestellten Kontakt über Beratungsmöglichkeiten der Jugendämter selber sowie der Angebote freier Träger persönlich informiert wird. Gerade aus der Diskussion um Zugangsbarrieren der verschiedenen Anbieter psychosozialer Hilfe in der Jugendhilfe und den potentiellen Nutzern ist dieser Sachverhalt sehr positiv zu bewerten. Bietet doch der gesetzlich vorgeschriebene Zugang den sozialpädagogischen Mitarbeiterinnen die Möglichkeit, jede Familie persönlich und individuell über die gegebenen Unterstützungsmöglichkeiten zu informieren und deren Nutzung zu erleichtern.

Dennoch muß gerade aus der Perspektive des Regensburger Modellprojekts auf einige zentrale Probleme hingewiesen werden, welche die Nutzung von Beratung erheblich beeinträchtigen:

(1) Gerade im *gerichtlichen Verfahren* (sei es in der Trennungsphase, der Scheidungsphase oder Nachscheidungsphase) benötigen die Kinder und ihre Eltern Hilfen. Während dieser Zeit aber greifen die Angebote gerade der freien Träger nicht. Menne u.a. resümieren eine empirische Erhebung in Bayern (Dillig 1991): "Während des gerichtlichen Scheidungsverfahren wird Beratung demnach am wenigsten in Anspruch genommen" (1993, S. 15).

(2) Zwar ist das Jugendamt verpflichtet, in der gerichtlichen Phase mit den Familien Kontakt aufzunehmen. Den Eltern sollen nach § 17 KJHG Möglichkeiten der Beratung aufgezeigt werden, doch in vielen Fällen haben die Gespräche mit den Mitarbeiterinnen allenfalls „rituellen Charakter". Es gibt Einschätzungen aus den Allgemeinen Sozialen Diensten, die angeben, daß in diese Fallgruppe mehr als 50% aller Fälle einzuordnen sind (Mosandl 1993). In dieser Gruppe befinden sich auch viele Paare, die vorgeblich in der Frage der Sorge und des Umgangs einig sind. Es ist unstrittig, daß gerade in dieser Gruppe von Scheidungsfamilien Eltern mit erheblichen Problemen in der Umsetzung der elterlichen Sorge und des Umgangs sind. In der bereits zitierten Jenaer Studie von Proksch (1996) stellen sich ca. 40% aller Scheidungspaare im Verlauf eines Jahres dem Jugendamt gegenüber als einig dar.

Außerdem besteht nach wie vor auf Seiten der Jugendämter die Problematik, daß ein großer Teil der Familien einer Zusammenarbeit mit dem Jugendamt auf freiwilliger Basis ambivalent bis ablehnend gegenübersteht und daß eine intensive Form der Vermittlung mit der Möglichkeit dichter und häufiger Kontakte über einen längeren Zeitraum mit den betroffenen Familien - schon aus personellen Gründen - oft nicht möglich ist.

(3) Die Beratungsstellen der freien Träger haben Kapazitätsprobleme (hohe Wartezeiten), so daß auch eine intensivierte Verweispraxis der Familienrichterinnen nicht zu einer deutlichen Steigerung der Beratungen von Familien in der Gerichtsphase führen kann.

Aus der Perspektive einer Regensburger Richterin stellt sich die Problematik wie folgt dar:

„Das war die Erfahrung, daß ich trotz aller Bemühungen feststellen mußte, daß ich den Kindern im Sinne von Kindeswohl nicht ausreichend helfen konnte, daß die Möglichkeiten zu gering waren, um den Eltern Hilfe anzubieten. So ungefähr drei, vier Jahre, nachdem ich als Richterin angefangen habe, habe ich zunächst versucht, mit den Beratungsstellen, die es gab, zusammenzuarbeiten, und ich habe auch, wenn ich angerufen habe, schnelle Termine gekriegt, wenn ich gesagt habe, es ist absolut brennend ... (aber) ich habe überhaupt nur die schlimmsten Fälle genommen, und das waren dann vielleicht bei jeder Beratungsstelle ein Fall pro Jahr, also eine Familie."

Fazit: Die bayerische Jugendhilfe hat sich frühzeitig und in großem Umfang auf die Umbruchsituation nach der Einführung des SGB VIII (KJHG) eingestellt, wenn auch sicherlich in einzelnen Jugendamtsbezirken noch Unterstützung notwendig ist. Die Jugendhilfe in Bayern verfügt über ein differenziertes und fachlich angemessenes Angebot für Trennungs- und Scheidungsfamilien. Zweifellos gilt aber auch, daß es erhebliche Kapazitätsprobleme gibt. Sollte die große Zahl von Scheidungsfamilien, die (nicht nur) im Interesse des Kindeswohls dringend Hilfe benötigt, aktiv Beratung nachfragen, hätten die Familien kaum eine Chance, eine fachlich angemessene Unterstützung zu erhalten. Gleichzeitig führt der sogenannte freie Zugang zur Beratung zu einer Auswahl der Klientel, die wohl kaum als versorgungsgerecht angesehen werden kann. Diejenigen, denen es gelingt, das zweifellos gute, fachlich qualifizierte Angebot zu erhalten, sind *nicht* diejenigen, die besonders unter der Scheidungsproblematik leiden. Dieses ist die allgemeine Problematik, auf die sich das Regensburger Modellprojekt mit seinem Angebot einer gerichtsnahen Beratung bezieht. Das Modell möchte nicht nur das Angebot für betroffene Familien verbessern, sondern zugleich ein Stück weit für mehr *Versorgungsgerechtigkeit* im Angebot sorgen.

Das Regensburger Modell ging davon aus, dass der sogenannte freie Zugang zu einer Überwahl der Klientels führt. Diejenigen, die von sich aus die Beratung in Anspruch nehmen, sind meistens nicht diejenigen, die besonders unter der Scheidungsproblematik leiden. Oder anders formuliert, Entdeckung wie unter den Alten diejenigen zu erreichen, die in anderen Beratungsstellen nur so ohne oder gar keinen Zugang finden.

# 2. Der Zugang zur Beratungsstelle

Das Regensburger Modell unterscheidet sich durch die Gerichtsnähe von anderen Beratungsstellen, die Trennungs- und Scheidungsberatung anbieten. Die Empfehlung durch die Richterinnen und die räumliche Integration der Beratungsstelle sowie die Zusammenarbeit zwischen den Professionen der Juristinnen und Psychologinnen stellen Besonderheiten des Modellprojektes dar, deren Einfluß auf die Beratung die wissenschaftliche Begleitung zu untersuchen hatte.

Der *Zugang über Gericht ist ein zentrales Charakteristikum des Modells* mit der Zielsetzung, unter den Eltern eine Gruppe zu erreichen, die zu anderen Beratungsstellen nur schwer oder gar keinen Zugang findet. Durch die Beratung der Eltern sollen die Kinder profitieren, deren emotionale Konflikte (Loyalitätskonflikte, Schuldgefühle, Einsamkeit) bei Eltern in Trennung und Scheidung oft hinter dem Paarkonflikt zurücktreten.

Institutionalisierte Kooperationsbeziehungen zwischen Gericht und Familienberatungsstelle bestehen in Regensburg allein durch FATS. Die Projektinitiatorinnen begründen den Regensburger Ansatz wie folgt: „Durch die Möglichkeit der Beratung beim Familiengericht kann den Parteien die Wichtigkeit der inneren Trennung und die Inanspruchnahme von Beratung als zum Trennungsprozeß gehörend vermittelt werden" (Lossen & Vergho 1993, S. 769). Die räumliche Einbindung wurde im Modell aus folgenden Gründen gewählt: Zum einen sollte der Zugang zur Beratung für die Scheidungsfamilien erleichtert werden, zum anderen sollte auf diese Weise eine Intensivierung der Zusammenarbeit von Familienrichterinnen und beratenden Diplompsychologinnen erreicht werden. Wir verwenden für dieses Konzept den Begriff der *'gerichtsnahen Beratung'* (vgl. Kapitel 1).

Zwar steht die Beratungsstelle am Amtsgericht prinzipiell allen Eltern in Trennungs- und Scheidungssituationen offen. Um der Besonderheit der Gerichtsnähe Rechnung zu tragen, befassen wir uns jedoch in diesem Kapitel schwerpunktmäßig mit dem Teil der Eltern, die über Gericht zur Beratung kommen - dies ist etwa die Hälfte der Gesamtklientel.

Die zentralen Fragestellungen der wissenschaftlichen Begleitung zum Zugang sind:

(1) *Welche Klientel wird durch die gerichtsnahe Beratung erreicht?* Wer kommt zu der Beratungsstelle am Amtsgericht? Nach welchen

Kriterien überweisen die Richterinnen an die Beratungsstelle? Findet durch das Profil der Gerichtsnähe von FATS eine Klientel Zugang, die durch andere Beratungsstellen nicht erreicht wird?

(2) *Wie erleben und bewerten Eltern die Beratung im Kontext der Gerichtsnähe?*

Wird die Beratungsempfehlung der Richterinnen als Druck empfunden? Bedingt der Zugang über Gericht, daß ein Teil der Klientel die Beratungsstelle weitgehend unfreiwillig aufsucht?

(3) *Können auch gering motivierte Eltern erfolgreich beraten werden?*

Können auch bei geringer Motivation oder 'Verpflichtungsmotivation' Beratungserfolge erzielt werden? Existiert eine 'Verpflichtungsmotivation' aussschließlich unter dem Anteil der Klientel, der über Gericht zu FATS kommt?

## 2.1 DIE ZUGANGSWEGE

Die Jahresberichte des Modells belegen über die fünf Jahre seit Entstehung der Beratungsstelle hinweg Fallzahlen, die in Relation zu der personellen Ausstattung der Stelle sehr hoch sind: jährlich werden zwischen *160 - 180*[3] Familien betreut. Bei circa 600 Scheidungen, die jährlich in Regensburg ausgesprochen werden (vgl. Kapitel 1) und bei denen minderjährige Kinder betroffen sind, sind das etwa 20% dieser Fälle. Die Beratungsstelle erreicht demnach durch ihre Arbeit eine große Zahl an Klientinnen, die in der Trennungs- und Scheidungssituation professionelle Hilfe benötigen. Auf welchen Wegen gelangen diese Familien zur Beratungsstelle?

Das Modellprojekt, das institutionelle Zusammenarbeit zwischen Juristinnen und Psychologinnen konzeptuell vorgesehen hat, ist kein ausschließlich gerichtsgebundenes Angebot. Wie die Abbildung auf der nächsten Seite zeigt, erweist sich in über der Hälfte aller Fälle die Gerichtsnähe als Zugangsweg zur Beratung.

---

[3] Statistische Angaben, die den Jahresberichten der Beratungsstelle entnommen wurden, sind zur besseren Kennzeichnung kursiv gedruckt. Mit diesen Zahlen ergänzen wir unsere eigenen Erhebungen, in denen manche Aspekte (zum Beispiel Verlaufsfragen, jahresbezogene Fragen) nicht berücksichtigt werden konnten.

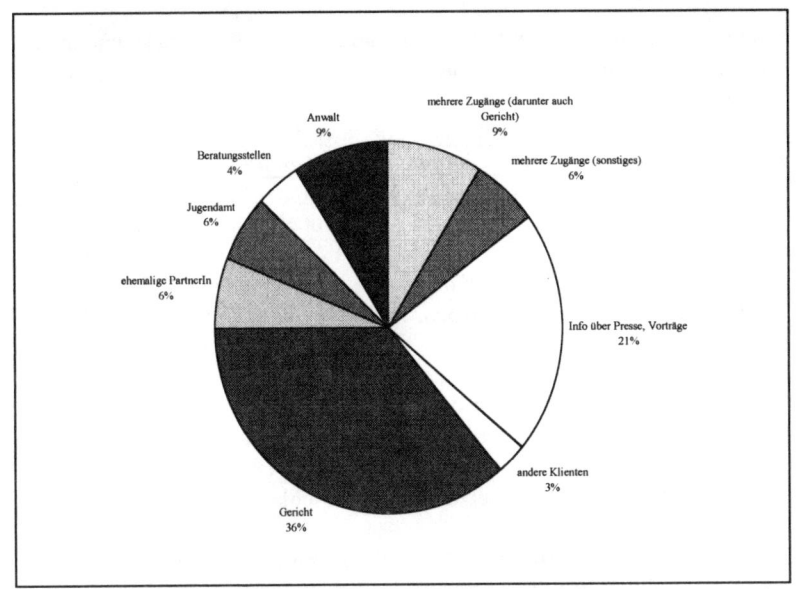

Abbildung 1: Die Gesamtheit der Zugangswege (Klientinnenbefragung
IPP 1996, N= 233)

(1) *Die meisten Eltern kommen über Gericht.* Von dort kamen insgesamt
*45%[4] (davon 36%* ausschließlich über die Vermittlung der Familienrichterinnen und *9%* aufgrund mehrerer Verweise).
Die Verweispraxis der Richterinnen und das Profil dieser Klientel sind
Analyseschwerpunkt in diesem Kapitel.
(2) *9% kamen über die Vermittlung von Rechtsanwältinnen.* Manche Anwältinnen haben vor Entstehung des Modells keine Mandantinnen an
Trennungs- und Scheidungsberatungsstellen vermittelt und pflegen erst
regelmäßige Kooperationsbeziehungen zu einer Beratungsstelle, seitdem
das spezialisierte Angebot des Modellprojektes existiert. Die Zahlen der
Jahresberichte von FATS belegen, *daß Anwältinnen ihren Mandantinnen
die Beratungsstelle mit steigender Tendenz empfehlen.* Es besteht eine
kontinuierliche Zunahme der Überweisungen von *11%* im Jahre 1992 bis
zu *17%* im Jahre 1996[5]. Diese Zahlen finden Entsprechung im Quer-

---

[4] Durch die Möglichkeit der Mehrfachnennung gaben 15 % der Befragten mehrere Zugänge an. Darunter befanden sich 9 %, die gleichzeitig über Gericht und andere Verweise zur Beratungsstelle kamen.
[5] Diese Zahlen aus den Jahresberichten der Beratungsstelle finden eine Entsprechung in den Ergebnissen aus unserer Klientinnenbefragung. Hier geben 15,7%

schnitt unserer Klientinnenbefragung: Bezieht man die Mehrfachnennung mit ein, so erhielten 16% der Befragten den Beratungshinweis von ihren Anwältinnen.

(3) Etwa ein *Fünftel* der Eltern erfuhr über *Presse oder Vorträge* von FATS. Dies zeigt, daß durch die *intensive Öffentlichkeitsarbeit* (vgl. Jahresberichte) eine nicht geringe Zahl an Eltern erreicht wird, die in ihrer Trennungs- und Scheidungssituation professionelle Unterstützung suchen.

(4) Für einen hohen Bekanntheitsgrad von FATS spricht die Zahl von zusammengenommen 15% aller Klientinnen, die *über mehrere Zugänge* von der Beratungsstelle erfahren haben. In 9% befindet sich darunter die Justiz als Informationsquelle.

In Einzelfällen wissen wir aus unseren Interviews mit Eltern, daß diese in manchen Fällen Kenntnis von der Einrichtung FATS hatten, jedoch erst durch den Anstoß der Richterin ernsthaft in Erwägung zogen, selbst eine Beratung in Anspruch zu nehmen. In solchen Fällen erweist sich der Hinweis der Richterinnen letztlich als ausschlaggebend für die Inanspruchnahme der Beratung.

(5) *Andere Beratungsstellen (4%) und das Jugendamt (6%)* empfehlen FATS, weil ihnen der Schwerpunkt der Beratungsstelle auf Vermittlung in Fragen des Sorge- und Umgangsrechtes bekannt ist und weil den Psychologinnen des Modellprojektes eine besondere Kompetenz in strittigen Fällen bei Trennung und Scheidung unterstellt wird (vgl. Kapitel 5).

(6) Auch Mundpropaganda spielt eine wichtige Rolle: *6% erfahren von der ehemaligen Partnerin oder den ehemaligen Partner und 3% über andere Klientinnen* von der Beratungsstelle.

Vergleicht man die Zahlen der Jahresberichte von FATS, so fällt auf, daß *der Anteil der über Gericht vermittelten Klientinnen leicht rückläufig ist*: Wurden in den Jahren 1992-94 durchgehend *47%* über das Familiengericht empfohlen, so waren es 1995 noch *45%* und in 1996 nur noch *41%*. Der Anteil der Eltern, der während der Gerichtsphase zur Beratung kommt, wird durch die zunehmende Vermittlung durch Rechtsanwältinnen ausgeglichen.


## 2.2 BERATUNGSEMPFEHLUNG DURCH DIE FAMILIENRICHTERINNEN

Bislang gibt es in der Forschung keine Kenntnisse darüber, in welchen Fällen Familienrichterinnen Beratung für Familien in Trennung und

---

der Befragten einen Verweis über Rechtsanwältinnen an (vgl. Torte der Zugangswege in 2.1).

Scheidung für nötig halten. Um etwas über die *Verweispraxis der Famili-enrichterinnen* zu erfahren, führten wir bei ihnen über den Zeitraum von zwei Monaten eine *Vollerhebung* durch. Die Richterinnen füllten für jeden Scheidungsfall, den sie verhandelten, einen Fragebogen aus. Während der Erhebungszeit wurden durch das Amtsgericht Regensburg 226 Fälle bearbeitet, in denen Familien von Scheidung betroffen waren. Darunter befanden sich 338 Kinder, von denen knapp 50% unter sechs Jahre alt waren.

(1) *Beratung wurde am häufigsten Paaren in der Trennungsphase emp-fohlen.*

Die Beratungsvorschläge der Richterinnen verteilen sich unterschiedlich auf die zeitlichen Phasen von Trennung und Scheidung:

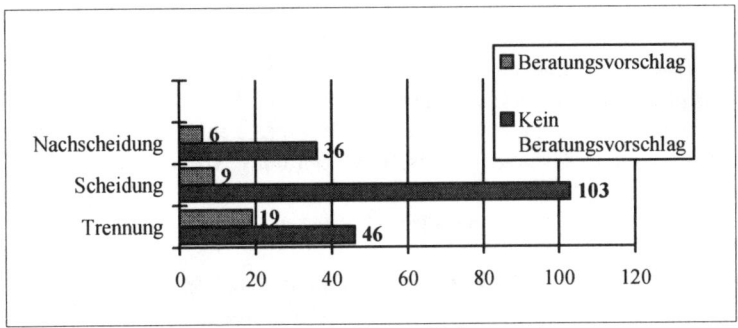

Abbildung 2: Beratungsvorschläge in Phasen (Befragung der Richterinnen 1995, N=226)

In der Trennungsphase wurde in jedem dritten Fall ein Beratungsvor-schlag gemacht und in der Scheidungsphase nur in jedem zwölften Fall. Dies war auch zu erwarten, weil Fälle in der Trennungsphase, die bei Gericht anhängig werden, sehr oft als strittig anzusehen sind und in diesem vergleichsweise frühen Stadium im Verfahren nach Möglichkeiten des Absenkens des Streitniveaus gesucht wird.

(2) *Die Gerichtsnähe des Modells bringt es mit sich, daß die Beratungs-stelle am Amtsgericht überwiegend von Ratsuchenden während der Tren-nungs- und Scheidungsphase aufgesucht wird.*

Dies belegen auch die statistischen Daten von FATS, wonach das Bera-tungsangebot mit *46%* überwiegend von Eltern während eines Schei-dungsverfahrens in Anspruch genommen wird (FATS: Zahlen und Daten im Überblick, 1997, S. 7). Dadurch deckt das Modellprojekt eine 'Lücke' in der Beratungslandschaft ab, da Eltern während dieser besonders schwierigen Phase von anderen Familienberatungsstellen wenig angesprochen werden (vgl. Kapitel 1) beziehungsweise andere Beratungsstellen nur vereinzelt Fälle von Familiengerichten übernehmen.

(3) *80% der Eltern nehmen die Beratungsempfehlung an.*

Die Richterinnen gaben an, daß ihr Hinweis auf die Beratungsstelle in 80% der Fälle von den Eltern angenommen wurde. Es überrascht, daß davon in fast allen Fällen beide Partner zustimmten (75%), nur ein Partner stimmte in 5% der Fälle zu. Dies kann damit zusammenhängen, daß Klientinnen die Autorität der Richterin so verstehen, daß sie die Beratungsstelle aufgrund eines Verpflichtungsdrucks aufsuchen (vgl. dazu Punkt 2.4).

Allerdings sagen diese Zahlen nichts darüber aus, ob auch die Beratung tatsächlich durchgeführt wurde, denn bei dieser Erhebung handelt es sich lediglich um Bereitschaftsäußerungen gegenüber den Richterinnen sowie in unbekannter Zahl Fälle, in denen die Richterinnen auch den Kontakt persönlich vor Ort mit den Beraterinnen hergestellt haben.

(4) *Motive und Argumente der Richterinnen für eine Beratungsempfehlung.*

Wir wollten wissen, nach welchen Kriterien die Regensburger Familienrichterinnen eine Beratungsempfehlung aussprechen. Die Fragestellung lautete: „Welche Gründe gab es, eine Beratung vorzuschlagen beziehungsweise nicht vorzuschlagen?"

Beispiele aus dem Fragebogen für Richterinnen:

(a) Die Eltern haben sich zwar bei der Trennung auf die gemeinsame Sorge geeinigt, aber ihre Kommunikation ist sehr gestört.

(b) Die Parteien wissen nicht, wie der Kontakt zum Vater gestaltet werden soll.

(c) Die Parteien wollen ins Gespräch kommen und wissen nicht wie.

(d) Vehementer Streit. Der Blick für das Kindeswohl ist völlig verstellt.

(e) Aufarbeitung der seelischen Trauerfolgen der Trennung.

(f) Herbeiführung einer dauerhaften Umgangsregelung.

(g) Das Kind wechselt von einem Elternteil zum anderen und zeigt Verwahrlosungstendenzen.

(h) Die Kinder haben Schwierigkeiten mit Trennung der Eltern.

(i) Es findet kein Umgang statt.

(j) Der Kontakt zwischen Vater und Kindern ist so gestört, daß die Kinder den Umgang ablehnen.

(k) Die Eltern haben den Kindern nichts über ihre Scheidungsabsicht gesagt.

(l) Die Eltern zweifeln, ob ihr Entschluß zur gemeinsamen Sorge wirklich eine gute Lösung ist.

(5) *In fast allen Fällen waren offene Fragen bezüglich des Sorge- oder Umgangsrechtes Anlaß für die Beratungsempfehlung.*

Das gemeinsame Sorgerecht war nur in zwei Fällen der Anlaß. Sieht man über das zentrale Thema Sorge- bzw. Umgangsrecht hinaus, so zeigen sich weitere Motive für die richterliche Emfpehlung. Wie die Beispiele uner Punkt (4) zeigen, stehen in manchen Fällen Kommunikationsstörungen auf der Paarebene oder Probleme bei der Erziehung der Kinder im Vordergrund. In diesem Zusammenhang ist es genauso wichtig zu sehen, wann es die Richterinnen *nicht* für nötig erachteten, den Eltern eine Beratung vorzuschlagen.

Beispiele aus dem Fragebogen für Richterinnen:

(a) In 8% wurden keine Vermittlungen durchgeführt, weil die Richterinnen dies von vornherein als erfolglos einschätzten.

(b) In 2% wurde nicht vermittelt, weil bereits in einer anderen Einrichtung beraten wurde (Jugendamt, Beratungsstelle anderer Träger).

(c) Aus der Sicht der Richterinnen Einigkeit zwischen den Parteien bestand. (in 58,4% der Fälle).

(d) In 33% der Fälle ging es nur um Unterhalt oder Güterrecht.

(e) In einigen Fällen erfolgte kein Beratungsvorschlag, weil der Vater als völlig desinteressiert wahrgenommen wurde (5%) beziehungsweise sein Aufenthalt unbekannt war, oder er sich im Ausland aufhielt (6%).

(6) *Um Eltern zur Beratung zu motivieren, argumentieren die Richterinnen vor allem mit dem Wohl des Kindes.*

Beispiele für Dialoge mit den Eltern aus Interviews mit Richterinnen:

(a) Die Richterinnen versuchen vorrangig, über die Bedürfnisse der Kinder die Eltern zu motivieren, weil sie die Erfahrung gemacht haben, daß auf diese Weise die Hilfe eher angenommen werden kann:
„Ich habe den Eindruck, für Ihr Kind wäre es gut ... Da sind wir wieder beim Kind, weil Eltern sind viel leichter zu motivieren wegen des Kindes, sich helfen zu lassen, die Zukunft zu gestalten. ... Ich habe den Eindruck, wegen des Kindes wäre es gut, Sie würden die Dinge mal aus anderer Sicht anschauen mit der Hilfe von Fachleuten." (Richterin)

(b) Ein Appell an die Verantwortung als Eltern beinhaltet auch im wesentlichen den Hinweis auf das Wohl des Kindes:
„Und dann frage ich, ob sie es nicht selber für sinnvoll halten für das Kind, und ich gehe davon aus, daß sie für ihr Kind das Beste wollen. Und was können wir da machen oder was können Sie machen, um das zu erreichen, denn Sie können es nicht erreichen, und das ist auch ein wichtiger Satz, daß ich die Verantwortung übernehme und nicht, daß die Anwälte die Verantwortung übernehmen. Die Verantwortung bleibt bei Ihnen, und da entläßt Sie niemand raus." (Richterin)

(c) Wichtig ist allen Richterinnen die Betonung des Aspektes von Hilfe und Unterstützung durch die Beratung:

„Wo sich die Parteien in ihrer Situation Rat holen können, daß die Leute wirklich wissen, hier geht es um Hilfe und nicht um Munition für spätere Auseinandersetzungen." (Richterin)

(d) Manchmal wird auch gezielt auf den Wert und die Einmaligkeit der psychologischen Beratung am Gericht hingewiesen, um Stigmatisierungsängsten entgegenzuwirken:

„Also ich priviligiere eher die Leute, wie ich es formuliere, daß ich sage, da sitzen Leute, die haben auch noch Zeit, ihr habt einen reservierten Termin, nehmt ihn wahr - das ist nichts zum Verschenken, sondern etwas Kostbares, so motiviere ich" (Richterin)

(7) *Unterschiedliche Verweispraxis der Richterinnen*

Die Vermittlung von Eltern an die Beratungsstelle wird von den Familienrichterinnen auf sehr unterschiedliche Weise gehandhabt, *da die Verweispraxis konzeptionell nicht geregelt ist.* „Die Kriterien der einzelnen Richter dafür, einen Vorschlag an die Parteien zur Beratung beziehungsweise Vermittlung zu machen, sind unterschiedlich" (Konzeption des Regensburger Modellprojekts 1994, S. 11).

Die folgenden Aussagen aus Interviews mit den Familienrichterinnen verdeutlichen, daß manche Richterinnen nur (wenige) ausgewählte Parteien zur Beratung schicken, während andere grundsätzlich jedes Elternpaar auf die Beratung hinweisen, sofern der Fall nicht gänzlich unproblematisch ist. Auch die Verbindlichkeit der Beratungsempfehlungen gestalten die Richterinnen unterschiedlich. Das Spektrum reicht vom einfachen Hinweis auf die Möglichkeit zur gerichtsnahen Beratung bis hin zur persönlichen Begleitung in das Beratungszimmer.

---

Aussagen von Richterinnen und Beraterinnen zur unterschiedlichen Verweispraxis am Familiengericht: Wer wird verwiesen? (Angaben aus den Interviews mit den Richterinnen):

„Es gibt ein paar interne Kriterien. Vielleicht sogar zwei Extrempositionen. Richterin X hat, so vermute ich mal, ein sehr breites Spektrum. Und Richterin Y ein sehr enges, das heißt wirklich nur Fälle, die vor Gericht streiten, wo es unterschiedliche Anträge gibt" (Beraterin)

„Ich weise alle Leute, auf die Möglichkeit dieser Beratungsstelle hin. Die einzige Ausnahme sind die Verfahren, bei denen entweder gar keine Kinder da sind oder bei denen es (...) völlig unproblematisch läuft. Alle anderen kriegen das Angebot mit dem Standardsatz, daß ich es allen anbiete (...) dann ist oft wenigstens einer da, der sagt, das ist genau das, was ich eigentlich gewollt habe. Dann geht der andere mit, um nicht schlecht dazustehen" (Richterin)

---

„Die Fälle, wo ich das Gefühl habe, das bringt nichts oder die sind nicht geeignet, die schike ich gar nicht, da schlage ich es gar nicht vor. Das habe ich von Anfang an gemacht, daß ich sage, das hat keinen Sinn, also bringt auch die Beratungsstelle nichts" (Richterin)

„Also es läuft nicht einheitlich. Ich mache es ein bißchen anders. Es fängt also schon mit dem Verfahrensablauf an. Ich warte den ersten Termin ab, wenn ich das Gefühl habe, daß es da viele Streitigkeiten gibt, oder wenn ich es aus den Schriftsätzen erkennen kann, dann warte ich gar nicht erst lange ab, sondern dann mache ich ziemlich schnell einen Termin und hole mir beide Eltern, beide Anwältinnen, den Vertreter des Jugendamtes, das Kind oder die Kinder so früh wie möglich zu mir her und rede mit allen drüber. Das dauert lange, das geht unter einer Stunde überhaupt nicht. Und innerhalb dieser Stunde erarbeitet man sich dann schon einen groben Überblick über die Geschichte und kann auch ausloten, sind da noch Kapazitäten bei den Eltern vorhanden, die es lohnenswert erscheinen lassen, daß man den Versuch macht, die Kommunikation wieder in Gang zu bringen" (Richterin)

Wie verweisen die Richterinnen?

„Letzte Woche wieder, da habe ich jemanden zu (Name der Beraterin) gebracht, da bin ich dann mitgegangen. Da lege ich den Termin an den Schluß, dann habe ich Zeit hinzugehen" (Richterin)

„Also (Richterin X) macht es ja so, daß sie/er nicht den Leuten einen Termin gibt für ein Gespräch, sondern sagt: 'Wenden Sie sich an die Frau (Beraterin), die gibt Ihnen einen Termin.' Und dann rufen sie an, viele Leute, manche vielleicht auch nicht, also das kann ich ja nicht kontrollieren" (Beraterin)

„Ich habe für meine Fälle Termine reserviert, weil in mindestens 80% der Fälle habe ich die Leute direkt nach dem Termin zur Beratungsstelle hingeschickt" (Richterin)

(8) *Der Bedarf an gerichtsnaher Beratung wird nicht gedeckt.*
In dem Fragebogen für Richterinnen stellten wir die Frage, wie vielen der antragstellenden Personen nach Einschätzung der Richterinnen eine gerichtsnahe Trennungs- und Scheidungsberatung empfohlen wird. Die Richterinnen schlugen in 15% aller Fälle eine Beratung vor. Dies entspräche im Jahresdurchschnitt einer Zahl von ca. 200 Fällen, in denen die Beratungstelle von Gericht empfohlen wird. Die tatsächlich vermittelte Zahl liegt jedoch bei *unter 100 Fällen* pro Jahr. Dies kann folgende Gründe haben:

(a) Nicht alle Eltern, denen von den Richterinnen eine Beratung empfohlen wird, nehmen diese auch wahr.
(b) Die Befragung der Richterinnen ist nur begrenzt repräsentativ, da nach deren Aussage in den zwei Erhebungsmonaten überdurchschnittlich viele Fälle vor Gericht kamen.

(c) Die Erhebung selbst hat bei den Richterinnen vermutlich zu einer Steigerung der Überweisungen geführt (Befragungseffekt).
Wir gehen davon aus, daß der wirkliche Bedarf an gerichtsnaher Beratung in jedem Fall über der tatsächlichen Zahl beratener Eltern liegen dürfte, da unsere Bedarfsermittlung immerhin etwa um die Hälfte höher liegt als die faktischen Vermittlungen (auch wenn der Erhebungszeitraum nicht den Jahresdurchschnitt repräsentiert). Die von uns ermittelten 15% stellen einen geschätzten unteren Sockel dar, der nach der Einschätzung der Familienrichterinnen an Beratungskapazitäten gegeben sein müßte.

Die Beratungsempfehlung der Richterinnen ist nach unseren Untersuchungsergebnissen nicht als Hindernis für eine erfolgreiche Beratung zu sehen. Die Arbeitsprinzipien Vertraulichkeit und Freiwilligkeit werden in der Beratungssituation (wieder) hergestellt. Die Motivation, die die Klientinnen aufgrund ihrer Verantwortung als Mutter oder als Vater in der Beratung entwickeln können, ist ausschlaggebend für einen erfolgreichen Beratungsabschluß.

## 2.3 DIE ÜBER GERICHT VERMITTELTE KLIENTEL

Die Beratungsempfehlung der Juristinnen verfolgt das Ziel, gerade solchen Familien eine psychologische Begleitung in der schwierigen Trennungs- und Scheidungssituation zu ermöglichen, die nichts von der Möglichkeit der Beratung wissen oder sie aus eigener Motivation nicht aufsuchen würden. Durch das Profil der Gerichtsnähe soll schwerpunktmäßig eine Klientel betreut werden, die ansonsten durch ein Beratungsangebot nicht leicht erreicht wird.
Eine zentrale Frage an die wissenschaftliche Begleitung lautet daher:

*Erreicht das Modell durch die Besonderheit des gerichtsnahen Zugangs erfolgreich Personengruppen, die durch das Netz der traditionellen Beratung fallen würden?*

Um Aussagen über das Profil der Klientel zu machen, die über Vermittlung der Richterinnen zur Beratungsstelle kam, bestimmten wir in unserer schriftlichen Elternbefragung die Kategorien 'Geschlecht' und 'Bildungsabschluß', um zu untersuchen, ob sie sich hinsichtlich des Zugangs zur Beratungsstelle unterscheiden. Diese Kategorien wurden gewählt, weil in psychosozialer Beratung im allgemeinen Männer und Personen mit unterem Bildungsabschluß seltener vertreten sind, als ihrem Anteil in der Bevölkerung entsprechen würde (vgl. 8. Jugendbericht 1993).

Bei den Kategorien 'Geschlecht' und 'Bildung' wurde dann unterschieden, ob sie über Gericht kamen oder über andere Wege (in der Tabelle 'Anderer Zugang' genannt). So konnten wir ermitteln, daß beim Vergleich der Zugangswege Unterschiede in den Kategorien Geschlecht und Bildung auftreten:

| Klientinnenbefragung 1996 N=223 | Zugang über Gericht | Anderer Zugang | Gesamt |
|---|---|---|---|
| Frauen | 55% | 65% | 60% |
| Männer | 45% | 35% | 40% |
| | 100% | 100% | 100% |

Tabelle 2: Vergleich Zugang über Gericht und anderer Zugang unter Berücksichtigung des Geschlechterverhältnisses

Tabelle Nr. 2 zeigt, daß bei Zugang über Gericht der Anteil der Männer um 10% höher liegt als bei anderen Zugangswegen (45% gegenüber 35%).

| Klientinnenbefragung 1996 N=222 | Zugang über Gericht | Anderer Zugang | Gesamt |
|---|---|---|---|
| Hauptschule | 45% | 32% | 38,5% |
| Realschule | 28% | 30% | 29% |
| Abitur | 27% | 38% | 32,5% |
| | 100% | 100% | 100% |

Tabelle 3: Vergleich Zugang über Gericht und anderer Zugang unter Berücksichtigung des Bildungsabschlusses

Tabelle Nr. 3 macht deutlich, daß bei Zugang über Gericht der Anteil der Hauptschülerinnen um 13% höher liegt als bei anderen Zugangswegen (45% gegenüber 35%).

Die Ausgangsfrage läßt sich somit positiv beantworten: *Es gelingt, über das Familiengericht Gruppen der Bevölkerung zu erreichen, die ansonsten in Beratungsprozessen unterrepräsentiert sind.* Da der Anteil an Männern und Klientel mit Hauptschulbildung überproportional hoch ist, werden durch das Konzept der gerichtsnahen Beratung systematisch Eltern angesprochen, die allgemein eher schwer den Weg in eine Beratungsstelle finden.

Der Trend zu vermehrt bildungsschwacher Klientel in der Beratung von FATS hat sich offensichtlich im vergangenen Jahr noch verstärkt: „Signifikant angestiegen sind ratsuchende Eltern, deren Beruf einen sogenannten niedrigeren Schulabschluß voraussetzt: In 54% aller ratsuchenden Fälle ging der Hauptverdiener der Familien einer ungelernten Tätigkeit nach oder hatte einen Beruf mit Hauptschulabschluß" (Jahresbericht 1996, S. 13).


## 2.4 MOTIVATION ALS SCHNITTSTELLE ZWISCHEN BERATUNG UND ERFOLG

Der gerichtsnahe Zugang wirft die Frage auf, ob sich vom Klientel nicht der eine oder die andere durch die Gerichtsnähe zur Beratung verpflichtet fühlt und deshalb eher 'unfreiwillig' oder 'gering motiviert' dorthin geht. Aus diesem Grunde beschäftigen wir uns in diesem Kapitel mit Fragen bezüglich Freiwilligkeit und Motivation der Eltern.

*Unterscheiden sich Eltern, die über Gericht oder Anwältinnen zur Beratungsstelle kommen, hinsichtlich Freiwilligkeit, Motivation und Erfolg von der Klientel, die über andere Zugangswege zu FATS kommt?*

Die von den Richterinnen zur Beratung motivierten (und manchmal mit Nachdruck überredeten) Personen erleben selbstverständlich den Beratungsvorschlag sehr unterschiedlich, aber von einem Teil der Eltern wird der Gang zur Beratungsstelle subjektiv eindeutig als Zwang erlebt. Die Personen erscheinen zwar zur Beratung im Familiengericht, aber ihre Motivation ist ausschließlich eine äußerliche: Zum Beispiel weil sie die Richterinnen als Autorität erleben, oder weil sie sich einen Vorteil in der strittigen Sache versprechen. Im Modell melden sich also Klientinnen 'freiwillig' in der Beratungsstelle, aber ihre Motivation ist nur äußerlich und manche von ihnen lehnen eine Beratung innerlich ab.

Es gibt Stimmen, die nicht nur aus ethischen Gründen hier Vorbehalte formulieren, sondern die auch bezweifeln, daß Beratung unter solchen Bedingungen erfolgreich sein kann. Diese Bedenken werden relativiert, wenn man überlegt, daß auch in den Familienberatungsstellen freier Träger mit dem Grundsatz des freien Zugangs einige Klientinnen auch nur äußerlich motiviert die Beratungsstellen aufsuchen. Ein Beispiel stellt die Soziale Arbeit dar: So ist der Zugang von Klientinnen in der öffentlichen Jugendhilfe in vielen Fällen von äußeren Anlässen bestimmt, und oftmals ist der Druck von außen oder Fremdmotivation die Chance, den Personen überhaupt Hilfe zukommen zu lassen (vgl. auch die Aufgaben des Jugendamtes bei Trennung und Scheidung). Das kann in der Sozialen Arbeit auch nur gelingen, wenn äußere in innere Motivation umgewandelt wird.

Die folgende Gegenüberstellung macht deutlich, daß der Zugang im Regensburger Modell sowohl nach dem Typus „Beratung als nachgefragte Dienstleistung" (Selbstmelder) als auch nach dem Typus „Beratung als angebotene Dienstleistung" erfolgt (bei über Gericht vermittelten Personen):

Formen der Beratung in der psychosozialen Arbeit unter Berücksichtigung unterschiedlicher Zugangsformen.

| | |
|---|---|
| *Beratung als nachgefragte Dienstleistung:* Familien oder Einzelpersonen melden sich an der Beratungsstelle und erbitten Beratung (zum Beispiel in Erziehungsberatungsstellen und anderen Beratungseinrichtungen öffentlicher und freier Träger oder *Selbstmelder bei FATS*) Freiwilligkeit bei der Nutzung der Maßnahme vorausgesetzt! | *Mögliche Ausgangsmotivationen bei den Klientinnen:* - innere Motivation (Leidensdruck, Veränderungsbereitschaft) - äußere Motivation (zum Beispiel Verpflichtungsmotivation durch Außendruck wichtiger Personen im Umfeld der Betroffenen, zum Beispiel Lehrerinnen) |
| *Beratung als angebotene Dienstleistung:* Eine Institution geht aktiv auf die potentiellen Klientinnen zu und bietet Hilfe an (zum Beispiel *direkte Vermittlung über die Richterinnen am Amtsgericht* sowie alle Formen aufsuchender, nach- bzw. zugehender Arbeit: zum Beispiel Jugendamt bietet in jedem Einzelfall Hilfe bei Trennung und Scheidung an) Freiwilligkeit bei der Nutzung der Maßnahme vorausgesetzt! | *Mögliche Ausgangsmotivationen bei den Klientinnen:* - innere Motivation (wenn das Angebot auf eine innere Bereitschaft trifft) - äußere Motivation (zum Beispiel weil bei Verweigerung oder Ablehnung des Angebots negative Konsequenzen befürchtet werden) |
| *Beratung als gesetzliche Auflage:* Personen sind durch gesetzliche Auflagen zur Beratung verpflichtet (zum Beispiel Schwangerschaftskonfliktberatung beziehungsweise alle Formen der Zwangsberatung) Freiwilligkeit von seiten der Klientinnen kein Thema! | *Mögliche Ausgangsmotivationen bei den Klientinnen:* - innere Motivation dürfte in diesem Fall besonders schwer aufzubauen sein - äußere Motivation (zum Beispiel in Form angedrohter Sanktionen) |

Es ist ersichtlich, daß bei jeder Form des Zugangs grundsätzlich sowohl eine innere als auch eine äußere Motivationslage vorliegen kann. Ein Zugang über Gericht sagt noch nichts aus über die innere Motivation der Beratenen, denn auch bei Vermittlung über die Richterinnen kann die innere Motivation hoch sei; umgekehrt gibt es Fälle, wo trotz freiwilliger Anmeldung die eigene Beratungsmotivation äußerst gering erscheint. Sicherlich führt die Gerichtsnähe dazu, daß im Vergleich etwa zu den Erziehungsberatungsstellen eine intensivierte Form von Verpflichtungsmotivation vorliegen kann. Aber - und das ist entscheidend: Es sind nicht die Beraterinnen, die verpflichten oder - wenn man so will - Druck ausüben, sondern die Richterinnen und Anwältinnen. Damit ist strukturell sichergestellt, daß die Beraterinnen ausschließlich für die Aufgabe der Entwicklung einer inneren Motivation zur Beratung zuständig sind (vgl. Kapitel 3). Da bei der gerichtsnahen Beratung die Empfehlung der Richterinnen wie eine Auflage verstanden werden kann, ist die Betonung der Freiwilligkeit von besonderer Bedeutung.

2.4.1 Freiwilligkeit und Motivlage in der Beratung

Eine nur bedingt freiwillige Beratung kann sowohl bei einem Zugang über das Gericht als auch bei anderen Zugangswegen zum Modellprojekt eine Rolle spielen. Aus dieser Tatsache leiten sich weitere Fragen ab, die für FATS von Bedeutung sind:

*Wieviel Prozent der Beratenen sind zunächst 'unfreiwillig' oder 'gering motiviert' in Beratung gegangen?*

*Kann eine anfängliche 'Unfreiwilligkeit' oder 'geringe Motivation' dennoch zu einem erfolgreichen Beratungsabschluß führen?*

Um es vorwegzunehmen: Die retrospektiven Einschätzungen der befragten ehemaligen Klientinnen führen zu der Schlußfolgerung, daß eine erfolgreiche Beratung insbesondere abhängig ist von dem Beratungsprozeß und weniger von dem anfänglichen äußeren Anstoß durch das Gericht beeinflußt ist. Auch Eltern, die zunächst wenig motiviert waren, konnten erfolgreich beraten werden. Im Gesamtblick liegt die Erfolgseinschätzung bei Zugang über Gericht nicht wesentlich niedriger als bei anderen Vermittlungswegen - auch wenn die meisten 'Unfreiwilligen' von dort kommen. Bei Kontaktaufnahme über Gericht zeigt die Einschätzung allerdings eine geringfügige Tendenz zu der Bewertung 'überhaupt nicht erfolgreich'.[6] Eine Erklärungsmöglichkeit liegt darin, daß das Beratungsgeschehen nicht primär von der Art des Zugangs zur Beratungsstelle bestimmt wird. Aus diesem Grund wird im folgenden der Zugang im Zusammenhang mit der Verschränkung von Freiwilligkeit, Motivation und Erfolg betrachtet.

---

[6] Diese Frage wird aus Sicht der Klientinnen im Kapitel 4 ('Erfolg') differenzierter betrachtet.

In der Auswertung der Elternbefragung legten wir folgende Kriterien fest, um 'unfreiwillige' von 'freiwilligen' Klientinnen zu trennen:
Als *unfreiwillig* wurde gewertet, wer mindestens eines dieser drei Items angekreuzt hatte:

(1) Ich habe es als äußeren Druck empfunden, wie mir die Beratung vermittelt wurde.
(2) Ich hatte nicht das Gefühl, frei darüber entscheiden zu können, ob ich die Beratungsstelle aufsuche.
(3) Ich habe mich zunächst darüber geärgert, daß man mich vor Gericht vor diese Entscheidung gestellt hatte.

Insgesamt geben etwa 12% der Befragten an, sie seien nicht freiwillig in Beratung gegangen. Dabei ist es wichtig zu bedenken, daß die Einschätzung der subjektiven 'Unfreiwilligkeit' im nachhinein erhoben wurde. In der Retrospektive kann eine subjektive Veränderung der eigenen Freiwilligkeit stattfinden. Aus den Klientinneninterviews kennen wir einige Fälle, wo durch genaue Nachfrage eruiert werden konnte, daß dies - naheliegenderweise - gerade dann geschehen kann, wenn die Beratung mit Erfolg verbunden ist. Es existiert somit eine Anzahl an 'versteckten Unfreiwilligen':

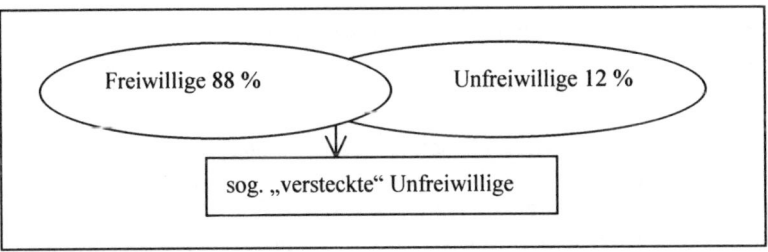

Unter denjenigen, die sich selbst als ‚freiwillig' bezeichnen, befinden sich einige Eltern, die ursprünglich eher unfreiwillig zur Beratung gingen, dies aber im nachhinein anders bewerten.

(1) Die meisten der ‚Unfreiwilligen' kommen über das Gericht.
Die Unfreiwilligen kommen in den meisten Fällen (knapp 80 %) über das Gericht. Jeder fünfte, der den Zugang als äußeren Druck empfunden hat beziehungsweise das Gefühl hatte, nicht frei entscheiden zu können, hat einen außergerichtlichen Zugang.
(2) Auch die Gruppe der 'Unfreiwilligen' weist zu einem Viertel Erfolge auf.

Es ist nicht zu erwarten, daß Eltern, die mit einem gewissen Gefühl der Verpflichtung das Beratungsangebot annahmen, den Erfolg der Beratung gleichermaßen hoch einschätzen wie diejenigen, die 'freiwillig' zu FATS kamen. Wir fragten nach der Erfolgseinschätzung der 'Unfreiwilligen'. Sie bewerten das Beratungsergebnis schlechter als die 'Freiwilligen': Fast die Hälfte aus dieser Gruppe beurteilt es als 'wenig oder gar nicht erfolgreich' - bei den 'Freiwilligen' sind es hingegen nur ein Drittel der Befragten, die den Erfolg der Beratung negativ bewerten. Aber: Ein gutes Viertel derer, die unfreiwillig zur Beratung kamen, geben an, diese sei erfolgreich gewesen.

| Klientinnenbefragung 1996, N=210 | Freiwillig in Beratung | Unfreiwillig in Beratung (Verpflichtungsmotivation) | Gesamt |
|---|---|---|---|
| (sehr)erfolgreich | 36% | 26% | 35% |
| teils-teils | 31% | 26% | 30% |
| wenig/nicht erfolgreich | 33% | 48% | 35% |
| | 100% | 100% | 100% |

Tabelle 4: Freiwilligkeit und Erfolg: Wie unterscheiden sich diejenigen, die freiwillig zu FATS kommen, von jenen mit Verpflichtungsmotivation in der Erfolgsfrage?

(3) Auch gering Motivierte können von der Beratung profitieren.
In unserer Erhebung wurde als 'gering motiviert' eingestuft, wer neben den Kriterien der 'Unfreiwilligkeit' noch weitere Variablen ankreuzte, die auf geringe Motivation schließen lassen. Entsprechend dieser Definition ist in dem Ergebnis von 36% gering motivierten Eltern die Zahl der ermittelten 12% 'Unfreiwilliger' enthalten.
Als gering motiviert wurde gezählt, wer unfreiwillig in Beratung kam und zusätzlich mindestens eine der folgenden Variablen ankreuzte:

(a) Ich habe mir von der Beratung nichts erwartet.
(b) Ich hätte lieber noch mehr Bedenkzeit gehabt.
(c) Ich wollte die Empfehlung des Richters/der Richterin nicht ablehnen.
(d) Ohne direkte Empfehlung wäre ich nie hingegangen.

Die geringer Motivierten schätzen die Beratung insgesamt - wie erwartet - nicht so erfolgreich ein wie die Motivierten, wie folgende Tabelle zeigt:

| Klientinnen-befragung 1996 N=221 | Motiviert in Beratung | Geringe bzw. keine Motivation | |
|---|---|---|---|
| erfolgreich | 35% | 31% | 34% |
| teil-teils | 34% | 28% | 32% |
| nicht erfolgreich | 31% | 41% | 34% |
| | 100% | 100% | 100% |

Tabelle 5: Motivation und Erfolg: Unterscheiden sich diejenigen, die motiviert für die Beratung bei FATS waren von jenen mit Verpflichtungsmotivation in der Erfolgsfrage?

Knapp ein Drittel (31%) der gering Motivierten sagen, die Beratung sei (sehr) erfolgreich gewesen.

Als nicht erfolgreich wird die Beratung von 41% der gering Motivierten beurteilt, von den Motivierten sagen dies nur 31%. Dies ist als Hinweis zu werten, daß bei Beratungsveranlassung durch die Richterinnen bei einer Klientel mit (zunächst) geringer Motivation ein Drittel deutlich von der Beratung profitiert.

Die Tabelle wirft noch eine weitere Frage auf: Warum stufen viele 'Motivierte' - immerhin ein Drittel - die Beratung als nicht erfolgreich ein? Zum Verständnis dieser Zahl sei darauf hingewiesen, daß 'Erfolglosigkeit' nicht heißen muß, die Beratung habe keine Effekte erzielt, sondern zu dieser Einschätzung kommt es, weil die ursprünglichen Erwartungen nicht erfüllt wurden. In anderen Fällen können völlig unrealistische Erwartungen zur negativen Einschätzung führen, zum Beispiel der Wunsch, die Beratung solle bewirken, der Partner beziehungsweise die Partnerin, der/die die Familie verlassen hat, möge zurückkehren. Zu differenzierten Betrachtungen über Erfolgseinschätzungen wird auf Kapitel 4 verwiesen.

Bei den gering Motivierten fielen weiterhin folgende Punkte auf:

(1) *Themen*: Hinsichtlich der besprochenen Themen fällt auf, daß geringer Motivierte in der Beratung häufiger Fragen des Sorgerechts thematisieren - möglicherweise sind es eher praktische Belange, die sie Rat suchen lassen - und seltener über ihre Gefühle sprechen. Dies spiegelt sich auch bei der Frage nach 'Vereinbarung von Regelungen': Konkrete Besuchsregelungen spielten bei gering Motivierten wesentlich häufiger eine Rolle.

(2) *Verlauf der Beratung*: Für wenig Motivierte ist es doppelt so häufig 'schwierig in Beratung zu gehen', sie beurteilen den Zeitpunkt der Beratung häufiger als falsch und ließen sich durch Beratung weniger zum Nachdenken anregen.

(3) *Abschluß der Beratung*: Geringer Motivierte verabschieden sich häufiger aus der Beratung, ohne daß die entscheidenden Fragen geklärt waren.

Zusammenfassend läßt sich sagen: Bei den Personen, die über Gericht zur Beratungsstelle kamen, bestand häufiger eine Verpflichtungsmotivation als bei einem anderen Zugang.

Auch Eltern, die wenig motiviert waren, konnten Interesse entwickeln und von der Beratung profitieren, wenn auch - erwartungsgemäß - in geringerem Ausmaß als Personen, die von vornherein freiwillig und motiviert kamen.

### 2.4.2 Fremdbestimmter Zugang: Typische Ausgangslagen

Beratung als angemessene Form der Begleitung einer Scheidungsfamilie setzt immer das Prinzip der Freiwilligkeit voraus. Wenn Klientinnen die Beratungsstelle aufsuchen ohne das Gefühl, eine wirklich freie Wahl gehabt zu haben, so kann es dafür subjektiv sehr unterschiedliche Gründe geben.

Wie bereits erwähnt, besteht eine geringe Motivation oder Unfreiwilligkeit nicht allein bei Zugang über Gericht. Beispielsweise kann auch der dringliche Wunsch der ehemaligen Partnerin dazu führen, daß jemand unfreiwillig oder gering motiviert zur Beratungsstelle geht.

Wir gingen der Frage nach, ob sich unter den gering Motivierten verschiedene Typen verbergen. Lassen sich unterschiedliche Ausgangslagen erkennen, wenn die gerichtsnahe Beratung von Klientinnen als Zwang erlebt wird? Aus dem empirischen Material (qualitative Interviews) ergaben sich fünf Kategorien:

### (1) Der ehemalige Partner / die ehemalige Partnerin wünscht eine Beratung

Es kommt nicht selten vor, daß einer der beiden Scheidungspartnerinnen eine Beratung wünscht, der oder die andere dem aber ablehnend gegenübersteht.

Wenn die eigenen Möglichkeiten, die Partnerin zu einem gemeinsamen Gespräch zu motivieren ausgeschöpft sind, wird oft die Beratungsstelle als Unterstützung gesucht, mit Hilfe eines oder einer neutralen Dritten die ehemalige Partnerin doch noch zu 'überreden'. In diesen Fällen tritt die Beratungsstelle in seltenen Fällen fernmündlich, meist jedoch schriftlich an die zu motivierende Partnerin heran. Diesem Schreiben folgen manche nur bedingt freiwillig, gerade wenn sie mißtrauisch sind und der ehemaligen Partnerin im Zusammenhang mit dem Gericht (Briefkopf!) eines geschickten, gegen sie gerichteten Schachzuges verdächtigen.

Fallbeispiele: *Frau T. wurde von der Beratungsstelle angeschrieben und zu einem Gespräch eingeladen.* Sie empfand das Schreiben der Beratungsstelle trotz Betonung der Freiwilligkeit eindeutig als Aufforderung: *„Erst einmal hab ich mir gedacht, spinnt jetzt der, muß ich ehrlich sagen. Naja, hab ich mir gedacht, wenn er meint, dann gehen wir halt hin. Also ein komisches Gefühl war's eigentlich schon, weil ich ja nicht gewußt habe, was er im Prinzip von mir will, der (Berater), aber wie ich dann dort war, hat's schon paßt. "*

*Frau S.: „Der hatte also da absolut keine Lust. Mein Mann ist von Anfang an gegen jede Form der Beratung gewesen, es war immer nur auf mein vehementes Drängen hin, also mir zuliebe ist er halt dann mitgegangen und da wollt er endgültig nimmer, er war halt der Meinung, das können wir so auch besprechen. "*

*(2) Angst vor negativen Konsequenzen vor Gericht*

Zwar gab nur ein relativ geringer Prozentsatz (7,3%) der Eltern an, sie hätten sich durch die Beratung eine bessere Position vor Gericht erhofft. Wir vermuten, daß der wirkliche Prozentsatz noch höher liegen könnte, da in Klientinneninterviews Hoffnungen auf Einflußmöglichkeiten manchmal auf Nachfrage zugegeben wurden. Auch der umgekehrte Fall, nämlich die Befürchtung, sich durch die Ablehnung der empfohlenen Beratung Nachteile einzuhandeln ist - möglicherweise oft uneingestanden oder unausgesprochen - ein Grund dafür, daß manche nur bedingt freiwillig die Beratungsstelle aufsuchen. 10% der Frauen und 6% der Männer gaben an, sie hätten angenommen, sie müßten den richterlich vorgeschlagenen Beratungstermin wahrnehmen.

Fallbeispiel: *Frau P. hegte Befürchtungen, die Richterin könne ihr nicht glauben und dies könne ihr zum Nachteil gereichen: „Der Richter hat mir nicht geglaubt, daß die Kinder nicht zum Vater wollen. Ich habe also keine andere Chance gehabt, als daß ich gesagt habe, wir gehen zu dieser Beratungsstelle, und sie sollen sich quasi selber davon überzeugen, daß das nicht durch irgendeinen negativen Einfluß von mir so ist, daß die Kinder da nicht hingehen, sondern daß die Kinder freiwillig und von sich aus nicht zum Vater gehen wollen. " Wie sich aus diesem zunächst eher unfreiwilligem Zugang eine längere Beratungssequenz mit erfolgreicher Bewertung seitens der Klientinnen entwickelt, wird an anderer Stelle ausführlich beschrieben (vgl. 2.3.2: Fallbeispiel Nr. 2).*

*(3) Überwachter Umgang*

Wenn es zum Wohle des Kindes erforderlich ist, kann das Familiengericht das Umgangsrecht einschränken. Beim überwachten Umgang kann der betreffende Elternteil den erwünschten Kontakt zu seinem Kind nur unter Aufsicht eines Beraters oder einer Beraterin wahrnehmen (vgl. Kapitel 3). Natürlich muß es für eine solche Regelung triftige Gründe geben. Wir sprachen in den Elterninterviews mit Frauen, deren Männer bei den Auseinandersetzungen um die Kinder bereits massiv gewalttätig vorgegangen waren, mit Mord oder mit Kindesentführung gedroht hatten oder schwere Alkoholiker waren. Die Männer, die selbst angeordneten überwachten Umgang wahrgenommen hatten, standen uns leider nicht für Interviews zur Verfügung. Aus Interviews mit den Frauen wissen wir, daß der angeordnete Umgang in mehreren Fällen von seiten des Vaters abgebrochen worden war.

*(4) Zu wenig Zeit zum Überlegen*

Die Familienrichterinnen praktizieren einen unterschiedlichen Modus des Verweisens - vom persönlichen Begleiten der Klientinnen aus dem Sitzungssaal in das Beratungszimmer bis zum schlichten Hinweis auf das Beratungsangebot. Während die letztgenannte Methode den zu Beratenden Raum und Zeit für eine eigene Entscheidung läßt, ist es bei der erstgenannten eher denkbar, daß manch eine gerne noch etwas Zeit zum Überlegen gehabt hätte. In unserer schriftlichen Befragung kreuzten knapp 4% der Eltern an, sie hätten gerne mehr Bedenkzeit gehabt. 17% aller Frauen und Männer gaben an, sie wären sich nicht gleich sicher gewesen, ob sie die Empfehlung annehmen wollten, hätten aber nicht ablehnen mögen. Dies ist ein Hinweis darauf, daß eine nicht geringe Zahl der Eltern den Verweis der Richterinnen als drängend erleben. In Klientinneninterviews erfuhren wir, daß ein Teil der Eltern, die den angebotenen Beratungstermin aufgrund mangelnder Zeit zum Nachdenken wahrnimmt, nach eigener Einschätzung zu einem späteren Zeitpunkt von sich aus keine Terminvereinbarung mehr angestrebt hätte.

*(5) Subjektives Unverständnis der Beratungssituation*

Es gibt einige wenige Fälle, wo weder eine eigene Arbeitsmotivation vorliegt, noch ein Konflikt benannt werden kann, der eine Beratung als sinnvoll erscheinen läßt. Die Interviewten gaben an, letztlich nicht verstanden zu haben, warum sie in Beratung 'geschickt' wurden, sie hatten die Empfehlung der Richterin als Verpflichtung empfunden und sich dem aus Desinteresse oder Autoritätsfurcht nicht widersetzt. Die Beratung war in diesen Fällen nach einer Stunde beendet.

Solche Überweisungen können zustandekommen, wenn die Richterinnen eine Vermutung haben, hinter diesem Fall könnte etwas verborgen sein, was während der Verhandlung nicht greifbar ist. Sie verweisen auf das Angebot der Beratungsstelle, um eine Klärung zu ermöglichen, da dort die besseren Bedingungen vorhanden sind, dem Vermuteten auf die Spur zu kommen: ein Schutzraum, mehr Zeit und psychologisch ausgebildete Beraterinnen. Auf diesem Weg können erfolgreiche Beratungen zustandekommen, es gibt aber auch 'Ausfälle', wo tatsächlich kein Beratungsbedarf vorliegt (oder der Widerstand zu groß ist).

Die genannten Kategorien beschreiben verschiedene Motive, warum Eltern die Beratungsstelle am Amtsgericht nicht aus freien Stücken aufsuchen. Zwar wird im Konzept FATS (S. 11) betont, die Inanspruchnahme der Beratung sei (mit Ausnahme des begleiteten Umgangs) absolut freiwillig, doch die gefühlsmäßige Realität der Eltern sieht in manchen Fällen anders aus. Umso wichtiger ist die Betonung der Schweigepflicht als allgemein wichtiges Prinzip der Beratungsarbeit. Das Wissen, daß für manche Eltern ein gewisser Verpflichtungsdruck zur Beratung besteht, ist Grund für die Psychologinnen, ihre Schweigepflicht besonders zu betonen. Die Sicherheit, daß die mitgeteilten Informationen grundsätzlich geschützt sind, hat eine große Bedeutung für den Aufbau einer vertrauensvollen therapeutischen Beziehung. Wenn die Eltern sich sicher sein können, daß Beratungsinhalte dem Gericht nicht mitgeteilt werden, erhöht sich die Chance, daß während der Beratung die äußere in eine innere Motivation umgewandelt wird - und somit in ein echtes Beratungsinteresse seitens der Klientin oder des Klienten mündet. Schließlich kommt es indirekt wieder den Kindern zugute, wenn Eltern Verantwortung für ihre Situation übernehmen und sich nicht nur mit den juristischen, sondern auch mit den psychischen Schritten der Scheidung auseinandersetzen.

In bezug auf 'Freiwilligkeit' ergab sich bei unserer schriflichen Klientinnenbefragung ein interessantes Ergebnis. Die von uns gestellte Frage lautete: „Wenn Sie Gesetzgeber wären, würden Sie alle Eltern zur Scheidungsberatung verpflichten, die sich bei der Scheidung bezüglich des Kindes uneinig sind?" Die Antwort wurde in 82% mit 'Ja' angekreuzt, und zwar von Frauen und Männern gleich häufig. Daraus kann man schließen, daß ehemals Beratene zum großen Teil die Erfahrung gemacht haben, daß Beratung etwas bewirken kann und dies auch gerne weitergeben möchten (vgl. Kapitel 4).

Die Freiwilligkeit wird dabei von der ehemaligen Klientel nicht als unbedingte Voraussetzung für Beratung angesehen. Natürlich hat Freiwilligkeit für den Beratungsprozeß dennoch eine hohe Bedeutung, um die Grundlage für ein Vertrauensverhältnis und ein tragfähiges Arbeitsbündnis zu schaffen.

### 2.4.3 Zugang zur Beratung aufgrund von Verpflichtungsmotivation: Beratung als erlebter Zwang

Kann Beratung erfolgreich sein, wenn sie unter der Bedingung 'Zugang als erlebter Zwang' durchgeführt wird? Wir stellen dazu zwei Fallgeschichten vor. In beiden Fällen suchten die Klientinnen die Beratungsstelle aufgrund einer Verpflichtungsmotivation auf. Wir haben gesehen, daß 'Unfreiwilligkeit' in manchen Fällen zu einer erfolgreichen Beratung führen kann, manchmal hingegen auch nicht. Exemplarisch wollen wir an diesen Fällen die Ursachen für Erfolg und Mißerfolg herausarbeiten, die sich in der zentralen Frage konkretisieren, ob ein Arbeitsbündnis zustande kommt.

Die Fallgeschichten sind wie folgt aufgebaut: Im ersten Schritt geben wir die wichtigsten Informationen, die in bezug auf Scheidung ein Fallverständnis möglich machen. Im zweiten Schritt werden die Klientinnen die Beratung aus ihrer Sicht bewerten, und im dritten Schritt arbeiten wir die unterschiedlichen Bedingungen heraus, warum in dem einen Fall eine innere Motivation hergestellt werden konnte und die Beratung aus Klientinnensicht 'erfolgreich' verlief, im anderen hingegen nicht.

*(1) Fall L. oder: „Die Richterin hätte ja gar nicht weitergemacht ohne Beratung!"*

*Der Sachverhalt:*

Die Trennung des Ehepaares L. ging im September 1992 vom Ehemann aus. Die Kinder waren zum damaligen Zeitpunkt acht (Mädchen) und vier (Bub) Jahre alt.

Da der Vater seit der Trennung keinen Kontakt mehr zu seinen Kindern hatte, wünschte er eine vorläufige Regelung der Sorge bzw. des Umgangs. Auch waren Fragen des Unterhaltes strittig. Herr L. wünschte sich eine gemeinsame Sorge. Frau L. erlebte die Trennung als sehr große Kränkung - zumal ihr Mann sich einer neuen Lebenspartnerin zugewandt und deutlich gemacht hatte, daß er unter keinen Umständen an einer Aufrechterhaltung der Ehe interessiert sei. Frau L. bestand auf alleiniger Sorge und enthielt ihrem Mann die Kinder vor. Bei der Anhörung am Familiengericht empfahl die Richtein das Paar an die Beratungsstelle weiter, da keinerlei Einigungsmöglichkeiten in Aussicht waren und meldete das Paar umgehend an.

*Die Beratung:*

Beide hatten am gleichen Tage einen Termin bei der Beraterin Frau X. In dieser ersten Stunde stritt das Paar heftig, so daß ein zweites Beratungstreffen zunächst mit beiden getrennt stattfand und im Anschluß daran eine gemeinsame Sitzung durchgeführt wurde. Ein weiterer Beratungstermin wurde vier Wochen später von Frau L. wahrgenommen, Herr L. hatte noch einen telefonischen Kontakt mit der Beraterin. Beide werten die Beratung im nachhinein als erfolglos.

*Der weitere Verlauf:*

Herr L. nahm von seinem ursprünglichen Wunsch nach gemeinsamer Sorge Abstand, da er in Gesprächen vor allem mit dem Anwalt zu der Einsicht gekommen war, daß für ihn keine Erfolgsaussicht bestünde, solange sich nicht auch Frau L. mit dieser Vorstellung anfreunden könne. Er akzeptierte schließlich die richterliche Entscheidung, die ihm ein Umgangsrecht zusprach, wobei das Aushandeln des Umgangs durch die Klärung von Vermögensangelegenheiten, die zäh verliefen, begünstigt wurden.

Wie sieht es nun heute aus? Während Frau L. das alleinige Sorgerecht innehat, ist Herr L. mit seinen Möglichkeiten zufrieden, die ihm das Umgangsrecht bietet, wobei er bedauert, in manchen Fragen (z.um Beispiel Schulwahl) nicht mehr Einflußmöglichkeiten zu haben. Der Kontakt zu seinen Kindern sei heute besser als zu Ehezeiten, weil er sich nun intensiver mit ihnen beschäftige. Da die Eltern praktisch nicht miteinander sprechen, wird der Kontakt vom Vater direkt mit den Kindern hergestellt, selbst bei umfangreichen Absprachen wie zum Beispiel Urlaub.

*Ergebnis:*

Die Beratung hat den Beteiligten aus ihrer Perspektive nichts gebracht. Die vom Gericht angeordnete Entscheidung hat sich ohne größere Probleme im Alltag als tragfähig erwiesen.

*Die Beratung aus Sicht der Klientinnen:*

Zwar wußten beide Partner, daß die psychologische Beratung für sie nicht verpflichtend war. Von Frau L. wurde die richterliche Empfehlung dennoch als völlige Überrumpelung wahrgenommen: „Da ist man total weggetreten gewesen, also von der einen Situation raus in die andere rein, und dann war das alles so kurz nach der Trennung. Das finde ich nicht gut." Bei ihrem Partner sieht es anders aus. Er hoffte durch die Beratung auf eine Person, die beschwichtigend auf seine Frau einwirken könne: „Ja, es war mir damals schon recht, weil es war ein Versuch, die verhärteten Fronten ein bißchen abzubauen (...), aufzuweichen, um eben ein sinnvolles Gespräch mit meiner Frau zu führen." Letztlich erhoffte er sich über die Gespräche die Zustimmung seiner Frau zum gemeinsamen Sorgerecht.

*Gründe für die Erfolglosigkeit der Beratung:*

Trotz der Themenvorgabe 'Sorge' beziehungsweise 'Umgang' dominieren insbesondere im ersten Beratungsgespräch Szenen gegenseitiger Beschimpfungen und vor allem der Kampf um das Vermögen. Herr L.: „Das Thema Sorgerecht konnte nicht gut bearbeitet werden, weil immer wieder die finanzielle Auseinandersetzung mit eingeflossen ist. Das war eigentlich das Schlimme daran, daß es immer wieder irgendwo damit geendet hat." Hier ist Frau L. völlig einig mit ihrem ehemaligen Mann: „Wir haben uns um Geld gestritten, und sie hat immer gesagt, man muß das trennen, man muß schauen, daß man sich versteht, weil es um die Kinder geht. Und daß der Mann das Recht hat, die Kinder abzuholen. Aber das Geld war mir auch wichtig, wie soll man das dann immer trennen?" Für Frau L. scheint die Beratung im Widerspruch zu ihren Interessen zu stehen - anders hingegen bei Herrn L.: „Die Beraterin hat mir ein bißchen aus der Seele gesprochen und hat die Vorschläge auf den Tisch gebracht, die ich mir auch vorgestellt habe."

Frau L. geht in ihrer Kritik noch weiter sie schildert gekränkt und in aggressivem Ton, die Beraterin habe ihr nahegelegt, sie solle sich 'entfalten' und sich nicht so an ihren Mann klammern: „Das fand ich ganz schön unverschämt. Deswegen bin ich da auch nicht mehr hingegangen." Sie versteht die Äußerungen der Beraterin, die im Interesse des Kindeswohls formuliert sind, als Parteilichkeit. Herrn L. ist noch eine Situation am Vormittag des Heiligen Abends in Erinnerung. Da wurde ihm nämlich klar, er würde seine Kinder an Weihnachten nicht sehen, und so rief er die Beraterin an mit der Bitte, bei seiner Frau vermittelnd tätig zu werden, damit diese ihm die Kinder wenigstens für einige Stunden lasse. Die Erfolglosigkeit dieser Maßnahme enttäuscht ihn maßlos: „Das war auch ausschlaggebend, warum ich dann später keinen Kontakt mehr gesucht habe, weil das wäre eine Situation gewesen, wo man halt Hilfe erwartet, aber da habe ich keine bekommen."

Von beiden Partnern wird betont, die Beratung sei zum damaligen Zeitpunkt verfrüht gewesen. Frau L. klingt im Rückblick fast versöhnlich: „Also, wenn längere Zeit vergangen ist, dann denkt man vielleicht wieder anders. Und ich denke, daß das dann viel mehr Sinn hätte, weil zu der Zeit weiß man gar nicht, was man will, was das Ziel ist.". Herr L.: „Vielleicht wäre zu einem späteren Zeitpunkt mehr rausgekommen. Aber zu dem Zeitpunkt war es eben wirklich für die Katz."

Beide Partner können in Beratung keine Bereitschaft zur konstruktiven Auseinandersetzung entwickeln. Herr L. verändert kaum seine unrealistischen Erwartungen an eine Interessensvertretung durch die Beraterin. Frau L. kann keine eigenen Wünsche an die Beratung entwickeln und wird so in ihrer negativen Erwartung an Beratung bestätigt. So spielt sich in der Beratung ab, was auch schon der Richter erlebt hat: Frau L. verharrt in der Anklage gegen den Partner, den sie für das Scheitern der Ehe verantwortlich macht. Ausschließlich die wirtschaftliche Seite wird von ihr immer wieder als Forderung formuliert.

Die hoheitliche Entscheidung scheint das zu sein, was beide benötigen: diese wird klaglos angenommen und im Alltag vergleichsweise problemlos umgesetzt.

*(2) Fall P. oder: „Ich habe also gar keine andere Chance gehabt, als daß ich gesagt habe, wir gehen zu dieser Beratungsstelle"*

*Der Sachverhalt:*

Nach gewalttätigen Auseinandersetzungen, aufgrund derer Frau P. zweimal zeitweise ins Frauenhaus flüchtete, kam es zwischen dem Ehepaar P. an Pfingsten 1991 zur Trennung. Frau P. erhielt vorläufig das Sorgerecht für die beiden Kinder, ein Mädchen von sieben und einen Buben von acht Jahren. Herr P. nahm den Umgang mit seinen Kindern wahr, bis die Mutter beschloß, die Kontakte zum Vater zu unterbinden. Sie entschied sich zu dieser Maßnahme, weil die Kinder aus ihrer Sicht verstört und aggressiv vom Vater zurückkehrten. Herr P. hatte seine Kinder über eineinhalb Jahre nicht gesehen, als er 1993 das alleinige Sorgerecht beantragte. Er betont, ihm sei das Umgangsrecht niemals entzogen worden, vielmehr habe er es aufgrund mangelnder Kooperation seiner Frau nicht wahrnehmen können, woran auch ein ihr angedrohtes Zwangsgeld nichts geändert habe. Er vertritt vehement die Position eines benachteiligten Vaters und beklagt gesetzliche Privilegien der Frau und Mutter.

### Die Beratung:

Mit Frau P. fanden insgesamt etwa zehn Beratungsstunden statt. Herr P. nahm nach einigen Einzelstunden etwa sechsmal begleiteten Umgang an der Beratungsstelle wahr. Die Beraterin arbeitete mit dem Ehepaar nur getrennt, zeitweise waren auch die neuen Lebenspartner mit zugegen. Manchmal spielten die Kinder während der Beratungsstunden oben im Spielzimmer. Mit viel Vermittlungsgeschick war es möglich, die Positionen der beiden Eltern anzunähern.

### Der weitere Verlauf:

Der Vater gab seine Position auf, das Sorgerecht für sich alleine zu beanspruchen, und die Mutter wurde an eine Realisierung des Umgangsrechtes durch den Vater schrittweise herangeführt.
Zwischen den hochzerstrittenen Partnern hat sich viel bewegt. Beide beurteilen die Beratung als (sehr) erfolgreich. Inzwischen sind auch längere Übernachtungen beim Vater möglich (bis zu 14 Tagen), und zum Zeitpunkt des Interviews ist ein gemeinsamer Urlaub des Vaters mit den Kindern geplant.

### Ergebnis:

Herr und Frau P. scheinen die vielbeschworene Trennung zwischen Eltern- und Partnerebene vollzogen zu haben. Ohne die Beratung ist es nur schwer vorstellbar, daß Mutter und Vater den Kindern hätten erhalten werden können.

### Die Beratung aus Sicht der Klientinnen:

Für Frau P. ist die Beratung zunächst keine freiwillige Angelegenheit. Obwohl sie die Frage nach einem Gefühl der freien Entscheidung bejaht, räumt sie auf genauere Nachfrage ein: „... also gehen wir besser hin, wer weiß, vielleicht gibt es sonst eine Entscheidung, die nicht so in meinem Interesse ist." Ihre Entscheidung für die Beratung ist demnach wesentlich von der Angst bestimmt, sich durch eine Verweigerung Nachteile vor Gericht (Sorgerechtsentscheidung) einzuhandeln. Sie geht auf die Initiative des Richters ein, da sie hofft, mit Unterstützung der Beratungsstelle nachweisen zu können, daß die Kinder von selbst nicht zum Vater wollen.
Herr P. hatte die Information einer möglichen Beratung durch seinen Anwalt erhalten. Trotz subjektiv äußerst negativer Beratungsvorerfahrungen ließ er sich auf die Beratung ein, da er bereit war, nach allem zu greifen: „Wenn man keine Möglichkeiten mehr hat, probiert man alles noch einmal. Ich wollte die Kinder nicht aufgeben."
Die Beratung wird von beiden Ehepartnern als erfolgreich (Herr P.) bzw. sehr erfolgreich (Frau P.) beurteilt. Diese Einschätzung läßt sich nachvollziehen, da die-

se hochzerstrittenen ehemaligen Eheleute ihre Positionen in Richtung einer kooperativen Elternschaft verändert haben. Frau und Herr P. waren in der Lage, ihre
eigene Begrenztheit in der Kommunikation miteinander anzuerkennen und konnten die Hilfe und Unterstützung durch die Beraterin annehmen. So kommt ein
Austausch in Gang, auch wenn die ehemaligen Partner nie direkt miteinander
sprachen. Auf die Frage, wo Herr und Frau P. heute ohne die Beratung stünden,
antwortet Herr P.: „Dann wären wir sicher heute noch am Gericht. "

*Analyse des Gelingens der Beratung mit Frau und Herrn P.*

*Empathie für beide Eltern und Interessenvertretung der Kinder:*
Gerade weil der Zugang zur Beratung nicht ganz freiwillig war, war Frau P. in der
ersten Stunde unsicher, ob die Beratung letztlich nicht doch auf „Parteinahme für
irgendeine Partei" abzielte, verhielt sie sich „vorsichtig, nicht zuviel sagen, immer
ein bißchen aufpassen, weil es könnte ja sein, daß man was Verkehrtes sagt". Ihre
heftigen Vorbehalte habe sie jedoch bereits in der zweiten Stunde nicht mehr ge-
hegt, was für einen vertrauensvoll gestalteten Erstkontakt durch die Beraterin
spricht. Frau P. nimmt die Beraterin als unparteiisch wahr: „Sie hat schon richtig
gearbeitet. Sie hat für uns beide gearbeitet, beziehungsweise sie hat für die Kinder
gearbeitet."
Weiterhin scheint es der Beraterin gelungen zu sein, eine Überzeugungsarbeit für
das Kindeswohl zu leisten, die mit Empathie für beide 'Parteien' verbunden ist:
„Das hat sie schon gut rübergebracht. Am Anfang hat man halt gesagt, was soll
das, gerade das wollten wir eben nicht, dann ist man halt heimgefahren und hat
überlegt und gesagt, probieren können wir es ja." Auch der neue Lebenspartner
von Frau P., der ab und zu in den Beratungen mit eingebunden war, zeigt sich be-
eindruckt: „Ich habe ab und zu mal was zum Überlegen mit heimgenommen."
Für Herrn P. stand ein emotionaler Aspekt im Vordergrund: Er fühlte sich in seinem Anliegen von der Beraterin verstanden, sie sollte stellvertretend für ihn sein
Umgangsrecht aushandeln: „Ich habe mich verstanden gefühlt und sie hat gesagt,
sie beredet das mit meiner Frau. Und um das ist es ja gegangen, weil wenn man
sich selber nicht mehr verständigen kann, dann muß es über Dritte gehen." Da
Herr P. sich von der Beraterin verstanden fühlte, konnte er von ihr auch den Rat
annehmen, die Sorgerechtsklage fallen zu lassen und sich auf die Gestaltung des
Umgangsrechts zu konzentrieren. So kam es zur Vereinbarung von Terminen zum
begleiteten Umgang. Herr P. ließ sich auf dieses Vorgehen ein, obwohl er sich
durch die Anwesenheit einer anderen Person (der Beraterin) im Zusammensein
mit seinen Kindern sehr eingeschränkt fühlte.

*Vorbereitung des Umgangs schrittweise:*
Das Vertrauen zur Beraterin ist so groß, daß Frau P. sich trotz bestehender Bedenken auf den begleiteten Umgang einläßt: Das Ergebnis ist erfreulich und wird
von allen akzeptiert: „Die Kinder waren dann auch froh über den Kontakt, daß sie
wieder Kontakt zu ihrem Vater haben. Das war schon positiv." An dieser Stelle
wird deutlich, daß Frau P. in der Lage ist, den Blick weg von sich selbst auf die
Kinder zu richten. Die Beraterin akzeptiert sie als eine Fachfrau, deren Empfehlungen überdacht werden. „Es ist hauptsächlich um die Kinder gegangen in der

Beratungsstelle. Man hat halt mitbekommen, daß man nicht sagen kann, das sind meine Kinder, daß sie eigentlich eigene Persönlichkeiten sind, die irgendwie selbst entscheiden, daß man Kinder nicht als Eigentum betrachten darf."

Die Anwesenheit der Beraterin gab Frau P. die notwendige Sicherheit, ihre Kinder beim ehemaligen Mann lassen zu können: „... aber irgendwie habe ich schon ein sicheres Gefühl gehabt, weil die (Beraterin) immer mit im Raum war."

Nach sechs Stunden begleiteten Umgangs wurden Besuche der Kinder beim Vater ohne zusätzliche Betreuung ermöglicht, die sich vom zeitlichen Umfang immer weiter ausdehnten. Herr P.: „So ist halt diese Steigerung gegangen, ich bin halt immer, wenn ich etwas wollte, oder wenn etwas nicht hinhaut, dann rede ich mit der Frau (Name der Beraterin)."

Ein Kriterium für eine gute Beratungsbeziehung ist die Nutzung der Beratungsstelle auch nach dem (vorläufigen) Abschluß der Maßnahme. Beide Ex-Partner sehen in der Beraterin eine Vertrauensperson, die sie jederzeit wieder um Hilfe bitten würden. So verlieren auch zukünfige Probleme ihren Schrecken für Frau P., weil sie auch dann weiß, wo sie Unterstützung findet: „Es ist eher das Wissen, wir rufen die (Beraterin) nicht permanent an, aber es ist das Wissen, wenn etwas ist, dann können wir sie jederzeit anrufen." Auch Herr P. nutzt weiterhin die Beratungsstelle: „Ich rufe nicht an, weil es mir gut geht. Ich rufe nicht an, um der (Beraterin) zum Geburtstag zu gratulieren. Aber wenn es Probleme gibt, dann rede ich mit der (Beraterin)."

Frau P. und ihr neuer Partner nutzten die Beratungsstelle auch für die Lösung eines konkreten Problems mit den Kindern: „Es hat da auch ein Problem mit den Kindern gegeben, dann haben wir uns alle gemeinsam hingesetzt und haben offen über das Problem gesprochen, und wir haben so das Problem dann gelöst."

*Fazit:*

Eine hochstrittige Trennung und Scheidung mit erheblicher Gewaltthematik, einer Androhung von Zwangsgeld, weil dem Vater die Kinder vorenthalten wurden, finden Klärung im Interesse der Kinder. Die Beratung hat in erster Linie - über den schrittweisen Aufbau des Vater-Kind-Kontaktes - erbracht, daß die Ex-Partner wieder miteinander kooperieren und den Kindern somit beide Eltern erhalten bleiben. Die konkreten Umgangsregelungen werden in der Praxis so umgesetzt, wie sie in der Beratung erarbeitet wurden.

Das gute Funktionieren des Umgangs ist um so erstaunlicher, da das Verhältnis zwischen den beiden ehemaligen Eheleuten weiterhin recht gespannt ist und im Grunde überhaupt kein Kontakt stattfindet. Aber vielleicht ist es ja gerade diese „parallele Elternschaft" (vgl. Cherlin/Furstenberg 1991), die sich durch ein Minimum an Gesprächen zwischen den Ex-Partnerinnen und eine völlige Reduktion auf die Kontaktabsprachen mit den Kindern reduziert, die ein Funktionieren der Elternschaft nach der Scheidung möglich macht. Herr P.: „Wobei ich nicht sagen möchte, daß das Verhältnis zur Frau besser geworden ist. Also daß man sagen könnte, grüß Dich, was ist los, wie geht es? Das kann ich vergessen." Wenn Herr P. alle 14 Tage seine Kinder abholt, ist der Treffpunkt der Maibaum, da er vor dem Haus nicht stehen bleiben darf.

*[handschriftliche Notiz:]* in vielen Fällen spielt die Angst mit, sich nicht abgrenzen zu können durch das gemeinsame Sorgerecht

In beiden Fällen erfolgte der Zugang zur Beratungsstelle nicht aus dem inneren Antrieb der Klientinnen. Richterinnen und Anwältinnen übten die entsprechende Überzeugungsarbeit aus und erzeugten mehr oder minder großen Handlungsdruck auf die Scheidungsparteien. Damit enden aber die Gemeinsamkeiten beider Fälle. Unterschiede zeigen sich bereits im Beratungssetting: Im ersten Fall geht es um das Angebot von Vermittlungsgesprächen und im zweiten Fall um die Realisierung eines vom Richter empfohlenen betreuten Umgangs. Dennoch lassen sich die beiden Fälle zu einigen allgemeineren Überlegungen betreffend der Zugangsproblematik nutzen. Dazu noch einmal die kritischen Punkte im Fall L.:

(1) Trotz unterschiedlicher Motivation zur Beratung beklagen beide Partner das ungünstige Timing. Die von der Beraterin versuchte Sinngebung (Möglichkeit zur 'Entfaltung') in der Krisensituation wird von der Klientin als Zynismus erlebt.

(2) Von Frau L. wird die Empfehlung der Richterin als eine erlebte Überrumpelung kritisiert. Hätte die Richterin behutsamer den Zugang zur Beratung aufbauen müssen?

(3) Vor allem Frau L. kritisiert eine erlebte Parteilichkeit der Beraterin. Frage: Ist *eine* Beraterin in diesem Fall überfordert, Allparteilichkeit zu realisieren?

(4) Wiederum kritisiert Frau L., daß ausschließlich am Kindeswohl gearbeitet wurde, obwohl sie andere wichtige Interessen hatte (Finanzen). Frage: War beim Thema Kindeswohl für Frau L. etwas zu gewinnen, und zwar auch für die Gerichtsverhandlung? Oder hätte man auch andere Themen mit einbeziehen müssen?

Im Fall P. nun scheint alles das zu funktionieren, was im Fall L. nicht realisiert werden konnte: Die Klientinnen erleben die Beraterin als überparteilich, sie stellt für beide eine Ansprechpartnerin in ihrer Umbruchsituation dar, ihre Äußerungen werden nicht als Zumutung erlebt, sondern sie machen nachdenklich. Wer im Beratungsprozeß steht, kennt diese positiven Verläufe. Systemisch gesagt: Es sind 'Engelskreise' zwischen Beraterinnen und Klientinnen. Umgekehrt kennen wir auch die 'Teufelskreise': Was in einem Fall zum Beispiel als Anregung erlebt wird, wird im anderen Fall als Zumutung und unverschämte Einmischung erlebt. Der (noch so behutsam und empathisch formulierte) Hinweis auf das kindliche Leiden bei der Trennung seiner Eltern wird, ebenso wie auch die meisten anderen Aussagen der Beraterin, unter negativem Vorzeichen gesehen. Wir denken, daß im zweiten Fall Beraterin und Klientinnen sich einen solchen Engelskreis herstellten, was im ersten Fall nicht gelang.

Woran liegt es, daß nur im Fall P. eine solch positive Rückkopplung möglich war? Ganz sicher sind in diesem Zusammenhang die Kompetenzen der jeweiligen Beraterinnen von peripherer Bedeutung, denn alle Beraterinnen können über gute und schlechte Erfahrungen in der Scheidungsberatung berichten. Aus den geschilderten Fällen lassen sich beispielhaft zwei strukturelle Unterschiede herausgreifen, die mit Erfolg und Scheitern beim Herstellen der Eingangsmotivation einhergehen.

## *Ausgangs- und Interessenlagen der Beteiligten*

Im zweiten Fall ahnt Frau P., daß ihre Position 'Vereitelung des Umgangs des Vaters mit den Kindern' von der Richterin abgelehnt wird. Sie weiß, daß ihre Position schwer eine rechtliche Basis erhalten wird. Gleichzeitig hegt sie Befürchtungen, die Kinder könnten den Kontakt mit dem Vater als beeinträchtigend erleben. Die Mutter befindet sich beim Beratungsangebot in einer ambivalenten Situation: Sie möchte aus Sorge um die Kinder dem ehemaligen Lebenspartner den Umgang verbieten, allerdings weiß sie auch um die rechtliche Unhaltbarkeit der Situation (Zwangsgeld). Die Beraterin greift als zentrale Gefühle der Ambivalenz die Sorge und Angst um die Kinder auf und trifft damit die Interessenslage von Frau P. Bei Herrn P. ist dieses einfacher, da er - wie er es selbst ausdrückt - durch die Beratung nur etwas bekommen kann. Beratung trifft hier also die Interessen beider Streitparteien. Es bleibt offen, ob das Beratungsangebot angenommen worden wäre, wenn die Mutter berechtigte Hoffnungen auf die Durchsetzung eines Umgangsverbotes für den Vater gehabt hätte. Die Richterin, die auch den betreuten Umgang vorgeschlagen hatte (kein angeordneter Umgang!), hat sicherlich deutlich gemacht, wie wichtig er den Kontakt zwischen Kindern und Vater erachtet. Damit hat das Gericht einen Rahmen gesetzt, der es für Frau P. möglich machte, für das Beratungsangebot Interesse aufzubringen. Die Beraterin hat den vorgegebenen Rahmen mit ihren psychologischen Möglichkeiten genutzt. Richterin und Beraterin arbeiten - innerhalb des Rahmens der vorgegebenen Schweigepflichtrichtlinien - zusammen.
Im Fall L. ist die Ausgangslage nur oberflächlich betrachtet ähnlich: Es wird wie in der Ehe P. um Umgang und Sorge gestritten. Bei genauerer Betrachtung lassen sich jedoch wichtige Unterschiede erkennen: Frau L. ist sich des Sorgerechts sicher. Was könnte ihr Anliegen für eine Beratung sein? Ein grundsätzliches Umgangsrecht für ihren ehemaligen Mann stellt sie nicht in Frage, ihr geht es darum, finanzielle Interessen durchzusetzen. Im Unterschied dazu, erhofft sich Herr L. über die Beraterin eine bessere Durchsetzung seiner Interessen im Sinne des Kindeswohls. Mit ihrem Thema findet Frau L. in der Beratungsstelle kein Gesprächsange-

bot, da die Beratungsstelle vom Konzept her explizit den finanziellen und juristischen Klärungsbereich ausklammert. Die Thematisierung des Kindeswohls - wie es in der Beratung geschieht - wird von ihr konsequenterweise als Interessenvertretung der Position ihres ehemaligen Lebenspartners erlebt, denn in diesem Fall hat sich der institutionelle Auftrag der Beraterin mit den Interessen von Herrn L. getroffen.

## Fairneß im Geben und Nehmen

Frau P. lebt mit einen neuen Lebenspartner zusammen und hat damit für sich neue Perspektiven für die Zukunft entwickelt. Auch dieser Sachverhalt könnte eine förderliche Bedingung für die Annahme von Beratung sein. Auch in schwer gestörten Beziehungen gibt es eine Grundlage für die subjektive Einschätzung der Fairneß im Geben und Nehmen. Frau P. gelingt es somit eher, sich auf die Auseinandersetzungen mit ihrem ehemaligen Partner einzulassen als Frau L., der subjektiv in der Trennungsphase 'nur' noch die Kinder geblieben sind, während ihr ehemaliger Mann mit einer anderen Frau eine Lebensperspektive gefunden hat und auch noch gleichberechtigtes Sorgerecht will, wo ihr die Alltagssorgen bleiben, und er den angenehmeren Part des 'Freizeitvaters' übernehmen will. Darüber soll sie mit einem neutralen Dritten sprechen, während ihr Anliegen nach finanziellem Ausgleich außen vorbleiben soll? Damit wäre strukturell die Position des Ehemannes gestärkt, wobei übersehen wird, daß auch eine finanzielle Sicherheit für die alleinerziehende Mutter einen Aspekt des Kindeswohls darstellt. Das einzige, was ihre Position stärkt und was ihr niemand nehmen kann, ist die 'alleinige Sorge' - und so widersetzt sie sich, diese zum Verhandlungsgegenstand zu machen.
Bezieht man Frau L.s subjektives Empfinden für Fairneß mit ein, stellt sich mit Nachdruck die Frage, ob eine Ausweitung der Vermittlung auf wichtige Bereiche jenseits des unmittelbaren Kindeswohls etwa auf die Finanzen nicht erforderlich wäre, wenn Beratung für das Kindeswohl stattfinden soll. Zum zweiten haben wir den Eindruck, daß Frau L. weniger den allparteilichen Vermittler als vielmehr soviel Verständnis und Empathie, und zwar in ungeteilter Weise benötigt hätte, daß ihr schon das Angebot eines Settings mit 'neutralem Dritten' als Zumutung erscheinen muß.

## Die Bedeutung der Beratungsmotivation

Im Bewußtsein der Tatsache, daß es unter fast allen Umständen Fälle gibt, die scheitern und scheitern müssen, wollen wir an dieser Stelle einige Fragen formulieren, die sich bei der Analyse des ersten Falles stellen.

Mußte das Beratungsangebot scheitern, weil der Zeitpunkt ungünstig war? Oder erfordert nicht gerade das hohe Streitniveau zwischen den ehemaligen Lebenspartnern im Interesse der Kinder eine Beratung? Waren die geringe Bereitschaft von Frau L. oder die unrealistischen Erwartungen des Herrn L. ursächlich für die erfolglose Beendigung? Hätte die Richterin die Streitparteien behutsamer vorbereiten müssen? Warum war es nicht möglich, ein Interesse aufzubauen, so daß beide Partnerinnen einen persönlichen Nutzen zumindest hätten erahnen können? Steht dieser Fall eher für die Forderung, daß in der Trennungs- und Scheidungsberatung zwei Mediatorinnen unterschiedlichen Geschlechts einbezogen sein müssen? War das Scheitern vorgegeben, weil aus juristischer Sicht (Sorgerecht) für die weibliche Partnerin sowieso nichts zu gewinnen war?

Diese Fragen sollen hier nicht einzeln beantwortet werden, sondern sie stehen für unsere Einschätzung, daß - ohne Gewähr für den Erfolg in diesem Fall - in der Scheidungsberatung und gerade unter der Bedingung des besonderen Zugangs im Modellprojekt noch stärker als bisher Wert auf die Vorphase des Verhandelns und Herausarbeitens von Interessen gelegt werden muß. Erst wenn in mühevoller und kreativer Motivationsarbeit (Umwandlung von äußerer in innere Motivation) und mittels einer Art produktiver Interessensgenese ein gemeinsamer Auftrag über Ziele, Inhalte und Dauer der Beratung erarbeitet worden ist, haben alle Beteiligten den Boden unter den Füßen, den sie für diese ungewisse Situation der Vermittlung benötigen. Es ist nicht immer möglich, diesen Kontrakt, der mit einer sich festigenden Vertrauensbeziehung verbunden ist und in dem sich jeder der Beratenen wiederfinden muß, in der ersten Sitzung zu klären. Zudem ist ein solcher Kontrakt ein prozeßhaftes Geschehen, das einerseits Voraussetzung für Beratung ist, sich aber auch während der Beratung verfestigt und auch verändern kann.

## Zusammenfassung der wichtigsten Ergebnisse

Eine der zentralen Aufgaben des Modellprojektes ist es, Zugangsprobleme der Familien für eine angemessene Hilfe bei Trennung und Scheidung zu verringern. Vor allem die räumliche Integration der Beratung in das Familiengericht und die Kooperation zwischen Richterinnen und Beraterinnen sollen für ein niederschwelliges Angebot sorgen.

(1) Das Modellprojekt kann durch die Besonderheit des gerichtsnahen Zugangs Personengruppen erreichen, die durch das Netz der traditionellen Beratung fallen würden.

(2) Es gibt einen Anteil an Klientinnen, die retrospektiv ihr Aufsuchen der Beratungsstelle als 'unfreiwillig' (12%) einstufen und/oder als eher

gering motiviert anzusehen sind (36%). Diese kommen nicht allein über den Zugangsweg Gericht zu FATS, jedoch zu einem höheren Prozentsatz als über andere Zugangswege.

(3) Deutlich positive Bewertungen der Beratung werden auch bei 'Unfreiwilligen' und 'gering Motivierten' erreicht, wenn auch erwartungsgemäß in etwas geringerem Ausmaß als bei Eltern, die freiwillig und motiviert kommen. Ein Viertel der unfreiwilligen Zugänge spricht von einer 'erfolgreichen' Beratung. Gering Motivierte profitieren noch häufiger von der Beratung, sie stufen diese in einem Drittel der Fälle als erfolgreich ein.

(4) Aus Sicht der Klientinnen steht der Zugang durch Empfehlung der Richterinnen, selbst wenn sie als gewisser Druck empfunden wird, einer erfolgreichen Beratung nicht im Wege. Als hinreichende Bedingung für eine positiv verlaufende Beratung steht als zentraler Faktor, ob die Wandlung einer äußeren in eine innere Beratungsmotivation gelingt.

# 3. Der Beratungsprozeß

*Zentrale Fragestellung wie leite ich die Motivationsberatung*

Im Zentrum dieses Kapitels steht der Beratungsprozeß im engeren Sinne, so wie er im psychosozialen Bereich als Entwicklungs- und Interaktionsgeschehen definiert ist. Es soll an dieser Stelle jedoch nicht darum gehen, den Beratungsprozeß in all seinen Facetten und Details abzubilden. Wir verweisen hierzu auf die umfangreiche Fachliteratur über psychosoziale Beratung. In Komplexität, Zielen, Strategien, Phasen und Modellen der Beratung unterscheidet sich die Beratungsarbeit von FATS grundsätzlich nicht von der anderer Einrichtungen. Es sind jedoch einige Besonderheiten im Beratungsprozeß festzustellen, die aus den Rahmenbedingungen der Beratungsstelle resultieren. Diese sind für den Beratungsverlauf von großer Bedeutung und werden im folgenden - soweit möglich aus Sicht der Klientel - beschrieben. Die zentralen Fragestellungen lauten:
*Wie leisten die Beraterinnen Motivationsarbeit? Gibt es Schwerpunkte und Besonderheiten in der beraterischen Arbeit? Wie gestalten sich beispielsweise die Dauer des Beratungsverlaufs und das Setting? Wie arbeitet die Beratungsstelle im Sinne des Kindeswohls?*
Zuvor werden wir kurz die Aufgabenstellung der Beratung skizzieren, die sich aus der räumlichen Anbindung und der richterlichen Verweispraxis ergibt. Neben der Verweispraxis ist eine weitere grundsätzliche Rahmenbedingung der Beratung bei FATS in der Zusammenarbeit von Richterinnen und Beraterinnen zu sehen. Diese ist selbst einem Prozeßgeschehen unterworfen: Das Modell der praktizierten „institutionalisierten Kooperation" konnte sich erst allmählich entwickeln durch die Auseinandersetzung mit und die Annäherung grundsätzlich verschiedener Berufsb[...] Dieser Verständigungsprozeß soll daher ausführlicher nachgezei[...] werden, da die Erfahrungswerte für ähnliche Modellvorhaben von gr[...] Nutzen sein können.

## 3.1 DER SPEZIELLE BERATUNGSAUFTRAG VON FATS

Der Schwerpunkt der Beratungsarbeit liegt in der Unterstützung von [...]tern bei Regelungshilfen für das Umgangs- und Sorgerecht. Durch B[...]tung soll die Elternfunktion über Trennung und Scheidung hinaus zum Wohle der Kinder erhalten und gefördert werden. Die Art und Weise, wie die Beraterinnen die Aufgabe wahrnehmen, mit ihrem Angebot Eltern zu unterstützen, im wohlverstandenen Interesse ihrer Kinder zusammenzuar-

beiten sowie ihnen selbst die emotionale und konkret-praktische Bewältigung von Trennung und Scheidung zu erleichtern, variiert je nach Ausgangslage der Familie. Bei einem Teil der Eltern ist zu Beginn der Beratung nur eine äußerliche Motivation vorhanden. Der richterlichen Empfehlung wird nachgekommen, obwohl kein eigenes Interesse an Beratung
vorliegt. Darüber hinaus zeichnet sich ein großer Teil der Eltern durch
Hochstrittigkeit aus, das heißt die emotionale Bereitschaft für eine Einigung ist gering, zumeist sind zudem viele Rechtstatbestände strittig.

## Die Aufgabenstellung der Beratung

Grundsätzlich sind mit dem Beratungsangebot von FATS folgende Annahmen und Hoffnungen verbunden:

(1) Der Scheidungsprozeß besteht aus der juristischen Scheidung und der
innerlichen (emotionalen) Trennung.
(2) In der Beratung soll es gelingen, Fremdmotivation (richterliche Empfehlung) in Eigenmotivation umzuwandeln.
(3) „Familienwohl ist Kindeswohl": Hilfe für die Eltern bedeutet meist
auch Entlastung für die Kinder.

In der Beratungsstelle wird zunächst die Interessenlage der Klientinnen
erfragt. Ihre Wünsche werden in der Beratungsstelle gemeinsam rekon-
struiert. Neben den Regelungshilfen für das Sorge- und Umgangsrecht,
die den Kern des Beratungsauftrages ausmachen, wird ein weites Spektrum an Beratungsleistung abgefragt. Dies verlangt von den Beraterinnen
methodische Flexibilität.

„Also wir klären vorher erst ab, (...) was die Leute brauchen und dann sagen wir,
was wir anbieten können. Wenn beide es sich vorstellen können, dann können wir
Mediation anbieten. Es kann aber auch sein, daß einer sagt, ich bin heute zwar
dabei, aber ich habe überhaupt kein Interesse und der andere Elternteil sagt, ich
will aber Beratung haben, dann kriegt er Einzelberatung im Umgang mit dem
Kind, mit der Scheidung und Trennung." (Beraterin)

Nach Möglichkeit ist der erste Schritt immer eine Beratung mit beiden
Elternteilen. Im Interesse des Kindes / der Kinder ist es immer günstig,
wenn beide Eltern Bereitschaft zeigen, strittige Fragen gemeinsam anzu-
gehen. Nach dem Grundsatz „Familienwohl ist Kindeswohl" geht FATS
davon aus, daß Eltern für ihre Kinder am meisten tun können, wenn sie
miteinander kooperieren. Die Beratungsarbeit orientiert sich dabei an der
Leitfrage: „Wie kann unterstützt werden, daß Eltern nach der Scheidung
weiter Eltern sein können?" Nach Möglichkeit sollen am Ende der Bera-

tung 'sichtbare' Erfolge stehen: Vereinbarungen zwischen den Eltern, die Etablierung einer 'Streitkultur', gewonnene Einsicht in die Bedürfnisse des Kindes, Handeln in gemeinsamer Elternverantwortung beziehungsweise Kooperation im Sinne des Kindeswohls.

Methodischer Schwerpunkt des Beratungsprojektes ist die Mediation im engeren Sinne, welche die Bereitschaft des Paares zu gemeinsamen Gesprächen voraussetzt. Bei der Teilmediation steht eine familienpädagogische Orientierung im Mittelpunkt, die stets die Konflikte der Kinder im Blick hat, auch wenn diese in der Beratung nicht dabei sind (vgl. Kapitel 1). Grundgedanke der Mediation ist die Bemühung um praktische Lösungen, die gerade die Bedürfnisse der Kinder berücksichtigen. Wenn es gelingt, während der Beratungsgespräche eine elterliche Einigung zu Fragen des Sorge- und Umgangsrechtes zu erzielen, so kann dieser Vorschlag dem Familiengericht vorgelegt werden. Hier hat sich im Laufe der Jahre bei FATS eine Veränderung ergeben. Die Beraterinnen sind davon abgekommen, in vielen Fällen möglichst früh zu schriftlichen Vereinbarungen zu kommen, was zu Beginn des Projektes ein zentrales Ziel der Beratung war. „Die Berater haben im Laufe ihrer Arbeit festgestellt, daß es nicht immer sinnvoll ist, möglichst früh schriftliche Vereinbarungen zu fixieren, da diese Ängste oder Abwehr auslösen können. Mündliche Absprachen zur Regelung lassen dagegen den Eltern die Möglichkeit, sie eigenverantwortlich auszuprobieren und später gemeinsam zu ändern" (Lossen & Vergho 1995, S. 783). Wenn es möglich ist, mit den Betroffenen während der Beratung einen gemeinsamen Text für die Regelung von Sorge und Umgang zu erarbeiten, können die Beraterinnen darauf hinwirken, daß die Eltern selbst diesen Vorschlag vor Gericht einbringen. Aufgabe der Beratung ist es, Eltern zu befähigen und zu aktivieren, ihre eigenen Interessen zu vertreten.

Die Teilmediation - Mediation unter Ausklammerung juristischer Fragen - kennzeichnet nur einen methodischen Baustein des Modellprojekts. Sichtbar wird dies am Beispiel der Regelungshilfen für das Sorge- und Umgangsrecht, die mit *38%* nur einen von vielen Beratungsschwerpunkten bilden (vgl. Jahresstatistik FATS 1996). Darüber hinaus wird ein weites Spektrum beratender Leistungen angeboten: von den Hilfen bei der Verarbeitung von Trennung und Scheidung im Einzelfall bis hin zu direkten Hilfen für Kinder (vgl. Kap. 1). Wie im weiteren gezeigt wird, erfordern die Aufgabenstellungen methodisches Know-how aus Erziehungsberatung, Familienberatung, Paarberatung und Mediation sowie die Verknüpfung von mediativen mit therapeutischen Elementen.

Der gerichtsnahe Zugang bedingt jedoch, daß es neben den methodischen Bausteinen der Beratungsarbeit, die auf die besondere Aufgabenstellung abgestimmt sind, noch weitere grundlegende Handlungskonzepte braucht, um die inhaltlichen Ziele von FATS verwirklichen zu können. Im Konzept von FATS ist daher ein arbeitsteiliges Modell zwischen Beraterinnen und Juristinnen festgeschrieben, in dem beide Berufsgruppen auf formaler Ebene miteinander kooperieren sollen.

### 3.1.1 Der Rahmen: Zusammenarbeit zwischen Juristinnen und Psychologinnen im Projekt FATS

Das Projekt FATS soll gerade durch die Integration der Beratungsstelle in das Amtsgericht die unmittelbare Zusammenarbeit zwischen Familienrichterinnen und psychologischen Beraterinnen im Bereich der Sorgerechts- und Umgangsrechtsverfahren fördern. Eine inhaltliche Zusammenarbeit ohne Zustimmung der betroffenen Klientel wird ausdrücklich ausgeschlossen. Die Arbeit der Beraterinnen ist inhaltlich unabhängig von der der Richterinnen, die keine Weisungsbefugnis an die Beratungsstelle haben. Die Kooperation wird durch regelmäßige Teamgespräche in etwa sechswöchigem Abstand gewährleistet, wo „juristische Themen erörtert, organisatorische Fragen geklärt und Grundsätze und Praktiken von Beratung und Rechtsprechung gegenseitig zur Diskussion gestellt werden, ohne dabei die Schweigepflicht zu verletzen" (Konzeption FATS 1994, S. 11). Eine Besonderheit in der Zusammenarbeit besteht darin, daß sowohl die einzelnen Richterinnen wie auch die Beraterinnen nur an einem bestimmten Wochentag in den Räumen des Familiengerichts anwesend sind, so daß sich hier in der Regel personenbezogen paarweise Kooperationsformen im Alltag ergeben.

*Erwartungen der im Projekt beteiligten Familienrichterinnen und Beraterinnen*

Die Berufsgruppen der Beraterinnen und Richterinnen haben im familienrechtlichen Bereich traditionell keinen unmittelbaren persönlichen Kontakt miteinander[7], was auch im Konzept von FATS betont wird: „Das Selbstverständnis von Rechtswissenschaft und Psychologie ist sehr unterschiedlich, damit auch das Selbstverständnis der Arbeit von Psychologen und Richtern" (S. 16). Die Auswertung der Interviews mit den Mitarbeiterinnen des Projektes ergab, daß es zu Beginn des Modells Erwartungen und auch Vorbehalte gab, die sich im Laufe der Zeit verändert haben.

---

[7] Gutachtertätigkeit von Psychologinnen findet in der Regel allein auf der schriftlichen Berichtsebene ohne gegenseitigen Austausch statt. Bei FATS sind gutachterliche Funktionen der Psychologinnen konzeptionell ausgeschlossen.

Eine Richterin formuliert ihre Erwartung, die sie mit der Initiative zur Einrichtung der Beratungsstelle verknüpfte:

„Die weitaus überwiegenden Fälle waren Umgangsrechtsfälle, wo man gesehen hat, die Eltern können sich nicht auf den geringsten gemeinsamen Nenner einigen, die sind von ihren Absichten so weit auseinander, da sind Aggressionen und Mißverständnisse da, da kommt man mit der juristischen Argumentation nicht mehr weiter. Da war schon immer ein Bedürfnis da, daß man gesagt hat, man müsse auch von der psychologischen Seite Unterstützung haben." (Richterin)

In der institutionalisierten Zusammenarbeit mit den Psychologinnen erhofften sich die Richterinnen Unterstützung und Ergänzung in Situationen, wo man mit juristischen Mitteln alleine nicht weiterkommt:

„...wir können es uns auch nicht leisten. Wir haben Verhandlungen im Viertel-Stunden-Takt. Das klarzumachen, um dann zu merken, es geht um etwas anderes, als wie bloß um Uhrzeiten (des Umgangsrechts, d. Verf.) und so, das ist schon schwierig, das glaube ich, kann man nicht im Hauruckverfahren machen, da muß man mehrere Stunden Überzeugungsarbeit machen. (...) Ich denke auch, daß die (Beraterinnen, d. Verf.) das besser können als wir, weil wir Juristen sind es natürlich gewohnt, daß wir streiten und daß wir entscheiden in dem Sinne. Das liegt ja auch in der Natur der Sache, wir müssen ja zu einer Entscheidung kommen. Wir müssen jedes Verfahren irgendwie abschließen. Auf diese Weise treten wir natürlich immer irgend jemandem auf die Füße. Aber das ist unser Handwerk. Von daher glaube ich, sind wir schon von der Arbeitsweise her nicht so geeignet, auf die Leute zuzugehen, Verständnis zu erbitten und einen Tiefgang im seelischen Bereich zu erreichen. Das schafft nun ein Psychologe, der also von diesen Fremdzwängen befreit ist." (Richterin)

„Es ist nicht, weil es für uns weniger Arbeit macht, sondern weil es dann eine gewachsene Entscheidung ist und nicht eine von uns beschlossene Sache. Und wir wissen, wenn sich die wirklich mal zusammengerauft haben, durch die Beratungsstelle, dann ist das etwas, das funktioniert." (Richterin)

Bei den Beraterinnen sorgten die Unterschiede in den berufsspezifischen Denkweisen zu Beginn für Überraschungen:

„Wie entsetzt oder wie überrascht wir waren von der Arbeitsweise, wie die Richter mit den Leuten umgehen. Und wie leicht die auch Dinge nehmen, die für uns eine Tragweite haben, wo wir uns gar nicht trauen würden, das zu bestimmen." (Beraterin)

Die Distanz zwischen den Berufsgruppen hat sich durch das gegenseitige Kennenlernen verringert. Zu Beginn des FATS-Projektes hegten die Beraterinnen gegenüber der Justiz Respektgefühle. Aus der Rückschau wird festgestellt:

„... und was noch so ein angenehmes Nebenprodukt ist, daß wir das Innenleben der Justiz besser kennen auch schon mit dem Aspekt, daß diese respektvolle - fast Hörigkeit - auch relativiert wird. Das tut auch ganz gut." (Beraterin)

Zudem wurde der Erwartungsdruck als stark empfunden, welcher die eigenen Vorstellungen einer 'erfolgreichen Beratung' prägte und durch eine enge Zeitplanung seitens der Richterinnen noch verstärkt wurde:

„Also ich denke, ein Erwartungsdruck, zunächst einmal erfolgreiche Fälle liefern zu können. Ich denke schon, daß wir am Anfang die Vorstellung hatten, Erfolg ist nur dann, wenn wir mit den zerstrittenen Parteien zu einer einvernehmlichen Lösung kommen. Das war so der große Druck, den wir gespürt haben. Eine andere Geschichte, die da auch noch sehr aktuell war, daß von den Richtern am Anfang auch so ein Zeitdruck vorgegeben war, weil die einfach in kürzeren Abständen terminieren, wie die Beratung arbeiten kann. (...) Uns wurden von den Richtern Klienten geschickt, die wirklich so total zerstritten waren, also wirklich so die Spitze der Streitfälle, bei denen schon vieles versucht worden ist und man gescheitert ist" (Beraterin)

Die Beraterinnen schildern ihren Eindruck, daß die Richterinnen von ihnen Arbeitsansätze erwarteten, die sie selbst nicht teilen können:

„Die Vorstellung, Beratung ist etwas, was man klar machen kann, was in erster Linie argumentativ läuft." (Beraterin)

Ebenso sei die zeitliche Dimension der emotionalen Verarbeitung kaum wahrgenommen worden:

„... weil die einfach in kürzeren Abständen terminieren, wie die Beratung arbeiten kann" (Beraterin)

Die Teilnehmerinnen im Modellprojekt waren anfangs von ihren berufsspezifischen Vorstellungen und Vorbehalten geprägt. Wurden diese im Laufe des Projekts abgebaut?

*Zusammenarbeit im Projekt*

Die Auswertung der Interviews mit den Projektmitarbeiterinnen zeigt, daß inhaltlicher Erfahrungsaustausch über Einzelfälle bislang nicht stattfindet. Beide Seiten fühlen sich an die Schweigepflicht gebunden, die sehr streng eingehalten wird. Die Rückmeldung der Psychologinnen an die Richterinnen bezüglich einer abgelaufenen Beratung erfolgt lediglich über ein Formblatt, in dem mitgeteilt wird, ob die Beratung noch andauert, ob sie abgebrochen oder bereits beendet ist. Die Richterinnen können das weitere Verfahren entsprechend der Antwort terminieren. Dauert die Beratung an, wird der Anhörungstermin hinausgeschoben.
Beide Berufsgruppen bekunden in den Interviews - neben der Einsicht in die Notwendigkeit der Verschwiegenheit - ihr Interesse und ihre Neugier, sich mehr über einzelne Fälle austauschen zu können. Es klingt sogar Bedauern heraus, über den Beratungsprozeß inhaltlich nicht informiert zu sein (Richterinnen) oder das Gericht bei gewissen Schritten nicht einbeziehen zu können (Beraterinnen). Eine Richterin antwortet auf die Frage,

wie es ihr damit gehe, niemals über Informationen bezüglich eines Beratungsverlaufs zu verfügen:

„... das ist etwas mißlich, weil ich nicht so recht weiß, wo ich weitermachen soll. Es vergeht Zeit, dann frage ich einmal an und kriege dann das Formular zurück und weiß, die Beratung dauert noch an. Das kann viel bedeuten. Das kann bedeuten, daß der Konflikt nach wie vor da ist, daß es vielleicht sogar noch schlimmer wird, oder daß es aufwärts geht, weil sie alle noch bei der Beratung sind. Aber das ist halt etwas, was ich in Kauf nehmen muß." (Richterin)

Um einen Einblick in die fachliche Tätigkeit der Beraterinnen zu erhalten, nehmen die Richterinnen gelegentlich an Fallsupervisionen der Psychologinnen teil. Dies gilt ausdrücklich nur für Fälle, die die Richterinnen selbst nicht bearbeiten, um dem Prinzip der Verschwiegenheit Rechnung zu tragen.

Auch auf Beraterinnenseite besteht der Wunsch nach fallbezogener Zusammenarbeit:

„Manchmal haben wir festgestellt, wir wünschen uns, manchmal auch fallbezogen mit den Richtern zusammenarbeiten zu können, einfach weil man dann bei manchen Fällen bestimmte Beratungsschritte, die man vollzogen hat, deutlicher machen kann. Manchmal hat man das Bedürfnis, etwas zu erklären. Oder man denkt, hoffentlich entscheidet der Richter das so, weil so wäre es gut und sinnvoll." (Beraterin)

Die Schweigepflicht ist eine Schranke, die eine fallbezogene fachliche Kooperation zwischen Richterinnen und der Beratungsstelle erheblich erschwert oder unmöglich macht. Sie wird als Grundlage der Beratungsarbeit von den Beraterinnen bei FATS besonders sorgfältig eingehalten, da aufgrund der Nähe zum Gericht die institutionelle Unabhängigkeit der Beratungsstelle besonders hervorgehoben wird. Die Sorge vor einem Image- beziehungsweise Legitimationsverlust spiegelt sich in folgendem Zitat wider:

„Ich denke, das ganze Image der Stelle oder auch der Sinn der Stelle, der ganze Rahmen, auch das Gefühl, daß man wirklich über alles reden kann und eine Einigung finden kann, wenn (...) wir das, was hier besprochen wird, weitergeben, dann brauchten wir das gar nicht mehr." (Beraterin)

Die Schweigepflicht muß aber kein unüberwindbares Hindernis des direkten Austausches darstellen. Es besteht im Einzelfall die Möglichkeit, mit den Eltern darüber zu sprechen, ob sie ihr Einverständnis zu einem Erfahrungsaustausch zwischen Richterinnen und Beraterinnen geben, dessen Rahmen mit ihnen zusammen festgesteckt wird.

*Veränderungen durch die räumliche Zusammenarbeit*

Regelmäßig alle sechs Wochen findet ein Arbeitsgespräch zwischen Richterinnen und Beraterinnen statt. Dieser nicht auf den Einzelfall bezogene Erfahrungsaustausch wird von beiden Berufsgruppen geschätzt:

„Und diese Beratungsstelle, die an das Gericht angegliedert ist, bietet die einmalige Gelegenheit des direkten Erfahrungsaustausches zwischen Psychologen und Juristen. Wir lernen, wie die Psychologen arbeiten und die Psychologen lernen, wie überhaupt die Justiz funktioniert."(Richterin)

Die Teamgespräche dienen unter anderem dazu, gegenseitige Erwartungshaltungen zu klären und auf ein realistisches Maß zu bringen. Dazu eine Richterin:

„Da haben wir am Anfang sicher die Berater überfordert, weil wir auch gerade in hochstrittigen Familien geglaubt haben, daß sie sich einigen können ... Die haben immer gedacht, die Richter wollen eine Einigung. Bis dann mal herausgekommen ist, daß wir keine Einigung haben wollen, das können wir auch selber. ... Die Berater wissen selbst, daß wir vielmehr bei unserer Arbeit diese emotionale Hilfe haben wollen ... So sollen die Kinder erleben, daß die Eltern sich über ihre Probleme auseinandersetzen, sei es zunächst eine ganz fiese Auseinandersetzung, das heißt sozusagen, daß die Dinge nicht mehr unter dem Teppich bleiben, sondern auf den Tisch kommen, weil dies sicher eine Entlastung der Kinder gibt, ganz egal, wie auch immer hinterher das Ergebnis der Geschichte aussieht." (Richterin)

Eine Beraterin ergänzt, daß sich der anfängliche Zeitdruck deutlich verringert hat:

„Ich glaube schon, daß die Richter jetzt schon bei ihrer Terminierung, wenn die mal was aussetzen, uns keinerlei Druck mehr machen, also da spüre ich ihn am allerwenigsten noch, daß man da unter Zeitdruck schnell zu einem Ergebnis kommen soll. Die haben das sicher mitgekriegt, daß das eine Zeit dauert." (Beraterin)

Die Beraterinnen überprüften im Projektverlauf ihre Annahmen, ob und wie sie mit gering motivierter Klientel arbeiten können:

„... das heißt, der Druck ist geringer geworden, weil man zum einen gespürt hat, daß man mit der Motivation arbeiten kann, also diese Fremdmotivation kann man stückweise in Eigenmotivation umwandeln und zum Teil ist es nicht notwendig, daß eine völlige Eigenmotivation da ist." (Beraterin)

Sie machten die Erfahrung, daß sich durch Beratung die Motivationslage der Eltern deutlich ändern kann. In der Arbeit mit (zunächst) fremd motivierten oder wenig motivierten Klientinnen lagen auch neue Herausforderungen für die Beraterinnen:

„Was wir so in der bisherigen Arbeit nicht erlebt haben, wir haben plötzlich auch vielmehr um Leute geworben. In der Beratungsstelle haben wir schon mehr die Einstellung, wir stehen ihnen gerne zur Verfügung, wir können ihnen nützlich sein." (Beraterin)

Inzwischen besteht eine verbesserte Kenntnis der Arbeitsinhalte und Arbeitsweise des jeweils anderen Berufsfeldes. Wurde die andere Herangehensweise zunächst noch als fremd und manchmal schwer nachvollziehbar empfunden, so hat das Kennenlernen schließlich zu einer Einschätzung geführt, die von gewachsenem Verständnis geprägt ist:

„Das ist auch etwas, was ich kapiert habe. Daß die gar nicht so herangehen können wie wir. Da kämen die oft in Teufels Küche. (...) Ich finde es eigentlich toll,
daß die Zusammenarbeit miteinander bestehen kann." (Beraterin)

Im Projekt wurden zwischen den Berufsgruppen Kooperationsformen gefunden und Vorbehalte überwunden, die verbesserte Zusammenarbeit
dient letztlich den betroffenen Eltern und ihren Kindern. Wünschenswert
wäre, daß mit den Eltern konstruktive Wege gefunden werden, die einen
Erfahrungsaustausch im konkreten Fall ermöglichen. Ohne die räumliche
und damit auch institutionelle Nähe wäre der Brückenschlag sicher nicht
in dem hier geschilderten Ausmaß geglückt.


## 3.2 Charakteristika des Beratungsverlaufs

Wie in Kapitel 2 dargestellt, kann der Zugang zur Beratungsstelle am
Amtsgericht auf unterschiedliche Weise erfolgen und ein beachtlicher
Teil - etwa die Hälfte - der Eltern kommen auf eigene Initiative oder jedenfalls nicht über das Gericht zu FATS. Auch die Tatsache, daß Eltern
nicht unbedingt nur aus freien Stücken eine Beratungsstelle aufsuchen,
trifft auf andere Beratungsstellen, beispielsweise im Erziehungsbereich,
genauso zu.
Dennoch befindet sich durch den gerichtsnahen Zugang ein großer Teil
der Eltern in einer sehr gespannten emotionalen Situation, und eine Kooperationsbereitschaft mit dem Trennungspartner beziehungsweise der
Trennungspartnerin muß erst in der Beratung hergestellt werden. Zu den
gerade bei gerichtsnahem Zugang außerordentlich wichtigen Hinweisen
auf Freiwilligkeit und Verschwiegenheit müssen weitere inhaltliche und
methodische Vorgehensweisen kommen, um den Einstieg in die Beratung
zu erleichtern und die Kooperation der Eltern in Fragen des Sorge- und
Umgangsrechts zu erreichen oder zu unterstützen.

### 3.2.1 Der Einstieg in die Beratung: Kontaktanbahnung über Gericht und
Motivationsarbeit

Die Kontaktanbahnung über Gericht und Motivationsarbeit für die Nut-
zung der Beratung stehen in einem engen Zusammenhang, da gerade bei
Zugang über Gericht vermehrt von einer äußeren Motivation der Eltern
ausgegangen werden muß. Durch die unterschiedlichen Methoden des
Verweisens der Richterinnen ergeben sich deutliche Unterschiede in der
Wartezeit für die Klientinnen: Wer direkt vom Verhandlungsraum in die
Beratungsstelle begleitet wird, muß keine Wartezeit in Kauf nehmen, hat
aber gleichzeitig kaum Bedenkzeit, ob psychologische Beratung zu die-

sem Zeitpunkt überhaupt erwünscht ist. Bei den Mitarbeiterinnen des Modellprojektes besteht in dieser Frage keine Einhelligkeit. Einerseits existiert die Idee, zumutbare Wartezeiten könnten als Selektionsmittel helfen, damit keine gering Motivierten die Beratungskapazitäten blockieren (vgl. Konzeption FATS 1994, S. 12). Es gibt auf der anderen Seite die Erfahrung, daß viele unmittelbar vermittelte Klientinnen erfolgreich beraten werden können:

„Am Anfang dachten wir, mit dieser Motivation kann man ja unmöglich Beratung machen oder ist Beratung ganz schwierig, aber irgendwie ist das im Lauf der Zeit doch sichtbar geworden, daß Beratung möglich ist und geht." (Beraterin)

Wie lassen sich die zerstrittenen Eltern zur Kooperation bewegen beziehungsweise wie kann in der ersten Beratungsstunde erreicht werden, daß sie sich auf die Beratung einlassen? Die Strategie der Beraterinnen ist, die Eltern ganz bewußt auf die Verantwortung dem Kind gegenüber anzusprechen, über die psychische Situation des Kindes aufzuklären und die Kooperation im Sinne des Kindeswohls (Kooperation auf Elternebene) einzufordern.

*Motivationsarbeit der Beraterinnen: Methodisches Vorgehen*

(a) Betonung der Freiwilligkeit

„Also was häufig ist gerade bei Leuten, wo man den Eindruck hat, die direkt rüber geschickt werden, die Situation ansprechen. Also daß häufig ein Druck oder eine Verpflichtung da ist, weil der Richter den Vorschlag gemacht hat, also daß man diese Situation anspricht mit einer gleichzeitigen Betonung der Freiwilligkeit und auch der Gleichwertigkeit bei Inanspruchnahme der Beratung und der Nichtinanspruchnahme."

(b) Normalisierung der Situation

„Also gerade am Anfang finde ich es oft ganz wichtig, die „Normalisierung" dieser speziellen Situation. Also daß einfach sehr viele Leute in dieser Situation sind und so reagieren und unter diesem Druck leiden. Also daß die sich nicht immer so in das Eck gestellt fühlen. Ich denke, das ist gerade am Anfang ganz wichtig, weil doch immer noch eine gewisse Hemmschwelle da ist."

(c) Kindeswohl

„Und gerade das Ansprechen von Muttersein und Vatersein, weil die das ja alle wollen, ich denke, die fühlen sich damit auch angesprochen, und daß es im Moment Schwierigkeiten gibt, das zu regeln. Und wenn ich dann versuche, denen vorzustellen, wenn jetzt ihre Kinder hier wären, wie wäre das denn. Was glauben Sie, was wünschen sich die Kinder, was möchte die und wie könnten Sie jetzt als Mutter für die Kinder handeln, daß es für Sie auch paßt und als Vater genauso? Also ohne Druck, aber um die Gefühlsebene herzustellen."

## (d) Befürchtungen wegnehmen

„Und noch ein Punkt: Befürchtungen wegnehmen. Also daß man die auch fragt, was das Schlimmste ist, was ihnen in dem Gespräch passieren kann. Oder was sie auf keinen Fall haben.möchten, daß passiert? Und das einfach deswegen, weil da ja doch Hemmschwellen da sind."

(e) Zwei weitere Techniken, die genannt wurden, sind Lösungen fokussieren und

(f) die Eigenkompetenz der Eltern stärken.

Ein wesentliches Kriterium für einen erfolgreichen Beratungsverlauf ist die Frage, inwieweit es im Beratungsprozeß gelingen kann, durch entsprechende Motivierungsarbeit eine äußere Beratungsmotivation (Empfehlung der Richterinnen) in eine innere umzuwandeln, gleichsam als Voraussetzung dafür, daß ein erfolgversprechendes 'Beratungsbündnis' zwischen Klientin und Beraterin zustandekommen kann.

Von zentraler Bedeutung ist auch die Betonung der Schweigepflicht, da Vertraulichkeit die wichtigste Voraussetzung für das Gelingen einer Beratung ist. Die Erfahrung der Beraterinnen zeigt, daß die meisten Klientinnen die Schweigepflicht der Beraterinnen mit einem Gefühl der Erleichterung begrüßen und als Schutz empfinden. Für manche hingegen bedeutet die Verschwiegenheit eine Enttäuschung, da sie sich durch die Beratung Vorteile vor Gericht erhoffen. In unserer Elternbefragung äußern diese Erwartung jedoch nur 7,3% der Ratsuchenden, sie hat also insgesamt einen untergeordneten Stellenwert.

### 3.2.2 Prozeßstatistische Angaben zu Setting, Dauer und Beraterinnenkontakt

*Gestaltung des Beratungssettings*

Die Beraterinnen von FATS sind sehr flexibel in der Gestaltung des Beratungssettings. Im ersten Schritt wird an der Beratungsstelle am Amtsgericht immer versucht, beide Eltern gemeinsam in das Beratungsgeschehen einzubeziehen. In manchen Fällen scheinen allerdings gemeinsame Termine nicht sinnvoll, selbst wenn beide Partnerinnen mit der Beratung einverstanden sind - beispielsweise wenn ein Paar auf sehr unterschiedlichen Stufen der Trennungsverarbeitung steht. In solchen Fällen können beide Partnerinnen zunächst getrennt beraten werden und gegebenenfalls zu einem späteren Zeitpunkt zusammen, wenn eine gemeinsame 'Scheidungsreife' vorliegt. Auch wechselnde Formationen (Einzelgepräche, Termine mit beiden Eltern, Elternteil-Kind-Sitzungen etc.) sind möglich, um zu einer am Kindes- und Familienwohl orientierten Konfliktlösung zu kommen. Allparteilichkeit ist ein expliziter Inhalt des Konzeptes von FATS (S. 18). Da es gerade bei Eltern mit hohem Konfliktniveau für eine Beraterin alleine schwierig ist, als allparteiliche Vermittlerin akzeptiert zu werden, finden in ca. *10% aller Termine Co-Beratungen statt.* Die Zahl an Co-Beratungen hat bei FATS zugenommen, was vermutlich damit zusammenhängt, daß die Beratungsstelle von der Mehrheit der Klientinnen in einer besonders sensiblen Phase der Trennung in Anspruch genommen wird. „Nach wie vor wird unser Beratungsangebot *überwiegend* von Eltern *vor und während eines Scheidungsverfahrens* in Anspruch genommen" (Jahresbericht 1996, Hervorhebungen i.O.). Generell wird Beratung in der Scheidungsphase am wenigsten in Anspruch genommen[8].

Co-Beratung vergrößert die Projektionsmöglichkeiten für die Eltern und macht es den Beraterinnen leichter, sich wechselseitig in die verschiedenen Elternteile einzufühlen, um so den unterschiedlichen Bedürfnissen beider Elternteile gerecht zu werden. Der Trend zu vermehrter oder ausschließlicher Co-Beratung findet sich auch in der Literatur zur Sorgerechts- und Umgangsberatung (vgl. Scheuerer-Englisch 1993).

*Dauer der Beratung und Kontakt zur Beraterin*

Im Durchschnitt haben Klientinnen in der Beratungsstelle sechs Termine, wobei fast 57% zu weniger als drei Terminen kamen und ca. jede siebte mehr als zehn Termine wahrnahm.

Die folgende Tabelle zeigt, daß die Zufriedenheit mit der Anzahl der Termine stark variiert in Abhängigkeit davon, für wen die Beratungsstunden gedacht waren.

---

[8] Vgl. Menne et al. (1993), S. 15. In der Literatur wird die geringe Inanspruchnahme von Beratung während der akuten Scheidungsphase mit mangelhaften Voraussetzungen innerhalb des juristischen Systems in Verbindung gebracht, beratende Hilfe in Anspruch zu nehmen. Die Autoren schlagen eine verbesserte Kooperation von Beratungsstellen und Familiengerichten vor - genau das, was FATS als Modellprojekt zu verwirklichen sucht.

| Zielgruppe Klientel "Die Anzahl der Beratungstermine war ausreichend für ..." | Zufriedenheit mit Anzahl der Termine in % |
|---|---|
| "...mich selbst" | 77% |
| "...für meine/n ehemalige/n Partner/in" | 69% |
| "...für uns als Eltern" | 58% |
| "...für das/die Kind/er" | 42% |

Tabelle 6: Zufriedenheit mit der Anzahl der Beratungstermine (Elternbefragung 1996, N=220)

Die Mehrzahl der Klientinnen (77%) befand die Anzahl der Termine für sich selbst als ausreichend. Für andere Beratungskonstellationen hätte sich eine größere Gruppe von Eltern mehr Termine gewünscht. Nicht einmal die Hälfte der Eltern, die diese Frage beantwortet haben, fand die Anzahl der Termine für ihr Kind / ihre Kinder ausreichend. Diese Zahl spricht eindeutig für einen verstärkten direkten Einbezug der Kinder in das Beratungsgeschehen.

Länger dauernde Beratungen (über zehn Stunden) erfahren besonders häufig eine erfolgreiche Bewertung durch die Eltern. Bei den kürzeren Beratungen von maximal drei Stunden fanden wir erwartungsgemäß häufiger Beratungsabbrüche. Wie bereits erläutert, versuchen die Beraterinnen bei zunächst nur äußerlich motivierten Eltern, eine innere Bereitschaft für das (gemeinsame) Gespräch zu fördern. Dabei erweist sich in manchen Fällen Beratung als nicht sinnvoll, beispielsweise wenn es in einer Beziehung zum fraglichen Zeitpunkt gerade nicht um Einigung, sondern vielmehr um Kampf geht, oder weil die Kräfteverteilung während der ehelichen Beziehung höchst ungleich war.

Interessant sind Aussagen von Klientinnen, wie sie den Verlauf der Beratung subjektiv einschätzten. Unser Ergebnis zeigt, daß es manche der Ratsuchenden als schwierig empfanden, in Beratung zu gehen. Dies sagen etwa ein Viertel der Frauen und ein Fünftel der Männer. Dem gegenüber stehen 52% aller Frauen und 59% aller Männer, die äußern, sie seien gerne in Beratung gegangen. Dies ist eine recht hohe Zahl, wenn man bedenkt, daß Trennung und Scheidung ein sehr sensibles Thema ist und sich die betroffenen Eltern in einer emotional extrem belasteten Situation befinden.

Betrachtet man dieses Ergebnis im Zusammenhang mit dem Berufsabschluß der Eltern, so zeigt sich, daß Eltern mit Abitur es am schwierigsten fanden, in die Beratung zu gehen (30% im Vergleich zu Eltern mit Hauptschulabschluß 23,2 % und Mittlerer Reife 14,8 %). Insgesamt jedoch spielte die schulische Bildung bei dieser Bewertungsfrage nur eine untergeordnete Rolle und hat zu keinen nennenswerten Tendenzen im Antwortverhalten geführt.

| „Wenn Sie den Verlauf der Beratung betrachten, welche der untenstehenden Aussagen trifft am ehesten zu?" | Nennungen in der Reihenfolge der Gesamthäufigkeit | | |
|---|---|---|---|
| | Frauen | Männer | Gesamt |
| Ich bin (meist) gerne in die Beratung gegangen | 52,3 % | 59,0 % | 54,9 % |
| Die Beratung hat mich zum Nachdenken gebracht. | 60,0 % | 47,0 % | 54,9 % |
| Es war (manchmal) schwierig, in Beratung zu gehen. | 24,6 % | 20,5 % | 23,0 % |
| Es war der falsche Zeitpunkt für Beratung. | 8,5 % | 13,3 % | 10,3 % |
| Ich habe schnell alles vergessen, was mit dem Berater/der Beraterin besprochen wurde. | 1,5 % | 1,2 % | 1,4 % |

Tabelle 7: Verlauf der Beratung (Elternbefragung 1996, N=213)

Auf die Frage „Wie würden Sie sagen, war insgesamt Ihr Kontakt zu Ihrer Beraterin beziehungsweise Ihrem Berater?" gab eine weit überwiegende Mehrheit (84%) an, einen guten bis sehr guten Kontakt gehabt zu haben. Dabei spielen Bildungsabschluß und Geschlecht kaum eine Rolle, nur bei sehr gutem Kontakt sind Abiturientinnen überdurchschnittlich häufig vertreten.

Schaut man sich die Qualität des Klientin-Beraterin-Kontakts genauer an, so ergibt sich insgesamt eine sehr positive Bewertung durch die Eltern. Diese ist charakterisiert durch ein hohes Maß an Vertrauen und Offenheit. Aus unten stehender Tabelle wird ersichtlich, daß bei den Mehrfachnennungen folgende Items an erster Stelle standen: 'Ich konnte offen über meine Probleme sprechen' (72,9%), 'Ich habe mich verstanden gefühlt' (57,5%), 'Ich hatte Vertrauen zu meinem Berater/meiner Beraterin' (52,9%) und 'Das Wohlergehen meines Kindes/meiner Kinder stand im Zentrum der Beratung' (51,6%).

Nur für wenige Eltern (4,1%) war es von Bedeutung, ob sie mit einem männlichen Berater oder mit einer weiblichen Beraterin sprachen. Die Mütter konnten insgesamt etwas offener sein und hatten häufiger das Gefühl, die Beraterin auf ihrer Seite zu haben (20,9% im Vergleich zu 5,7% Väter). Dementsprechend tendierten die Väter dazu anzukreuzen, die Beraterin stand auf seiten der Ex-Frau (13,8%), wohingegen nur 6,7% der Frauen das Gefühl hatten, die Beraterin habe parteiisch für den Ex-Mann gewirkt. Der überwiegende Teil der Eltern aber empfand die Beraterin als unparteiisch (50% der Frauen und 63,2% der Männer). In den Bewertungen unterschieden sich die Eltern - gruppiert nach Bildungsunterschieden - kaum: Es ergab sich lediglich auch hier eine leichte Tendenz der Eltern mit Abitur zu einer etwas positiveren Beurteilung der damaligen Beratungssituation.

| „Welche der unten stehenden Aussagen über die damalige Beratungssituation treffen zu?" | Nennungen in der Reihenfolge der Gesamtäufigkeit | | |
|---|---|---|---|
| | Frauen | Männer | Gesamt |
| Ich konnte offen über meine Probleme sprechen. | 77,6% | 65,5 % | 72,9 % |
| Ich habe mich verstanden gefühlt. | 57,5 % | 57,5 % | 57,5 % |
| Ich empfand den Berater / die Beraterin als unparteiisch. | 50,0 % | 63,2 % | 55,2 % |
| Ich hatte Vertrauen zur Beraterin/zum Berater. | 53,7 % | 51,7 % | 52,9 % |
| Das Wohlergehen meines Kindes/meiner Kinder stand im Zentrum der Beratung. | 49,3 % | 55,2 % | 51,6 % |
| Ich habe mich gut beraten gefühlt. | 38,8 % | 32,2 % | 36,2 % |
| Ich hatte das Gefühl, der Berater/die Beraterin stand auf meiner Seite. | 20,9 % | 5,7 % | 14,9 % |
| Der Berater/die Beraterin lag persönlich nicht so auf meiner Wellenlänge. | 10,4 % | 9,2 % | 10,0 % |
| Ich hatte das Gefühl, der Berater/die Beraterin stand auf der Seite meines Partners/meiner Partnerin. | 6,7 % | 13,8 % | 9,5 % |
| Manchmal hatte ich das Gefühl, ich kann ihm/ihr nicht alles sagen. | 6,7 % | 2,3 % | 5,0 % |
| Von einer Frau hätte (habe) ich mich besser beraten gefühlt. | 4,5 % | 3,4 % | 4,1 % |
| Von einem Mann hätte (habe) ich mich besserberaten gefühlt. | 3,0 % | 5,7 % | 4,1 % |

Tabelle 8: Kontakt zur Beraterin (Elternbefragung 1996, N=221)

Während des Beratungsverlaufs konnte über ein Drittel der Eltern ihre entscheidenden Fragen und Anliegen abklären. Ein leichter Unterschied zeigt sich zwischen Frauen und Männern: Die Mütter konnten mehr aus der Beratung gewinnen als die Väter, die außerdem etwas häufiger der Ansicht waren, daß die Beraterin sonst weiter nichts mehr für sie tun konnte. Tabelle 9 führt die Gründe auf, die zur Beendigung der Beratung bei FATS geführt haben. Daraus wird deutlich: Viele Beratungen fanden ihr Ende in der Tatsache, daß die ehemalige Partnerin nicht an der Beratung teilnahm und eine Einzelberatung von dem interessierten Elternteil als sinnlos erachtet wurde. Immerhin scheiterte die Fortsetzung der Beratung aus diesem Grund aus Sicht nahezu eines Viertels der Befragten.

| „Wie kam es dazu, daß die Beratung abgeschlossen wurde?" | Nennungen in der Reihenfolge der Gesamthäufigkeit | | |
|---|---|---|---|
| | Frauen | Männer | Gesamt |
| Meine entscheidenden Fragen und meine Anliegen waren geklärt. | 37,9 % | 31,0 % | 35,2 % |
| Der Berater/die Beraterin konnte nichts mehr weiter für mich/uns tun. | 25,8 % | 31,0 % | 27,9 % |
| Mein(e) damalige(r) Partner(in) wollte nicht mit in die Beratung gehen, deshalb hatte es keinen Sinn weiterzumachen. | 23,5 % | 26,4 % | 24,7 % |
| Sonstiges[9] | 25,0 % | 19,5 % | 22,8 % |
| Meine Interessen ließen sich nicht verwirklichen, deshalb sah ich keinen Sinn mehr darin weiterzumachen. | 12,1 % | 13,8 % | 12,8 % |
| Die Beratung ist noch nicht abgeschlossen. | 14,4 % | 9,2 % | 12,3 % |
| Der Berater/die Beraterin sagte nicht, ich solle wiederkommen | 5,3 % | 10,3 % | 7,3 % |
| Ich habe gemerkt, es ist nicht die richtige Anlaufstelle. | 3,8 % | 3,4 % | 3,7 % |
| Es war nicht der richtige Berater/die richtige Beraterin. | 1,5 % | 2,3 % | 1,8 % |
| Ich habe die Beratungsstelle gewechselt. | 1,5 % | 1,1 % | 1,4 % |

Tabelle 9: Abschluß der Beratung (Elternbefragung 1996, N = 219)

### 3.2.3 Vermittlung zur außergerichtlichen (Konflikt-)Regelung im Zusammenhang mit Sorge- und Umgangsrecht

FATS bietet Beratung in Sorgerechts- und Umgangsfragen mit mediativen Elementen. Die Trennschärfe zu der Mediation, wie sie von den Rechtsanwältinnen ausgeübt wird, soll erhalten bleiben. Der Begriff Teil-Mediation ist demnach als enger Mediationsbegriff zu sehen, der auf Fragen des Sorge- und Umgangsrechts beschränkt ist und beispielsweise Fra-gen des Unterhalts oder sonstige rechtlich zu klärende Fragen ausschließt. Andere Familienberatungsstellen bieten die Möglichkeit der Vollmediation an, was von den FATS-Mitarbeiterinnen mit Hinweis auf eine familienpädagogische Orientierung und das geltende Rechtsberatungsgesetz abgelehnt wird.[10]

---

[9] In der Reihenfolge der Häufigkeit wurden hier folgende Ursachen genannt: Wegzug, das unangenehme 'Autreten' der Ex-Partnerin, Zeitmangel, neue (Ehe-)-Beziehung, Beginn einer Psychotherapie oder ähnlicher Hilfen, juristische Regelungen hatten Vorrang und weitere Einzelnennungen.

[10] Die Jahres- und Arbeitsberichte des Familien-Notrufs München belegen, daß die Diskussion zur Entwicklung der Interdisziplinarität in der Mediation aktuell ist

Als wie sinnvoll sich diese Einschränkung erweist, ist abschließend im Modellprojekt noch nicht geklärt: „Die Vermittlung im Rahmen der FATS legt ihren Schwerpunkt auf Fragen des Sorge- und Umgangsrechts, anders als in den USA, wo Vermittlung meist für alle Bereiche der Scheidung, also auch die finanziellen und materiellen, angeboten wird. Im Trennungskonflikt ist es Eltern oft nur schwer möglich, einvernehmliche Vorschläge bezüglich des Sorgerechts zu machen, wenn gleichzeitig andere Folgesachen strittig bei Gericht anhängig sind" (Konzeption FATS 1994). Eine grundsätzliche Ausklammerung finanzieller Aspekte kann die Voraussetzungen für eine erfolgreiche Beratung erschweren oder sogar unmöglich machen (vgl. Fallbericht Familie L. im Kapitel 2). An dieser Stelle möchten wir darauf hinweisen, daß gerade das wirtschaftliche Wohlergehen einen wichtigen Aspekt des Kindeswohls darstellt. Das Bemühen, ein Arrangement für Sorge und Umgang zu finden, wirkt sich bei Ausschluß von Unterhaltsfragen oft zum Nachteil der Mütter und Kinder aus. In ökonomischer Hinsicht stellt dies für die Kinder ein großes Risiko dar, bedenkt man, daß zu den Folgen der Scheidung oft ein wesentlich niedrigerer Lebensstandard für die Kinder gehört (vgl. Furstenberg & Cherlin 1991, S. 76f.).

Das Modell grenzt sich ab gegenüber Beratungsthemen, die nicht direkt mit dem Sorge- beziehungsweise Umgangsrecht in Zusammenhang stehen:
„Mediationsverfahren, wo der Unterhalt die vorrangige Rolle spielt, das glaube ich, ist der Unterschied zu Modellen, wo eben nicht Mediation im klassischen Sinne angeboten wird, was ja auch eher Juristen machen sollen. Sondern bei uns ist wirklich das Kindeswohl im Vordergrund. Güterrecht, Kinderunterhalt, Ehegattenunterhalt bleibt eigentlich außen vor, deswegen sind wir kein Mediationsprojekt." (Richterin)

Die Abgrenzung gegenüber Unterhaltsfragen in der Beratung geschieht ebenso in anderen Beratungsstellen. Das ist auch notwendig, wenn darunter juristische Auskunft verstanden wird, denn dazu sind die Beraterinnen weder kompetent noch autorisiert. Bei Bedarf weisen die Beraterinnen von FATS die Eltern zur Klärung finanzieller Fragen ausdrücklich auf die Anwältinnen hin. Die Diskussion im Modellprojekt um die eigene Verortung im Spannungsfeld Mediation und psychosoziale Beratung ist noch nicht abgeschlossen. Das Prinzip der Vollmediation wird aufgrund des Rechtsberatungsgesetzes als ausschließliches Arbeitsfeld der Rechtsanwältinnen gesehen. Gleichzeitig liegen Erfahrungswerte vor, daß das Ausklammern von Unterhaltsfragen oft ein Machtungleichgewicht zuungunsten der Frauen mit sich bringt. Manche Mütter sind bereit, mit dem Verzicht auf Unterhalt dafür zu zahlen, daß der Vater auf Sorgerecht und/oder Besuchsrecht verzichtet und Väter erklären sich bereit, auf diesen Handel einzugehen. In un-

---

und sich sehr viel im Fluß befindet, was die Möglichkeiten der Vollmediation angeht.

serer Befragung gaben nahezu die Hälfte der sorgeberechtigten Eltern an, mit den Unterhaltszahlungen nicht zufrieden zu sein (N= 220).

In manchen Fällen ist es denkbar, daß nach einer Vermittlungstätigkeit bei FATS allgemeine erziehungsbezogene Fragen im Mittelpunkt stehen, die nicht direkt mit der Trennungs- und Scheidungssituation in Zusammenhang stehen. Dann erweist sich die Anbindung von FATS an die Beratungsstellen des Diakonischen Werkes als großer Vorteil: Die Beratung kann - nun mit einem anderen Schwerpunkt - an der Erziehungsberatungsstelle fortgesetzt werden. In methodischer Hinsicht erfüllt die Anbindung an die Diakonie eine wichtige Funktion: Die Beratungsinhalte, die aus dem engen Zuschnitt der FATS-Beratung herausfallen (mehr therapeutische oder erziehungsberaterische) können - in manchen Fällen sogar ohne Wechsel der Beratungsperson - in der Diakonie weiterbearbeitet werden. Die enge Kooperationsmöglichkeit mit den Beratungseinrichtungen der Diakonie ist expliziter Bestandteil der Konzeption von FATS, um den Ratsuchenden ein auf ihre Bedürfnisse zugeschnittenes Hilfsangebot machen zu können, „ohne daß eine weitere Aufsplitterung und damit Unüberschaubarkeit der psychosozialen Beratungsdienste erfolgt" (vgl. Konzeption FATS 1994, S. 2).

Das Angebot an Beratungsthemen und Schwerpunktsetzungen spiegelt sich in der Wahrnehmung der Eltern wider. Tabelle 10 gibt einen Überblick über die Themen, die aus Sicht der Eltern Gegenstand und Schwerpunkt der Beratung waren.

| „Welche Themen wurden in der Trennungs- und Scheidungsberatung besprochen?" | Nennungen in der Reihenfolge ihrer Gesamthäufigkeit | | |
|---|---|---|---|
| | Frauen | Männer | Gesamt |
| Meine Beziehung zu meinem Kind/meinen Kindern | 61,4 % | 82,8 % | 69,9 % |
| Meine Beziehung zu meinem Ex-Partner/meiner Ex-Partnerin | 62,1 % | 57,5 % | 60,3 % |
| Fragen zum Umgangsrecht | 54,5 % | 57,5 % | 55,7 % |
| Sorgerechtsfragen | 40,9 % | 57,5 % | 47,5 % |
| Meine Gefühle in der Trennungs- und Scheidungssituation | 46,2 % | 37,9 % | 42,9 % |
| Erziehungs- und Alltagsprobleme mit dem Kind/ den Kindern | 50,8 % | 29,9 % | 42,5 % |
| Die Zukunft nach der Trennung/Scheidung | 27,3 % | 36,8 % | 31,1 % |
| Allgemeine psychologische Informationen | 29,5 % | 26,4 % | 28,3% |
| Allgemeine juristische Informationen | 13,6 % | 14,9 % | 14,2 % |
| Begleitetes Umgangsrecht | 13,6 % | 12,6 % | 13,2 % |

Tabelle 10: Beratungsthemen (Elternbefragung 1996, N=219)

Während für die Mütter deutlich mehr der Erziehungsalltag und die emotionale Verarbeitung der Trennungs- und Scheidungssituation im Vordergrund standen, waren die Väter mehr mit Fragen zum Sorgerecht befaßt und mit ihrer Beziehung zum Kind / den Kindern.

## 3.2.4 Begleiteter Umgang

Zum Schwerpunkt der Beratungsarbeit, Regelungshilfen für das Umgangsrecht zu finden, gehört auch der Bereich des ruhenden oder gestörten Umgangsrechtes. In diesen Fällen können die Familienrichterinnen den „begleiteten Umgang" verfügen. Die Richterinnen erwägen ihn, wenn zum Beispiel eine Gefährdung durch den besuchenden Vater nicht auszuschließen ist oder von der Mutter befürchtet wird. Eine Richterin formuliert dies folgendermaßen:

„So richtig überzeugt ist man selber nicht, daß man das Kind bei dem Vater übernachten lassen kann, weil man weiß, der geht vielleicht zum Saufen oder irgendwas oder setzt es bei den Großeltern ab und will nur sein Recht haben und sonst nichts. Und da ist man dann schon dankbar, wenn man so eine Regelungsmöglichkeit hat." (Richterin)

Beim begleiteten Umgang sind zwei Fälle zu unterscheiden:
(1) Der überwachte Umgang ist eine gerichtlich angeordnete Tätigkeit, wenn eine Gefährdung des Kindes durch den nicht-sorgeberechtigten Elternteil befürchtet wird. In diesem Fall hat die Beratungsstelle ausnahmsweise gegenüber dem Gericht Auskunftspflicht. Weil es in dieser Situation schwierig ist, Beratungen durchzuführen, wurde in der Anfangsphase von FATS im Rahmen der Kooperationsgespräche von Richterinnen und Beraterinnen diskutiert, ob in solchen Fällen Beratung und begleiteter Umgang personell getrennt werden sollen. Man einigte sich auf folgende Regelung: Wer als Beraterin eine Überwachung macht, muß vor Gericht aussagen. In diesem Fall findet dann eine Trennung von Mitwirkung und Beratung statt: Die Mitwirkende steht den Eltern als Beraterin nicht mehr zur Verfügung. Diese Überlegungen machen deutlich, wie sorgfältig die Beteiligten des Modellprojekts mit Fragen der Schweigeverpflichtung und Mitwirkung umgehen.
(2) Die zweite Möglichkeit ist ein begleiteter Umgang auf Anregung des Gerichtes. Diese Form wird als Kontaktanbahnung empfohlen, wenn das Umgangsrecht ruhte oder gestört war, aber wieder aufgenommen werden soll. Hier wird das Einverständnis beider Parteien vorausgesetzt, die Richterinnen erhalten über die beratenden und begleitenden Gespräche keinerlei Auskunft von den Beraterinnen. In diesem Fall erhalten die Familienrichterinnen - wie bei jeder anderen freiwilligen Beratung auch -

nach einer Zeitspanne von etwa zwei Monaten ein Formblatt, auf dem lediglich mitgeteilt wird, ob die Beratung noch andauert oder inzwischen beendet oder abgebrochen wurde.

Der Vorschlag zu begleitetem Umgang hat sich im Modellprojekt als richterliche Strategie bewährt, Eltern zur Beratung zu bewegen. In der Beratungsstelle wurde im Laufe der Jahre viel Erfahrung mit begleitetem Umgang gesammelt. Die Vorteile liegen in zwei Bereichen: Erstens in der Ersparnis von Gutachten und zweitens ist begleiteter Umgang eine Methode, die gerade auch bei sehr zerstrittenen Paaren angewandt werden kann. Der Erfahrungsschatz der Beraterinnen von FATS könnte auch im Sinne einer Multiplikatorenfunktion genutzt werden, zum Beispiel, indem - durchaus auch in Zusammenarbeit mit dem Jugendamt - Gruppen angeboten werden, deren Teilnehmerinnen nach intensiver Schulung das Angebot des begleiteten Umgangs übernehmen könnten (Entlastung der Beratungsstelle).

Folgendes Fallbeispiel aus unseren Elterninterviews illustriert eine Kontaktanbahnung zwischen einem Vater und seiner Tochter, die er nach der Scheidung zwei Jahre lang nicht gesehen hatte.

Herr M. ist ein sehr junger Vater, der nach der Trennung von seiner Frau eine Beziehung zu seiner sehr kleinen Tochter zwar wünschte, aber noch kaum eine Identität als Vater entwickelt hatte. Mehr aus Unsicherheit denn aus Desinteresse hatte er den Kontakt abgebrochen. Er erinnert sich, wie es zu dem Kontakt mit der Beratungsstelle kam: „Das ging über das Gericht. Die haben mir den Vorschlag gemacht, daß ich über die Beratung, weil nach zwei Jahren, die war ja noch sehr klein, da war sie ein Jahr alt, glaube ich, und wenn sie noch so ein kleines Kind ist, da kann sie sich auch nicht mehr an den Papa erinnern, und da sind wir so langsam durch das Gericht zu der Beratung gekommen. Und die haben das so langsam wieder aufgebaut, daß sich meine Tochter wieder an mich gewöhnen tut." (Herr M.)

Zunächst hatte er keine genauen Vorstellungen, was im Beratungszimmer geschehen solle und äußerte sich skeptisch, ob das Ganze etwas bringe. Auf die Frage, warum er trotz seiner Skepsis zur Beratung gegangen sei, antwortet er: „Ich habe gesagt, schlimmer als jetzt kann es ja nicht mehr werden. Ich habe zwei Jahre meine Tochter nicht gesehen, da habe ich mir gesagt, wenn ich Pech habe, dann sehe ich sie gar nicht mehr. Vielleicht ist es so, daß die es probieren können, daß wir wieder zusammenkommen, und das hat ja dann auch im Endeffekt hingehauen." (Herr M.)

Aus der zurückhaltenden Formulierung von Herrn M. wird deutlich, daß es ihm kaum möglich war, von sich aus in den Kontaktbemühungen zu seiner Tochter aktiv zu werden: „Na ja, wenn man zwei Jahre seine Tochter nicht gesehen hat, da weiß man ja nie, wie die Kleine darauf reagiert. Aber es hat keine fünf Minuten gedauert, dann ist sie auch zu mir gekommen und hat auch mit mir gespielt. Also ich war dann schon ganz froh gewesen, daß das so hingehauen hat." (Herr M.)

Dem Interview mit der Mutter kann man entnehmen, daß diese zunächst große Vorbehalte gegen eine Wiederaufnahme des Vater-Kind-Kontaktes hegte. Sie erfuhr von der Möglichkeit des begleiteten Umgangs durch ihren Anwalt und hatte bereits ein Beratungsgespräch, bevor im Gerichtssaal nochmals die Idee der Kontaktanbahnung angesprochen wurde: „Ich bin mit meinem Mann auseinandergegangen, da war die (Name der Tochter) ein Jahr alt, und er hat sich zwei Jahre nicht um seine Tochter gekümmert, weder angerufen noch sonst was, also wir sind im Streit auseinander gegangen, aber er hat sich zwei Jahre nicht gekümmert, und bei der Scheidung hat er dann das große Interesse gezeigt. Und dann habe ich zu der Richterin gesagt, nur unter der einen Bedingung, daß er sie nicht allein kriegt, also ich bin immer dabei, das ist auch so geplant, bis sie mal älter ist. Und mein Anwalt hat mir das vorgeschlagen, der hat mir erzählt, daß es so etwas gibt. Dann habe ich das gemacht" (Fr. M.)

Die Beratungsstelle arbeitet mit beiden Eltern, da auch die Befürwortung der Mutter für den Vater-Kind-Kontakt wichtig ist. Auch Frau M. wird einbezogen in die Begleitung zu einer neuen Familienform: „Daß ich eigentlich gelernt habe, wie ich damit umgehen muß. Also wenn ich die Beratungsstelle nicht gehabt hätte, dann hätte ich alles verkehrt gemacht, wie ich das erste Mal wieder mit ihm zusammengekommen bin." (Frau M.)

Beide Eltern beurteilen die Beratung als erfolgreich. Frau M. hat eine klare Vorstellung, wie die Situation heute aussehen würde ohne die Unterstützung von der Beratungsstelle: „Ich hätte mich geweigert, daß er die (Name der Tochter) sieht" (Frau M.)

Die Aufgabe der Beratungsstelle liegt auch in der Befähigung von Müttern und Vätern, ihre nacheheliche Elternschaft wahrzunehmen. Begleiteter Umgang ist ein Baustein in der Methodik der Beraterinnen, in dem beide Partnerinnen konkret gestützt werden, ihre Elternverantwortung wahrzunehmen. Mit diesem Beitrag wird dem Grundsatz gefolgt, dem Kind möglichst beide Eltern zu erhalten. Diese Unterstützung ist gerade für Väter notwendig, da nach einer Scheidung ein großer Teil von ihnen den Kontakt zu den Kindern ganz abbricht oder stark reduziert (vgl. Napp-Peters 1985). Für die Beraterinnen ist der begleitende Umgang oft emotional besonders belastend und außerdem mit Arbeitszeiten am Wochenende und in den Abendstunden verbunden.

### 3.2.5 Verbindung von mediativen mit beraterisch-therapeutischen Ansätzen

Neben den mediativen Teilen der Beratungsarbeit kommen häufig noch Bewältigungs- und Verarbeitungshilfen für die Eltern hinzu. Da eine reine Scheidungsvermittlung ohne Aufarbeiten der Trennungssituation meist nicht möglich ist, werden oft mediative mit therapeutischen Ansätzen verbunden. In der Konzeption von FATS (1994, S. 6) heißt es: „Paare mit hohem Konfliktniveau, vielen Streitpunkten, großer Ambivalenz oder geringer Kommunikationsfähigkeit erreichen durch Mediation nur selten Übereinkommen. (...) Die Verarbeitung und emotionale Bewältigung von Trennung und Scheidung wird durch Mediation nur sekundär unterstützt. Hierzu bedarf es oft weiterer vorausgehender, paralleler oder nachfolgender Angebote der Scheidungsberatung." Diese therapeutische Verarbeitung von Scheidungstraumen und erlittenen Verletzungen ist Voraussetzung für die Gestaltung der zukünftigen familialen Beziehungen und damit besonders wichtig für die Situation der Kinder.

Wir haben mehrere Paare interviewt, die mit Hilfe der Beratung wieder zusammengekommen waren. An dieser Stelle sollen Aussagen aus verschiedenen Klientinneninterviews illustrieren, wie eine Verarbeitung der mit der Trennung verbundenen emotionalen Belastungen möglich ist.

Eine Mutter berichtet, wie sie während der Trennungszeit etwas Wesentliches von ihrem Mann verstanden hat, was ihr die Fortsetzung der Ehe ermöglichte:

„Und ich habe gemerkt, die Art des Reagierens (des Mannes, d. Verf.) ist nicht auf mich persönlich bezogen, und wenn es mal eine etwas temperamentvollere Art des Reagierens war, die war da (gegenüber der Beraterin, d.Verf.) genauso da. Ich hatte mich immer persönlich beleidigt oder angesprochen gefühlt und durch die Beratung konnte ich einfach besser einordnen, so ist er auch zu anderen. Wir kannten uns nicht sehr lange, bevor wir geheiratet haben und Kinder bekommen haben, es ist alles sehr schnell gegangen. Es sind auch hier in der Umgebung keine Freunde, so daß man gemerkt hat, wie er ist, sondern es war einfach nur auf mich bezogen. Und dadurch, daß er da (in der Beratung, d. Verf.) genauso reagiert hat, ist es für mich irgendwo leichter geworden, das zu verstehen." (Frau A.)

Eine Mutter stritt mit ihrem ehemaligen Partner sehr viel, das Paar konnte gar nicht mehr miteinander reden, ohne zu schreien. In die Beratungsstelle kamen beide, um eine Basis zu finden, wenigstens alltägliche Dinge wieder miteinander besprechen zu können. Dabei nutzten beide den Schutzrahmen der Beratungsstelle für ihre Auseinandersetzung und Selbstreflexion:

„Man lernt viel über sich, daß es wichtig ist, über seinen Schatten zu springen bis zu einem gewissen Grad, und man lernt, das Gefühl der Rache nicht in den Vordergrund zu stellen, also mir ist es so gegangen. Immer noch offen zu sein für andere Empfindungen wie Rücksicht auf die Kinder." (Frau St.)

„Ja, und zwar daß wir wieder besser miteinander umgehen konnten, (...) und daß wir auch so Verhaltensmuster ein Stück weit aufgedröselt haben, was führt denn dazu, daß sie plötzlich zumacht und nichts mehr von mir hören will? Welche Verhaltensweisen meinerseits sind denn das, wo man fast auf den Knopf drücken kann, wo der Ärger losgeht? Woran lagen so die gegenseitigen Enttäuschungen, wo wir uns auch gegenseitig das Leben schwer gemacht haben?" (Herr St.)

Eine Mutter, die gerne mit ihrem ehemaligen Mann gemeinsam in Beratung gegangen wäre, der aber nicht dazu bereit war, kann die Möglichkeit zur Beratung für sich alleine nutzen:
„Ja, das war auch eine Lernerfahrung für mich. Ich dachte am Anfang, ich kann das niemals. Nur irgendwie verdauen oder bewältigen in der Auseinandersetzung mit dem früheren Partner, und wo der das verweigert hat, war ich also erst recht zu Tode betrübt. Und es hat lange gedauert, bis ich gelernt habe, man kann das schon mit sich selber auch ausmachen. Vielleicht ist es sogar der einzige Weg, der einzig wirklich machbare Weg, (...) aber es ist halt auch sehr schwierig, selbst wenn man dann irgendwann mal zu dieser Erkenntnis kommt. Das umzusetzen ist schon ein schwerer Weg, finde ich. Aber auf solche Sachen wäre ich ohne Beratung lange nicht gekommen, wäre ich wahrscheinlich heute noch auf dem Stand, ihm gram zu sein, weil er mir das angetan hat." (Frau A.)

In der beratenden und informierenden Aufarbeitung der Trennungssituation fühlen sich die Beraterinnen vor allem der kindlichen Perspektive verpflichtet. Eine Beraterin formuliert den Zusammenhang zwischen Trennungsbewältigung und Kindeswohl:
„Deswegen ist es so wichtig, daß auch die Trennungsbewältigung der Eltern da einen wichtigen Platz hat, weil das genau im Umgang mit den Kindern eine Rolle spielt. Also wenn die Mutter selber bereiter ist, das so zu sehen, auch eigene Anteile zu sehen, wieso es zur Trennung gekommen ist und damit auch mehr Verständnis für sich selber entwickeln kann, dann besteht vielleicht nicht mehr soviel Abwehr gegenüber dem Partner, dem Vater des Kindes und von daher kann vielleicht auch der Kontakt viel besser funktionieren oder besser toleriert werden von der Mutter." (Beraterin)


3.2.6 Einbezug der Kinder in die Beratung

Die Kinder können in den Beratungsprozeß bei FATS auf verschiedene Weise einbezogen sein:

(1) Sie sind dabei, wenn Mutter und/oder Vater ihren Beratungstermin wahrnehmen.
(2) Das Umgangs- beziehungsweise Besuchsrecht findet in Anwesenheit der Beraterin statt (begleiteter Umgang).
(3) Es findet ein Einzeltermin mit dem Kind / den Kindern statt.
(4) Das Kind / die Kinder nimmt/nehmen an einer Kindergruppe teil.

Grundsätzlich ist festzuhalten, daß die *Scheidungskinder nicht in systematischer Weise in die Beratungsarbeit des Modells einbezogen werden.*

Das heißt, die Beraterin wägt im Einzelfall und in Abstimmung mit den Eltern ab, ob und in welcher Weise das Kind/die Kinder dabei sein sollen. Einzig der angeordnete begleitete Umgang bildet hier die Ausnahme, da er juristisch verfügt und verbindlich ist.

*Warum ist die direkte Beteiligung der Kinder am Beratungsprozeß wichtig?*

Im Konzept des Modellprojekts heißt es: „Eltern sind häufig mit ihren eigenen Konflikten so stark beschäftigt, daß sie die Bedürfnisse ihrer Kinder nicht oder zu wenig wahrnehmen oder gar befriedigen können. Deshalb sind neben Beratungs- und Vermittlungsangeboten für Eltern oft direkte Hilfen für Kinder notwendig (...)." (Konzeption FATS 1994, S. 7). Direkte Hilfen, das heißt direkte Gesprächsangebote an die Kinder oder Kindergruppenarbeit, haben also einerseits eine Entlastungsfunktion für Eltern und Kinder und andererseits eine Kompensationsfunktion, in der die Beraterin die Aufgaben übernehmen muß, die von den Eltern nicht oder nicht ausreichend erfüllt werden können. Zu nennen wäre hier insbesondere das Sprechen über die Situation und die Gefühle der Kinder (Ohnmacht, Wut, Schuldgefühle, Hilflosigkeit). Erfahrungsberichte von Scheidungskindern zeigen immer wieder, wie wichtig es ist, das Schweigen über die Trennungssituation zu durchbrechen und wie wünschenswert es aus Sicht der Kinder ist, daß die Eltern mit ihnen sprechen und über die Situation informieren. Scheidungskindern fehlen häufig Ansprechpartnerinnen für ihre Sorgen und Nöte. Sie ziehen sich in der Konsequenz aus dem sozialen Umfeld zurück (vgl. Thöne-Jäpel 1993, Rudeck 1993, Furstenberg & Cherlin 1991). Manche der Autorinnen vertreten die These, daß nur im direkten Einbezug des Kindes Beratung zum Ausdrucksmittel für kindliche Gefühle und Konflikte werden kann und ein emanzipativer Umgang mit Schuldgefühlen und Loyalitätskonflikten möglich wird. Dementsprechend lassen sich am besten in der direkten Arbeit mit dem Kind die kindlichen Ressourcen stärken, individuelle Schutzfaktoren zur Vermeidung von Langzeitfolgen aufbauen und es kann Konfliktmanagement geübt werden. Die Beraterin kann letztlich nur im direkten Einbezug die Beratung als kompensatorisches Medium für die in der Trennungssituation verminderte psychologische Elternverantwortung nutzbar machen und Loyalitätskonflikten wirksam begegnen (Suess 1993). Auch bei FATS werden die direkten Hilfen für Kinder als sinnvoll und notwendig angesehen, sie sind expliziter Bestandteil der Konzeption des Modellprojektes. Gerade um Konflikte für die Kinder zu vermeiden, werden diese jedoch *nicht grundsätzlich* in die Beratung einbezogen, sondern nur in Fällen, wo die Eltern dies befürworten.

In der Beratungsstelle des Modellprojekts wird eine 'Hemmschwelle' sichtbar, die Kinder in die Beratungssitzungen einzuladen. Die Vorannahmen der Beraterinnen verraten besondere Sensibilität und Vorsicht in dieser Frage. Sie befürchten beispielsweise vermehrte Loyalitätskonflikte des Kindes/der Kinder, wenn nur ein Elternteil dabei ist und versucht, das Kind / die Kinder 'vor den eigenen Karren zu spannen'. Oder sie wollen keinen Vertrauensverlust bei den Eltern provozieren, wenn sie die Kinder verfrüht einladen. Eine Strategie ist, an die Eigenverantwortung der Eltern zu appellieren und über die Elternverantwortung indirekt die Kinder zu erreichen.

„Das ist ... weil ich denke, da muß der Kontakt erst noch ein bißchen stabiler sein und sicherer, damit ich wirklich vertrauenswürdig bin, sonst gibt die Mutter ihr Kind nicht her. (...) Und von daher dauert es schon einige Zeit, bis ich vorschlage, daß die Kinder kommen sollen." (Beraterin)

„Nur wenn man wirklich sicher sein kann, daß das Okay von beiden Eltern da ist, dann kann es für ein Kind eine Entlastung sein. (...) Ich denke, da reicht ein Termin, damit die Kinder auch sehen, sie spielen eine Rolle bei dem Ganzen." (Beraterin)

Eine eher seltene Form des Einbezugs der Kinder - der Hausbesuch - ist denn mehr eine theoretische Möglichkeit, die den Eltern besonderes Vertrauen in die Beraterinnen und viel 'Selbst'-Sicherheit und Verantwortlichkeit abverlangt und bei den Beraterinnen - bei genauem Hinsehen - nicht sehr beliebt ist:

„Ich tue es eher mal beim Erstgespräch als eine theoretische Möglichkeit in den Raum stellen, daß ich vielleicht mal hinfahre, weil ich die Kinder gerne kennenlernen will. Und ich warte dann darauf, daß die Eltern das noch einmal ansprechen." (Beraterin)

Der direkte Einbezug der Kinder ist in verschiedenen Setting-Varianten möglich. 40% der befragten Eltern gaben an, daß ihr Kind / ihre Kinder bei mindestens einem Termin direkt an der Beratung beteiligt waren. Betrachtet man die Anzahl der Termine im Jahre 1996, so waren in etwa 18% aller Termine Kinder direkt in die Beratung einbezogen. Diese Zahl bezieht sich sowohl auf Termine mit den Kindern alleine als auch auf Termine mit einem beziehungsweise beiden Elternteilen und Kind(ern). In etwas über zwei Drittel aller Fälle fanden die Gesprächstermine ohne Kinder statt (vgl. Jahresstatistik 1996). Zusätzlich wurden Gruppen für Kinder unterschiedlichen Alters angeboten. Die Scheidungskindergruppen gehören zum festen Bestandteil des Modellprojektes und sind in räumlicher und personeller Kooperation mit der Beratungsstelle des Diakonischen Werkes organisiert. Sie stellen ein wesentliches Element der direkten Hilfen für Kinder dar. Seit ihrer Etablierung ist ein zunehmender Bedarf feststellbar. Die Reaktionen seitens der Beratungsstelle auf diesen Bedarf liegen mit Sicherheit im Rahmen dessen, was mit den vorhandenen personellen, räumlichen und materiellen Ressourcen möglich ist.

Hierzu die Aussage eines Vaters, dessen zehnjährige Tochter eine Kindergruppe besuchte:

„Das muß also auch sehr schön gewesen sein, da hat sie auch Spaß dran gehabt. Auf spielerische Art diese Phase mit den Eltern, Rollen übernehmen, streiten, lassen sich scheiden und so. (...) Wir haben auch Videofilme dazu gesehen, das war wirklich interessant, wie die Kinder da aufgegangen sind. (...) Sie hat damals wirklich den Eindruck vermittelt, sie hat es gerne gemacht, und ich fand es sehr, sehr positiv, man hat beim Spiel gemerkt, daß den Kindern die Angst genommen wurde vor der Situation, daß es ihnen auch ein bißchen klarer wurde, wie das Ganze abläuft, daß zwei Menschen einfach nicht mehr miteinander können. (...) Die Kinder bekommen es spielerisch mit, aha, das ist ja eigentlich nur eine Sache zwischen den beiden."

Daß die direkten Hilfen bisher nur einen geringen Teil der Kinder erreichen, spiegelt sich auch in der Empirie der wissenschaftlichen Begleitung wieder. So konnte der ursprünglich geplante Einbezug der Kinder in die Interviews aus verschiedenen Gründen nicht realisiert werden (vgl. Anhang). Die Kinder, die direkt in den Beratungsprozeß einbezogen waren, waren sowohl in der Gesamtheit der Fälle, die für die Interviews ausgewählt wurden als auch in der schriftlichen Elternbefragung weit unterrepräsentiert.

*Möglichkeiten zur direkten Unterstützung von Scheidungskindern sollten vermehrt genutzt werden*

Über zwei Drittel der befragten Eltern verbanden mit der Beratung die Erwartung, die Situation für und mit ihrem Kind/ihren Kindern verbessern zu können. Diese Erwartung hat sich jedoch nur für ein Fünftel der Eltern erfüllt, soweit es die eigene Beziehung zum Kind/zu den Kindern betrifft.

Viele der Eltern, die interviewt wurden, halten eine Entspannung der Konfliktsituation der Eltern für ausreichend, um auch eine Entspannung der Situation für das Kind zu erreichen. Die schriftliche Befragung bestätigt dies zu 40%: Vier von zehn Eltern haben eine positive Auswirkung ihrer eigenen Beratung auf das Kind / die Kinder beobachtet. Auch wenn der Versuch der Vermittlung erfolglos endet, und es zu keiner Einigung der Eltern kommt, so kann oft dennoch seitens der Eltern zumindest mehr Verständnis für die Situation der Kinder geweckt werden.

Bei genauem Hinsehen wird jedoch auch deutlich, daß der logische Schluß - wenn Beratung den Eltern hilft, dies auch für die Kinder eine

Verbesserung bringt - nur eine allzu vage Einschätzung der Situation des Kindes sein kann und nicht immer zutreffen muß. Die von uns erhobenen Zahlen sprechen dafür, Kinder verstärkt direkt in die Beratung einzubeziehen: *Die Eltern, deren Kinder an der Beratung beteiligt waren, bewerten diese besonders häufig als erfolgreich* (vgl. Kapitel 4).

Es ist sinnvoll, den Zeitpunkt sehr sensibel abzustimmen, wann ein direkter Einbezug der Kinder in die Beratungssituation möglich ist. Keinesfalls kann es darum gehen, die Kinder um jeden Preis in die Beratung einzubeziehen, da die Gefahr von Loyalitätskonflikten sehr hoch ist. Dennoch läßt sich ganz klar feststellen, daß der direkte Einbezug der Scheidungskinder in die Beratung bei FATS einen wichtigen Faktor für den Beratungserfolg darstellt. Insbesondere der konzeptuelle Stellenwert des Einbezugs der Kinder müßte klarer formuliert werden und die Chance zur Prävention durch Vermittlung von Schutzfaktoren sollte nicht ungenutzt bleiben. Der Nutzen liegt in der Beratung als entlastendes und kompensatorisches Medium, gerade zu einem Zeitpunkt, da die Eltern ihrer Verantwortung nicht ausreichend gerecht werden (können). Neben der Elternberatung und Stärkung der Elternverantwortung könnte parallel dazu durch die eigenständige Beratung und Unterstützung der Kinder, eine besondere Beratungskompetenz und -qualität realisiert werden, deren einziges und erklärtes Ziel das Kindeswohl darstellt.

# 4. Effekte der Beratung

Einfache Fragen verlangen nicht selten komplexe Antworten. Auf diese pointierte Formel gebracht, läßt sich auch die Frage nach dem Erfolg von Beratung beantworten. Denn jeder Versuch einer einfachen Antwort in der Form "Beratung ist dann erfolgreich, wenn ..." unterstellt, daß es so etwas wie eine gemeinsame, objektive Bewertungsbasis gibt. Dies ist jedoch keineswegs der Fall. Erfolg ist etwas Vielschichtiges und Perspektivisches. Mit der Vielschichtigkeit ist gemeint, daß die Erfolgsfrage in der Regel unterschiedliche Ebenen hat (Zufriedenheit, erreichte Veränderung, eingesetzter Aufwand/Kosten, das Verhältnis Aufwand zu dem erreichten Nutzen). Mit der Perspektive der Beteiligten ist gemeint, daß die verschiedenen Beteiligten (Richterinnen, Beraterinnen, die diversen Zuschußgeber und die betroffenen Klientinnen) unterschiedliche Kriterien bei ihrer Erfolgsbeurteilung verwenden. Oft ist es so, daß selbst auf der gleichen Ebene (etwa erreichte Veränderung) zwischen Betroffenen unterschiedliche Gewichtungen bestehen, beispielsweise wenn die Mutter, bei der das Kind lebt, den Erfolg daran mißt, daß der Vater nicht nur sein Kind besucht, sondern auch sich an vielen Alltagsfragen der Erziehung aktiv beteiligt, während der Vater sich von der Beratung erhofft, daß es überhaupt zu einer Regelung des Umgangsrechts kommt.
Erfolg ist zudem auch etwas zeitabhängiges, je nachdem ob man die kurz-, mittel- oder langfristigen Effekte betrachtet.
Im folgenden Kapitel werden wir primär kurz- bis mittelfristige Effekte analysieren, im Mittelpunkt steht die Perspektive der Klientinnen.[11] Insgesamt werden wir die Erfolgsfrage thematisieren

(1) über die Erwartungen der betroffenen Eltern sowie von FATS selbst (Richterinnen, Beraterinnen),
(2) über die Zufriedenheit der Eltern mit der Beratung,
(3) über die von den Eltern berichteten Veränderungen,
(4) aus der Perspektive der erreichten Effekte (nach einem Modell),
(5) und über eine Nutzen-Kosten-Perspektive, in der einige der erreichten Effekte den von FATS verursachten Kosten gegenüber gestellt werden.

---

[11] Die Befragung erfolgte zwischen einem halben und zwei Jahren nach Beendigung der Beratung. Die Ergebnisse beziehen sich auf die Daten aus einer schriftlichen Befragung von Eltern (Rücklauf N=233) und auf die Auswertung von qualitativen Interviews mit Eltern (N=40 Fälle, repräsentative Fallstichprobe).

## 4.1 DAS ERWARTUNGSPROFIL AN FATS

### 4.1.1 Die Perspektive der Beraterinnen und Richterinnen

Für die Frage des Erfolgs ist es wichtig zu sehen, was derjenige, dessen Angebot und Tätigkeit man bewertet, erreichen will. Wir haben dazu in Kapitel 1 bereits festgestellt, daß im Mittelpunkt der Erfolgserwartungen von FATS das Kindeswohl steht. Die Kinder sollen so wenig wie irgendwie möglich zu Opfern des elterlichen Trennungs- und Scheidungsprozesses werden. Deshalb ist es vorrangiges Ziel, den Kindern die Mütter und Väter auch nach der Trennung und Scheidung in ihrer Elternrolle zu erhalten. Für diese Rolle soll ein Klima des (wieder) Miteinander-Redens geschaffen werden, es werden Vereinbarungen für die Regelung des Umgangs geschaffen. Generell kann man sagen, daß über das Elternwohl das Kindeswohl gestärkt werden soll, indem den Eltern über Beratung ermöglicht wird, die Basis für solche Aushandlungsprozesse wiederzufinden. In der konkreten Umsetzung dieses Ziels hat es einige Veränderungen in der Erwartung der beiden beteiligten Gruppen (Richterinnen, Beraterinnen) gegeben:

(1) Beispielsweise werden nicht mehr nur hochstrittige Fälle geschickt, sondern vermehrt die Nöte der sogenannten normalen, „leisen" Scheidungen beachtet, in der Erkenntnis, daß diese Familien Beratung ebenso brauchen und zugleich hier mehr Veränderungschancen bestehen.
(2) Beispielsweise wird der Erfolg weit weniger als am Anfang am Ergebnis einer einvernehmlichen Vereinbarung festgemacht. Ziel ist, auch über die emotionalen Anteile des Trennungsprozesses reden zu können, das heißt das emotionale Klima für Vereinbarungen zu schaffen.
(3) Beispielsweise hat sich in der Auseinandersetzung mit den Anwältinnen ein Modell der Teilmediation ergeben, bei dem bestimmte juristische Themen beziehungsweise die Frage der parallelen Regelung von Unterhalts- und Güterrechtsfragen ausgeklammert bleiben, dafür kommen klassische Beratungsschwerpunkte (wie zum Beispiel Krisenmanagement, emotionale Verarbeitung der Trennungssituation) hinzu.

### 4.1.2 Die Perspektiven der Klientinnen (Mütter, Väter)

Tabelle 10 gibt die „Erwartungspyramide" der Klientinnen wieder. Auch bei ihnen steht das Kindeswohl (der Wunsch, die Situation für die Kinder zu verbessern) eindeutig an erster Stelle. In der weiteren Priorität der Erwartungen unterscheiden sich Frauen und Männer. Frauen nennen an zweiter Stelle „über Gefühle (Trauer, Wut, Ängste) sprechen zu können".

Diese Erwartung äußern sie doppelt so häufig wie die Männer. Für die Männer steht dagegen an zweiter Stelle die Erwartung, daß Beratung ihnen dabei hilft, mit ihrer Partnerin wieder Kompromisse schließen zu können. Ähnlich deutliche Unterschiede gibt es noch bei folgenden Erwartungshaltungen:

(1) Rat zu bekommen, wie man den Kontakt zu den Kindern wieder verbessern kann (40,7% der Männer gegenüber 22,4% der Frauen) und daß dieser sich dann auch faktisch verbessert (29,7% der Männer gegenüber 1,5% der Frauen, für die dies offensichtlich nicht das zentrale Problem ist),

(2) Hilfen zu erhalten, um mit der Partnerin reden zu können (43% der Männer gegenüber 23,9% der Frauen).

| | Klientinnenbefragung 1996 | Frauen | | Männer | | Gesamt |
|---|---|---|---|---|---|---|
| R | Erwartung | R. | % | R. | % | % |
| 1. | Ich wollte die Situation für mein/e Kind/er verbessern. | 1 | 65,7 | 1 | 67,4 | 66,4 |
| 2 | Ich habe erhofft, mit meinem/r Partner/in Kompromisse schließen zu können. | 4 | 39,6 | 2 | 45,3 | 41,8 |
| 3. | Ich wollte eine klarere Vorstellung bekommen, wie es weitergehen soll. | 3 | 40,3 | 5 | 37,2 | 39,1 |
| 4. | Ich wollte über meine Gefühle (Trauer, Wut, Ängste) sprechen. | 2 | 42,3 | 9 | 20,9 | 34,5 |
| 5. | Ich habe erhofft, (wieder) mit meinem/r Partner/in reden zu können. | 7 | 23,9 | 3 | 43,0 | 31,4 |
| 5. | Ich habe erhofft, konkrete Vereinbarungen treffen zu können, wer wann das Kind/die Kinder haben soll. | 5 | 28,4 | 6 | 36,0 | 31,4 |
| 7. | Ich habe mir Rat erhofft, z.B. wie ich den Kontakt zu meinem/en Kind/ern verbessern kann. | 8 | 22,4 | 4 | 40,7 | 29,5 |
| 8. | Ich wollte Entscheidungshilfen für die Form und Gestaltung des Sorgerechts. | 5 | 28,4 | 8 | 26,7 | 27,7 |
| 9 | Ich wollte juristische Informationen (z.B. über Scheidungsablauf, Sorgerecht ...). | 9 | 16,4 | 11 | 17,4 | 16,8 |
| 10. | Ich habe erhofft, die Beziehung zu meinem/en Kinder/ern zu verbessern. | 11 | 9,7 | 10 | 18,6 | 13,2 |
| 11. | Ich habe erhofft, wieder Kontakt zu meinem/en Kind/ern zu bekommen | 15 | 1,5 | 7 | 29,1 | 12,3 |
| 12. | Ich wollte eine kostenlose Beratung. | 10 | 15,7 | 14 | 5,8 | 11,8 |
| 13. | Ich wollte ein psychologisches Gutachten, eine psychologische Stellungnahme. | 12 | 9,0 | 12 | 7,0 | 8,2 |
| 14. | Ich habe mir eine bessere Position vor Gericht erwartet. | 13 | 8,2 | 14 | 5,8 | 7,3 |
| 15. | Ich wollte mich allgemein über Scheidung informieren, bevor ich eine/n Anwalt/in aufsuche. | 14 | 5,2 | 12 | 7,0 | 5,9 |

Tabelle 11: Erwartungen an FATS aus Sicht der Klientinnen (R= Rang)

Deutlich wird, daß das Erwartungsprofil (zumindest in dieser retrospektiven Sicht) gut mit dem übereinstimmt, was durch FATS auch selbst als Angebotsprofil formuliert wird.

## 4.2 DIE ERFOLGSBEWERTUNG AUS SICHT DER KLIENTINNEN (DIMENSION ZUFRIEDENHEIT)

### 4.2.1 Zwei Drittel sehen Erfolge beziehungsweise Teilerfolge

Wie die folgende Abbildung zeigt, ergibt sich auf die Frage, wie die Eltern die Beratung insgesamt bewerten würden, eine Drittelung. Jeweils ein Drittel bewerten die Beratung als erfolgreich oder gar sehr erfolgreich (33,3%), als teilweise erfolgreich (31,5%) und als weniger beziehungsweise überhaupt nicht erfolgreich (35,1%).

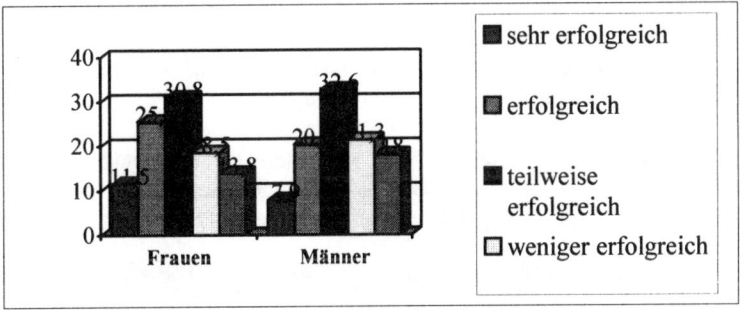

Abbildung 3: Erfolg der Beratung aus Sicht der Klientinnen

Innerhalb der Gruppe der Befragten gibt es bei den Antworten keine Unterschiede zwischen unterschiedlichen Bildungs- und Einkommensklassen und nur leichte Unterschiede zwischen den Geschlechtern (Frauen urteilen etwas positiver). Deutliche Unterschiede zeigen sich zwischen jenen, bei denen das Kind lebt (hier sagen 38,5%, daß die Beratung erfolgreich / sehr erfolgreich verlaufen ist) und jenen, bei denen das Kind nicht lebt (hier sagen 25,2%, daß die Beratung erfolgreich / sehr erfolgreich verlaufen ist).

### 4.2.2 Über 80% würden erneut in Beratung gehen

Ein interessantes Ergebnis liefert die Frage, ob die Befragten selbst nochmals in Beratung gehen würden. Hier sagen 82,9% der Frauen und 83,7% der Männer „ja, ich würde dies tun". Vergleicht man dies mit den

Ergebnissen von oben, so zeigt sich, daß selbst unter jenen, die den konkreten Beratungsfall als wenig oder nicht erfolgreich eingeschätzt haben, mehr als zwei Drittel trotzdem nochmals in Beratung gehen würden.

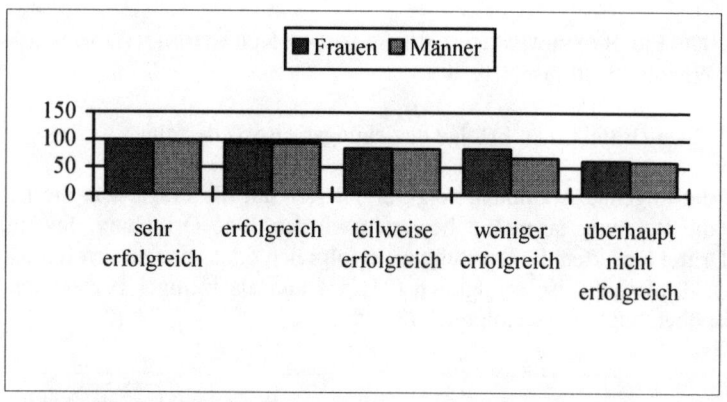

Abbildung 4: „Würden Sie nochmals in Beratung gehen?" (in Abhängigkeit zur Erfolgsbewertung)

Hier liegt der Schluß nahe, daß viele der Eltern die Einschätzung eines wenig beziehungsweise nicht erfolgreichen Ergebnisses der Beratung weniger der Beratung und den Beraterinnen als anderen Umständen anlasten.

### 4.2.3 Fast jede würde die Beratungsstelle weiterempfehlen

Noch positiver fällt das Urteil aus, wenn man die Eltern danach fragt, ob sie die Beratungsstelle einer (oder einem) Bekannten, die sich in Trennung oder Scheidung befindet, weiterempfehlen würde. 87,2% der Frauen und 90% der Männer würden dies tun.

### 4.2.4 Bewertung - Eltern sehen und akzeptieren die Schwierigkeit der Trennungs- und Scheidungsberatung

Vergleicht man dieses Votum der Eltern mit anderen Klientinnenbefragungen in Erziehungsberatungsstellen (Lenz 1994, Dillig 1994, Lang, Herath-Schugsties & Kilius 1997), so liegt die Zufriedenheit hier etwas niedriger. Allerdings hat dieser Vergleich seine Grenzen, weil die Beratungskonstellationen nicht direkt vergleichbar sind. So darf man dabei nicht die spezifische Situation der Eltern und der Beratung (hohe Strittigkeit zwischen den Eltern, parallel laufendes Gerichtsverfahren und teilweise niedrigerer Motivationsgrad bei einigen Klientinnen) vergessen. In den Einschätzungen der Eltern kommt der besondere Schweregrad dieser Beratungskonstellation zum Tragen, wenn selbst bei jenen, die den Erfolg ambivalent einschätzen und sogar bei jenen, die keinen Erfolg sehen, der weit überwiegende Teil wieder in Beratung gehen würde oder/und die Beratungsstelle weiterempfehlen würde. Letztere Werte ähneln denen der oben genannten Studien.

*Könnte die subjektive Zufriedenheit der Eltern mit der Beratung noch gesteigert werden?*

Analysiert man hierzu die Befragungsergebnisse,[12] so fällt die Zufriedenheit umso positiver aus,

(1) je stärker es gelang, im Beratungsprozeß das Kindeswohl direkt zu beeinflussen,
(2) wenn die Kinder selbst in den Beratungsprozeß einbezogen wurden,
(3) wenn Vorerfahrung mit psychologischer Beratung vorhanden ist. Jene mit positiven Vorerfahrungen beurteilen auch diese Beratung positiver als jene ohne oder gar mit negativen Beratungsvorerfahrungen,
(4) wenn der Zugang als freiwillig erlebt wurde und
(5) je stärker beide Partnerinnen die Beratung gemeinsam akzeptiert haben.

Während die ersten beiden Punkte Ansatzmöglichkeiten zur Veränderung bieten, machen die letzten drei Teilergebnisse deutlich, daß bestimmte Veränderungen zwar mit großer Wahrscheinlichkeit die Erfolgsbeurteilung verbessern, aber nicht mit bestimmten Zielen des Modellprojekts kompatibel sind. Solange es Ziel ist und sein muß, auch Klientinnen ohne Beratungsvorerfahrung zu motivieren, bei denen die Anfangsmotivation ambivalent und der Fall hochstrittig ist, das heißt die Elternteile sich in vielen Punkten nicht einig sind, solange wird es auch einen durchaus nicht marginalen Anteil an Klientinnen geben, die nur Teilerfolge sehen oder/und auch die Beratung als ergebnislos beenden.
Die positive Gesamtbewertung der Klientinnen zeigt sich nochmals, wenn man die umgekehrte Erfolgsperspektve einnimmt: Der Anteil derjenigen, die bei allen drei Fragen zur Zufriedenheit mit Beratung („Sehe Beratung

---

[12] Vergleiche zu den Ergebnissen auch die folgenden Abschnitte und die Chaidanalyse im Anhang.

als sehr ... teilweise ... nicht erfolgreich." „Würde noch einmal in Beratung gehen." und „Würde die Beratungsstelle weiterempfehlen.") mit „nein / nicht erfolgreich" geantwortet hat , ist außerordentlich klein (6,3% der Männer und 6,2% der Frauen).

## 4.3 EFFEKTE VON FATS AUS SICHT DER KLIENTINNEN (DIMENSION VERÄNDERUNG)

Im folgenden Abschnitt geht es um die Frage, welche Effekte die Eltern nach erfolgter Beratung sehen. Auch hier kann es nicht um „objektive" Effekte gehen, sondern die Basis der Analyse bilden jene Effekte, die die Eltern zum Zeitpunkt der Befragung wahrgenommen haben.[13] Wir werden dabei die Effekte auf drei Ebenen unterscheiden:

(1) Effekte, die die Eltern auf sich als Person beziehen,
(2) Effekte auf der Eltern(Paar-)ebene,
(3) Effekte auf der Ebene Eltern-Kind.

### 4.3.1 Eine „klarere Perspektive" und die Chance „über Gefühle wieder reden zu können" (Effekte auf der Personebene)

Immerhin 70% der Männer und 80% der Frauen berichten, daß ihnen die Beratung persönlich etwas gebracht hat. Im Schnitt nennen sie 1,9 Effekte (Frauen) beziehungsweise 1,6 Effekte (Männer).[14] Im Vordergrund der benannten Effekte steht zum einen „eine klarere Perspektive, wie es weitergeht", die sie durch die Beratung erhalten haben und zum zweiten die Möglichkeit, auch „über Gefühle zu reden."
Die Geschlechtsunterschiede sind wiederum deutlich: Frauen benennen verstärkt Effekte vor allem auf der Gefühlsebene. Auch sagen sie häufiger, sie kommen jetzt wieder besser mit den Kindern zurecht. Dagegen sagen doppelt so viele Männer wie Frauen, daß sie auf der „juristischen Ebene" profitiert haben. Letzteres ist insofern erstaunlich, als FATS sich auf dieser Ebene besonders zurückhält.

---

[13] Dies muß in der Regel keine Einschränkung der Aussagekraft bedeuten, da die von einer Person wahrgenommenen Effekte für das Handeln eine besondere Rolle haben. Nur sie sind bewußt planbar und können von der Person selbst in strategisches Handeln umgesetzt werden.
[14] Von sechs möglichen im Fragebogen vorgegebenen Antworten (zusätzlich eine Rubrik „Sonstige Effekte".

Analysiert man, was sich an dieser Bewertung ändert, wenn die Kinder zugleich auch in Beratung beziehungsweise am Beratungsprozeß beteiligt waren, dann zeigen sich drei gravierende Auswirkungen:

| Klientinnenbefragung 1996 N=215 | Frauen | | Männer | |
|---|---|---|---|---|
| | % | Rang | % | Rang |
| Ich habe mich über meine Gefühle (Trauer, Wut, Ängste) aussprechen können. | 58,1 | 1 | 35,4 | 1 |
| Ich bekam eine klarere Vorstellung darüber, wie es weitergeht. | 41,1 | 2 | 34,2 | 2 |
| Psychologische Informationen (z.B über die kindliche Entwicklung, Paarbeziehung) | 31,5 | 3 | 31,6 | 3 |
| Ich kam mit meinem/n Kind/ern besser zurecht. | 20,2 | 4 | 7,6 | 6 |
| Ich konnte die Scheidung besser akzeptieren. | 11,3 | 5 | 11,4 | 5 |
| Juristische Informationen | 8,9 | 6 | 15,2 | 4 |

Tabelle 12: „Was hat Ihnen die Beratung gebracht?"

(1) Deutlich mehr Eltern sagen, daß sie (dann) besser mit den Kindern zurechtkamen (23,4% derjenigen, deren Kinder auch in Beratung waren, im Vergleich zu 9,5% derjenigen, wo die Kinder nicht am Beratungsprozeß beteiligt waren).

(2) Eine klarere Perspektive entwickeln, wie es weitergeht, konnten ebenfalls stärker die Eltern mit Kindern in Beratung (50,6% zu 31,7%).

(3) Ebenfalls fast doppelt so viele (mit Kindern in Beratung) sagen, daß sie mehr psychologische Informationen erhalten haben, zum Beispiel über die kindliche Entwicklung oder die Paarbeziehung (44,2% zu 23,8%).

Vor allem sagen nur noch 13% (derjenigen mit Kindern in Beratung) statt 29,4% (derjenigen ohne Kinder in Beratung), daß ihnen die Beratung auf der Personebene nichts gebracht hat. Paradoxerweise könnte man sagen, die Eltern haben umso mehr für sich profitiert, wenn die Kinder auch in Beratung waren.[15]

4.3.2 Wir können Kompromisse finden - in der Hälfte der Fälle deutliche Effekte auf der Paarebene (Elternebene/Paar)

Ein weiteres zentrales Ziel der Beratung liegt auf der Paarebene. Gelingt es, das Klima zwischen den Eltern wieder soweit zu verbessern, daß eine

---

[15] Wie kann man sich dies erklären? Wir gehen davon aus, daß die massiven Schuldgefühle, die viele Eltern bezüglich ihrer Kinder in Trennungs- und Scheidungssituationen haben, reduziert werden, wenn sie spüren, daß Beratung den Kindern auch unmittelbar etwas nützt.

tragfähige Form von getrennter Elternschaft möglich ist? Notwendig dafür ist ein „Wieder-miteinander-Reden-Können" und auch, daß man „Kompromisse schließen kann". Vor allem aber muß es Ziel sein, das für das Kindeswohl so zentrale Konfliktniveau deutlich zu reduzieren.
So wichtig diese Ziele sind, so schwierig sind hier Effekte zu erzielen, da in der Regel auf der Paarebene die zentralen Auslöser für die Scheidung/Trennung liegen. Von daher war zu erwarten, daß hier weniger Effekte als auf anderen Ebenen erreicht werden können.
Die Ergebnisse bestätigen dies. Insgesamt nennen 49% der Frauen und 42% der Männer Beispiele für positive Veränderungen auf der Eltern(Paar-)ebene.

| Klientinnenbefragung 1996 | N=210 | % |
|---|---|---|
| Wir konnten Vereinbarungen finden, wer wann das Kind / die Kinder haben soll. | | 21,9 |
| Wir konnten Kompromisse finden. | | 17,6 |
| Wir konnten (wieder) miteinander reden. | | 12,9 |
| Wir konnten konkrete Vereinbarungen über die elterliche Sorge treffen. | | 7,6 |
| Wir haben uns weniger gestritten. | | 5,7 |
| | | |
| Durch den Beratungsprozeß hat sich nichts geändert. | | 54,1 |

Tabelle 13: Veränderungen Elternebene

Auch bei dieser Frage zeigen sich *Geschlechtsunterschiede*: Die Frauen sind wiederum ein wenig optimistischer. Bildungsunterschiede ergeben sich bei der Frage der konkreten Vereinbarungen (über die elterliche Sorge, wer wann das Kind haben soll beziehungsweise beim Finden von Kompromissen). Dies scheint Eltern mit höherem Bildungsabschluß etwas leichter zu gelingen.
Wie wichtig „weniger Streit" und das „Wieder-miteinander-Reden-Können" als Effekte sind, sieht man daran, daß diejenige (oder derjenige), die hier Veränderungen angibt, den Erfolg der Beratung deutlich positiver bewertet. Weitere wichtige Einflußfaktoren auf der Paarebene sind die *Dauer der Beratung* (fast überall positive Effekte, je länger die Beratung dauerte) und ob ein Kind selbst in Beratung war beziehungsweise wie stark es auch gelang, *Effekte zum Kindeswohl* zu erreichen.
Wie stark die Problembelastung bei einigen Paaren auch nach der Beratung noch ist, können folgende Zahlen verdeutlichen. Bei 18,1% der Befragten ist der Kontakt seit der Trennung/Scheidung völlig unterbrochen, und bei weiteren 30,3% ist die Atmosphäre so angespannt, daß Gespräche derzeit kaum möglich sind. Beide Einschätzungen bedeuten übrigens nicht, daß

diese Eltern die Beratung als erfolglos ansehen. Auch hier gibt fast ein Drittel der Elternteile an, daß zumindest Teilerfolge erreicht wurden.

Furstenberg und Cherlin haben in ihren Untersuchungen deutlich gemacht, daß das Ziel einer kooperativen Elternschaft keineswegs über dem der sogenannten parallelen Elternschaft stehen muß. Letztere scheint, weil realistischer und weniger krisenanfällig, auch auf Kinder positivere Auswirkungen zu haben (Furstenberg & Cherlin 1991, siehe dazu auch Kapitel 1). In diesem Sinn sind wohl auch die Ergebnisse unserer Untersuchung zu deuten. Offensichtlich genügt auch ein Minimum an Absprachen, bei denen nur das Nötigste geregelt ist und ein gemeinsamer Weg ohne viel verbaler Verständigung, um eine funktionierende und aus Sicht der Eltern akzeptable Form paralleler Elternschaft zu entwickeln.

### 4.3.3 Was ändert sich für die Kinder? - Das Kindeswohl als Zielperspektive (Effekte auf der Ebene Eltern-Kinder)

Im folgenden geht es um Wirkungen, die zwar zum wesentlichen Teil auch die Eltern betreffen, aber in der Regel direkt auf das Kindeswohl abzielen. Damit soll nicht gesagt werden, daß die anderen Effekte (zum Beispiel wenn Elternteile wieder für sich Perspektiven sehen, wenn sie mehr miteinander reden) keine Auswirkung haben. Im Gegenteil, in fast jedem der genannten Fälle wird es sehr wohl ganz konkrete Auswirkungen geben. Zur Unterscheidung von diesen meist impliziten Effekten werden nun eine Reihe von Beispielen betrachtet, wo die direkte Beziehung(sregelung) zwischen Eltern und Kindern das Thema ist oder/und die Perspektive der Kinder in die Prozeßanalyse einfließt.

Im einzelnen betrachten wir,

(1) in welcher Form der Beratungsprozeß zu Regelungen auf der Elternebene geführt hat, die direkt auf die Kinder abzielen;
(2) inwiefern es gelang, den nicht beim Kind lebenden Elternteil als Kontaktperson zu erhalten;
(3) welche Auswirkungen es hatte, wenn das Kind selbst am Beratungsprozeß teilnahm
(4) und welche Auswirkungen der Trennungs- und Scheidungsprozeß insgesamt auf die Kinder hatte.

*In 40% der Fälle gab es explizite Regelungen*

In welcher Form hat der Beratungsprozeß zu Regelungen auf der Elternebene geführt, die für die Kinder unmittelbar relevant sind? Gefragt wurde dabei sowohl nach Besuchsregelungen als auch danach, ob und wie der

Aufenthalt in den Ferien, im Krankheitsfall oder bei Erziehungsproblemen geregelt ist.

Es mag auf den ersten Blick überraschend erscheinen, daß die Eltern angeben, daß es nur in 40% der Fälle explizite Vereinbarungen gab. Wie wir in Kapitel 1 gesehen haben, gehört es jedoch zu den Charakteristiken von FATS, daß die Beratungen nicht ausschließlich auf der Verhandlungsebene ansetzen, sondern auch emotionale und andere Aspekte des Trennungsprozesses bearbeiten.[16]

Im folgenden sind die Fälle mit Vereinbarungen nochmals aufgeschlüsselt nach Art der expliziten Regelung (Anzahl der Fälle, in denen es Thema war[17]), Zufriedenheitsquote und ob Beratung dabei geholfen hat.[18]

| War bei uns Thema: | Art der Regelung Klientinnenbefragung 1996 (N=64-92) | zufrieden | Beratung hat geholfen |
|---|---|---|---|
| 68% | Besuchsregelung | 60,9 | 81,8 |
| 65% | Unterhaltszahlung | 52,8 | 9,1 |
| 57% | Aufenthalt des Kindes in den Ferien | 46,2 | 27,3 |
| 54% | Lösungen finden, wenn ein Kind krank ist | 32,9 | 6,1 |
| 50% | Mitsprache/Absprache bei Erziehungsproblemen | 33,8 | 18,2 |
| 47% | Absprache bei Veränderungen der Lebenssituation des Kindes/der Kinder (z.B. Schulartwechsel ...) | 45,3 | 9,1 |

Tabelle 14: Zufriedenheit mit Regelungen und Einfluß der Beratung / Frauen

Zwischen Müttern und Vätern ergeben sich vor allem zwei Unterschiede in der Zufriedenheit. Mütter sind weniger zufrieden, wenn es um Ferienregelungen und Krankheit geht, dies gilt vor allem für Mütter, bei denen die Kinder leben im Gegensatz zu den Vätern, bei denen diese nicht leben. Die Väter sind unzufriedener als die Mütter, wenn es um Abspra-

---

[16] Wie bereits beschrieben, spielen diese Möglichkeiten in der positiven Einschätzung der Eltern zum Beratungsprozeß eine wichtige Rolle.

[17] 68% Besuchsregelung meint, daß in 68% der Fälle (40%-Fälle mit Regelungen) es im Bereich der Besuchsregelung zu einer konkreten (wenngleich nicht immer expliziten) Vereinbarung gekommen ist.

[18] Offen muß bleiben, welcher Grund letztlich zu den Quoten geführt hat. Zwei Möglichkeiten : (a) Es gab zu dem jeweiligen Thema keinen Regelungsbedarf. (b) Eine andere Möglichkeit ist, daß Eltern deshalb keine Angaben machten, weil es zwar Thema war, es aber zu keiner einvernehmlichen Regelung kam.

chen bei Veränderungen der Lebenssituation geht, glauben aber gleichwohl häufiger, daß Beratung hier noch einen positiven Einfluß hatte.

| War bei uns Thema: | Art der Regelung Klientinnenbefragung 1996 (N=51-75) | zufrieden | Beratung hat geholfen |
|---|---|---|---|
| 84% | Besuchsregelung | 55,4 | 82,8 |
| 66% | Unterhaltszahlung | 52,0 | 17,2 |
| 67% | Aufenthalt des Kindes in den Ferien | 58,3 | 34,5 |
| 55% | Lösungen finden, wenn ein Kind krank ist | 49,0 | 10,3 |
| 67% | Mitsprache/Absprache bei Erziehungsproblemen | 29,3 | 17,2 |
| 60% | Absprache bei Veränderungen der Lebenssituation des Kindes / der Kinder (z.B. Schulartwechsel ...) | 35,8 | 27,6 |

Tabelle 15: Zufriedenheit mit Regelungen und Einfluß der Beratung / Männer

Man kann dieses Thema noch weiter differenzieren, indem man diejenigen befragt, bei denen die Kinder leben. „Kümmert sich", so die Frage, „Ihr/e ehemalige/r Partner/Partnerin zu Ihrer Zufriedenheit um die Erziehung/Versorgung des Kindes / der Kinder?"

| Klientinnenbefragung 1996 (N=97) | Antwort "JA" in % | | |
|---|---|---|---|
| Anlässe | Frauen | Männer | Gesamt |
| - Wenn ein/das Kind krank ist | 13,6 | 28,0 | 17,5 |
| - Wenn das Kind/die Kinder Probleme in der Schule haben | 12,9 | 14,3 | 12,9 |
| - Wenn Hausaufgaben zu betreuen sind | 5,7 | 8,3 | 6,0 |
| - Wenn das Kind/die Kinder Trost und/oder Zuwendung brauchen | 14,6 | 25,0 | 20,0 |
| - Wie das Kind/die Kinder Ihre Freizeit ver bringen | 28,9 | 28,0 | 27,8 |

Tabelle 16: „Kümmert sich der nicht bei dem Kind / den Kindern lebende Partner um diese zu Ihrer Zufriedenheit?"

Bemerkenswert ist noch, daß es im Krankheitsfall, bei Trost und Zuwendung sowie bei der Freizeit leichte Bildungsunterschiede auftreten (Befragte mit Abitur äußern sich hier zufriedener).
Generell bleibt anzumerken, daß die Zufriedenheit der Eltern mit dem Stand der jeweiligen Regelungen begrenzt ist. Insbesondere die Eltern,

bei denen das Kind lebt, zeigen sich unzufriedener. Insgesamt erscheint auch der Einfluß der Beratungsarbeit auf den Regelungsbedarf (mit Ausnahme des Bereichs Besuchsregelung) eher begrenzt zu sein.

*Zwei Drittel der Elternteile, die nicht beim Kind leben, sind mit dem Kontakt zufrieden*

Was sich in der Zufriedenheit mit der Besuchsregelung schon andeutet, zeigt sich auch bei der Frage, wie zufrieden die Eltern, bei denen die Kinder nicht leben, mit ihrem Kontakt zu diesen sind. Wie die Abbildung zeigt, sind vier von fünf der Befragten (die sagen, der Kontakt ist sehr gut oder gut) mit dem erreichten Kontaktniveau zufrieden. Vor allem die Männer, die in ihren Eingangserwartungen diesen Punkt sehr hoch gewichtet hatten, sind offensichtlich zufrieden.

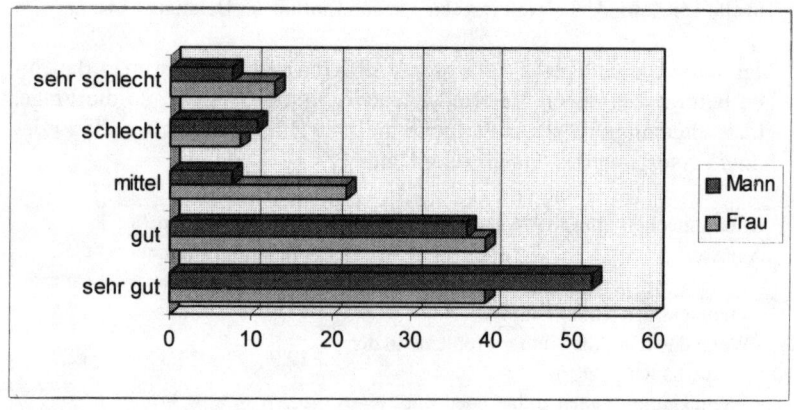

Abbildung 5: Zufriedenheit mit dem Kontakt zum beim Partner / bei der Partnerin lebenden Kind

Betrachtet man nur die Häufigkeit der Kontakte, so zeigt sich,
(1) daß 40,5% der Mütter (30,6% der Väter) ihre nicht bei ihnen lebenden Kinder wöchentlich und/oder öfter sehen,
(2) für 22,7% der Frauen (40,7% der Männer) der Regelfall der zweiwöchigen Besuche gilt,
(3) 9% der Frauen (16,2% der Männer) ihre Kinder seltener (das heißt einmal monatlich oder seltener) sehen,
(4) und 27,1% der Frauen (16,1% der Männer) ihre Kinder überhaupt nicht sehen.

Eine Erklärung für den hohen Anteil der Frauen, die keinen Kontakt mehr haben, mag auch darin liegen, daß die Väter, bei denen die Kinder leben, zu einem Drittel sagen, daß sie den Kontakt mit ihrer Expartnerin und Mutter als schädlich einschätzen und nochmals 17% als unbedeutend. „Nur" jeder Zweite hält ihn für wichtig / sehr wichtig. Die Frauen sind hier den Expartnern und Vätern ihrer Kinder gegenüber positiver eingestellt. Hier halten über 66% den Kontakt zum Vater für (sehr) wichtig und „nur" 24% sagen, er sei schädlich. Bemerkenswert bleibt aber, daß während man normalerweise von ca. 40% „verschwundenen Vätern" ausgeht, der Anteil im Regensburger Modell bei nur 16% liegt. [19]

*Kinder in Beratung - überwiegend ein Erfolg*

Insgesamt geben 40% der Befragten[20] an, daß ihre Kinder in Beratung waren[21]. Wir können an dieser Stelle nur relativ pauschal die Erfahrungen beurteilen (es wäre hierzu natürlich sehr interessant gewesen, die Kinder zu befragen, dazu bestand aber im Rahmen des Projekts keine Möglichkeit[22]). Aus den Aussagen der Eltern läßt sich jedoch schließen, daß sie in der überwiegenden Zahl (70,4%) Auswirkungen bemerkt haben. Analysiert man ihre Bewertungen, so ergibt sich, daß zu jenem Viertel der Bewertungen, in denen die Eltern sich kritisch geäußert haben („Das Kind hat sich zurückgezogen, war verunsichert, wollte nicht mehr hin") wiederum fast die gleiche Anzahl an neutralen Äußerungen („...hat von der Beratung erzählt, ging mehrmals hin") und die doppelte Anzahl an positiven Äußerungen („...war ausgeglichener als zuvor, interessierte sich mehr für Fragen der Trennung, ist gerne hingegangen") gegenüberstehen.
Dieser überwiegend positiven Einschätzung entsprechen auch die Ergebnisse der weiteren Analysen. Wenn Kinder mit in der Beratung waren,
(1) wurde in nur 5% der Fälle der Kontakt zum nicht-sorgeberechtigten Elternteil nach Beratung schlechter (bei Fällen, wo die Kinder nicht in Beratung waren sind es 13%);
(2) geben die Eltern auf fast allen Ebenen mehr Effekte an und urteilen insgesamt auch deutlich positiver.

---

[19] Es ist nicht auszuschließen, daß unter den Vätern die den Fragebogen nicht ausgefüllt haben, der Anteil verschwundener Väter deutlich höher liegt. Aus den Antworten der Frauen und aus den qualitativen Interviews läßt sich aber schliessen, daß der Anteil nicht höher als 20% sein dürfte.
[20] Dieser Wert wird auch durch die Analyse der Klientinnendaten der Beratungsstelle bestätigt. Demnach wären 39% aller Fälle Kinder an Beratungsprozessen direkt beteiligt gewesen.
[21] In 7% der Fälle waren diese in einer Kindergruppe.
[22] Vergleiche dazu auch den Anhang (Ziel und Konzept der Untersuchung).

Nimmt man die Einschätzungen der Eltern zu den Effekten auf die Kinder zusammen, so gelang es in mindestens 54% aller Fälle, mindestens einen der berichteten Effekte zu erreichen. Wie vielschichtig die Bewertung der Eltern ausfällt, kann man auch daran ersehen, daß auch Teile der Eltern, die bei keinem der Items zur Eltern-Kind-Ebene mit „Ja" geantwortet haben, die Beratung positiv fanden (vor allem weil sie selbst profitiert haben), nicht weniger als 72% von diesen nochmals in Beratung gehen würden und 81% diese Beratungsstelle Bekannten weiterempfehlen würden.

*Trennung und Scheidung: Das erwartet „schwere" Lebensereignis für Kinder*

Es ist in der empirischen Forschung[23] zu den Folgen von Trennung und Scheidung inzwischen unbestritten, daß nahezu jede Scheidung/Trennung (jeder massive Beziehungskonflikt der Eltern) auf seiten der Kinder zu schwierigen psychosozialen Verarbeitungsprozessen führt. Dies bestätigt sich auch in unserer Untersuchung. Wir haben dazu die Eltern gebeten, die von ihnen bei ihren Kindern beobachteten Anpassungsprobleme nach Trennung/Scheidung[24] auf einer Liste von 30 Items zu nennen. Insgesamt haben 85% aller Befragten, die bei dieser Frage geantwortet haben, mindestens ein Anpassungsproblem bei ihren Kindern beobachtet (Frauen 91% und Männer 75%). Im Schnitt wurden pro Fall von den Frauen fünf und von den Männern vier Probleme genannt. Ergänzend wurden die Befragten gebeten zu sagen, ob diese Probleme heute nicht mehr auftreten. Die folgende Tabelle gibt die Auftretenswahrscheinlichkeit und den Prozentsatz der Fälle an, für die dieses Problem nicht mehr gilt.[25]
Zur Erläuterung ein Beispiel: 36,5% aller Befragten sagen, „mein Kind hatte nach und während der Trennung Schlafstörungen". Bei zwei Drittel (67,7%) treten diese heute (= zum Zeitpunkt der Befragung) nicht mehr auf.

Zu weiteren Analysen vergleiche auch die Nutzen-Kosten-Analyse.

---

[23] In der BRD sind die Scheidungsfolgen für die Kinder bislang nur sehr vereinzelt zum Gegenstand empirischer Forschung gemacht worden (H. Offe 1992, S. 25). In den USA ist die Forschungslage erheblich besser.
[24] In der Scheidungsforschung zeigt sich, daß diese Probleme nicht erst durch Scheidung/Trennung entstanden sind. Man weiß, daß die meisten Probleme in gewissem Umfang auch vorher schon aufgetreten sind.
[25] Die Frage lautete: „Wir wissen heute, daß viele Kinder auf die Trennung/Scheidung ihrer Eltern mit Anpassungsproblemen reagieren Diese Anpassungsprobleme können unterschiedlicher Art sein und unterschiedlich starke Ausprägungsgrade haben. Welche der untenstehenden Aussagen treffen auf Ihr Kind / Ihre Kinder zu zum Zeitpunkt der Trennung und zum heutigen Zeitpunkt?"

| Anpassungsprobleme zum Zeitpunkt der Trennung in jenen Fällen, die aus Sicht der Betroffenen erfolgreich und effektiv waren<br><br>Klientinnenbefragung 1996 N=157 | Wahr-schein-lichkeit des Auftre-tens in % | Tritt heute nicht mehr auf<br><br>in % |
|---|---|---|
| Mein(e) Kind(er) bekamen Schwierigkeiten in der Schule/im Kiga. | 47,1 | 57,5 |
| Mein(e) Kind(er) mußte(n) eine Klasse wiederholen. | 11,8 | 90,0 |
| Die Versetzung in die nächste Klasse war/ist gefährdet. | 9,4 | 75,0 |
| Es hat ein Schulartwechsel stattgefunden. | 11,8 | 70,0 |
| Mein(e) Kind(er) hatte(n) Sprachprobleme (z.B.Stottern). | 4,7 | 50,0 |
| Schlafstörungen (z.B. Alpträume). | 36,5 | 67,7 |
| Magen-Darm-Probleme. | 18,8 | 43,8 |
| traurige Verstimmung / Depressionen. | 50,6 | 53,5 |
| Angstzustände. | 29,4 | 48,0 |
| Wutanfälle. | 41,2 | 65,7 |
| Hautausschläge. | 10,6 | 55,6 |
| Einnässen. | 10,6 | 77,8 |
| damit begonnen, mich anzulügen. | 9,4 | 75,0 |
| Trennungsangst. | 40,0 | 58,8 |
| Schuldgefühle. | 22,4 | 73,7 |
| Mein(e) Kind(er) hatte(n) sich von Freunden und Freundinnen zurückgezogen. | 14,1 | 66,7 |
| Mein(e) Kind(er) hatte(n) das Interesse an ihren Hobbies verloren. | 9,4 | 75 |
| Mein(e) Kind(er) hatte(n) ihre Freizeit überwiegend zu Hause verbracht. | 30,6 | 53,8 |
| Mein(e) Kind(er) war(en)/ist (sind) häufig aggressiv. | 30,6 | 53,8 |
| Mein(e) Kind(er) war(en)/ist (sind) häufig in sich gekehrt. | 29,4 | 56,0 |
| Mein(e) Kind(er) ist/sind in einen Diebstahl verwickelt worden. | 5,9 | 60 |
| Mein(e) Kind(er) ist/sind mit der Polizei in Konflikt gekommen. | 2,4 | 50 |
| Mein(e) Kind(er) hatte(n)/hat (haben) Probleme mit Alkohol. | 1,2 | 100 |
| Mein(e) Kind(er) nahm(en) 'harte' Drogen (z.B. Heroin). | 1,2 | 100 |
| Mein(e) Kind(er) nahm(en) 'weiche' Drogen (z.B. Haschisch oder Marihuana). | 1,2 | 0 |
| Mein(e) Kind(er) wollte(n) ausziehen. | 7,1 | 83,3 |
| Mein(e) Kind(er) ist/sind ausgerissen. | 1,2 | 100 |
| Mein(e) Kind(er) wurde(n) ernsthaft krank. | 3,5 | 66,7 |

Tabelle 17: Anpassungsprobleme Kinder nach Trennung/Scheidung

Analysiert man die verschiedenen Einschätzungen der Eltern sowie die von ihnen benannten Effekte auf ihre Einflußfaktoren, fällt zweierlei auf. Erstens spielt der Bildungsunterschied in der Klientel in nur wenigen Fällen eine explizite Rolle. Dies ist offensichtlich ein Hinweis darauf, daß, wenn die Schwelle zur Beratung genommen ist und ein erstes Vertrauensverhältnis sich entwickelt hat, der Beratungsansatz wie auch die Methoden der FATS-Beratung über alle Bildungsschichten nahezu gleich erfolgreich sind.

Das zweite auffallende Ergebnis betrifft den Faktor „Dauer der Beratung". Ganz im Unterschied zum Bildungsfaktor spielt er bei fast allen Variablen eine wichtige Rolle. Um auszuschließen, daß dies ein Artefakt des Zugangs ist, haben wir für die weitere Analyse all jene ausgeschlossen, die den Zugang als nicht freiwillig erlebt haben und folglich auch meist kürzer in Beratung waren. Doch auch dann, wenn man nur die „Freiwilligen" analysiert, bleibt die Dauer ein auffälliger Erfolgsfaktor. Hier nur einige ausgewählte Zusammenhänge. Verglichen werden jeweils jene, die einen oder maximal zwei bis drei Termine hatten (=kürzer in Beratung waren) mit jenen, die vier bis oder 11 bis 20 Termine genannt haben (=länger in Beratung waren).
Es zeigt sich:

(1) Von denen, die länger in Beratung waren, verstehen doppelt so viele, warum man sich getrennt hat.
(2) Die Zahl derjenigen, die sagen, sie haben sich als Effekt der Beratung weniger gestritten, verdoppelt sich.
(3) Mit der Länge der Beratung steigt die Chance, wieder besser miteinander reden zu können von 5-9% auf 24-32%.
(4) Der Anteil derjenigen, die sagen, daß sie Vereinbarungen zum Wohl der Kinder finden konnten, verdoppelt sich.
(5) Der Anteil derjenigen, die „eine Perspektive bekamen, wie es weitergeht", stieg von 22% auf 70%.
(6) Die Quote derjenigen, die der Beratung wenig Einfluß zubilligten, fiel deutlich. „Die Beratung hat für mich nichts gebracht", sagen noch 31% mit kürzerer Beratung, aber nur noch 5% mit längerer Beratung. „Ohne die Beratung wäre alles konfliktreicher geworden", sagen (mit längerer Beratung) 58%, mit kürzerer Beratung jedoch nur 15%.

Der Beratungsprozeß hat auch, so lassen die Ergebnisse vermuten, einen Einfluß auf die allgemeine Lebenssituation und das Lebensgefühl der erwachsenen Eltern. So nennen jene mit längerer Beratungsdauer um die

Hälfte mehr positive Lebensereignisse (seit der Trennung) als jene mit kürzerer Beratungszeit[26]

## 4.4 EFFEKTE DER BERATUNG - EINE SYSTEMATISIERUNG

Ziel des folgenden Abschnitts ist es, die von den Klientinnen genannten Effekte noch einmal zu systematisieren. Damit soll zum einen deutlich gemacht werden, woran es liegt, daß Klientinnen Beratung als erfolgreich bewerten, obwohl nur wenig Veränderungen erreicht werden. Darüber hinaus kann dieses Effektmodell auch dazu beitragen, das Profil der Beratungsarbeit von FATS klarer werden zu lassen.

Wir greifen in der Darstellung auf ein von uns an anderer Stelle entwickeltes Modell zurück (Straus, Gmür & Höfer 1988, Höfer & Straus 1991), in dem die verschiedenen Effekte von Beratungsarbeit unter Bezug auf die Belastungs-Bewältigungs-Forschung systematisch eingebunden werden.

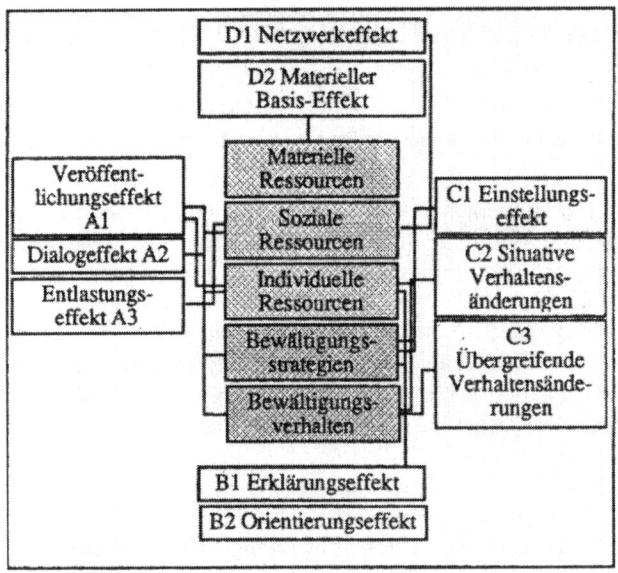

Abbildung 6: Effektmodell

---

[26] Hier ging es um Einschätzungen wie „meine berufliche Situation hat sich entspannt", „ich habe neue Freundschaften geknüpft", „ich habe eine/n neuen Partner/in", „mein Selbstbewußtsein wurde stärker" (insgesamt 8 Items).

Zu den am häufigsten berichteten Effekten gehören der *Veröffentlichungs- und der Dialogeffekt.* Beratung wird hier als Ort beschrieben, wo (viele zum ersten Mal) in einer ernsthaften und nicht stigmatisierten Form über Probleme wie auch über die dahinter stehenden Gefühle gesprochen werden konnte (diese „veröffentlicht" werden konnten). Ausgangspunkt für beide Effekte ist in der Regel bereits das (im Unterschied zu normalen Gesprächen) andere Setting der Beratung wie auch die Person eines neutralen und kompetenten Dritten. Oft genügen selbst kleine Impulse, um hier wichtige Basiseffekte zu erreichen. Ein Beispiel:

„Ich hatte einfach das Gefühl, daß ich mich nicht verständlich machen kann, und ich hab das (die Beratung) als Forum dafür gesehen, daß ich mich einfach verständlich machen kann. Da ist jemand, der hört zu, und der versteht das dann auch, und das geht nicht da rein und da raus (...), sondern von ihm habe ich gewußt, der hört zu, der kann auch reagieren drauf. Und das war mir unheimlich wichtig, weil ich im Laufe der letzten Zeit immer das Gefühl gehabt hab, mein Mann hört überhaupt nicht zu. Der versteht das überhaupt nicht. (...) Also, ich hab das als Chance gesehen, mich verständlich zu machen." (Klientin)

Ein weiterer Basiseffekt der Beratung ist der sogenannte *Entlastungseffekt.*

„Ich kam aus jeder Sitzung mit einem Gefühl der Erleichterung. Ich hab immer gedacht, jetzt bin ich ein Stück weiter, und das hielt auch eine ganz schöne Zeitlang vor." (Klientin)

Viele Klientinnen beschreiben, wie diese Frau, daß mit der Beratung das Krisenkarussell zumindest ein Stück weit angehalten wird. Eine Reihe von Klientinnen schöpfen Hoffnung, doch noch zu einer gemeinsamen Lösung zum Wohl der Kinder aber auch für die eigenen Interessen zu kommen. Im Unterschied zu anderen Beratungssituationen hat hier die FATS-Beratung allerdings deutliche Grenzen. Weder geht es in den meisten Fällen um generelle Lösungen - die Trennung und Scheidung ist endgültig - noch lassen sich bei der hochstrittigen Ausgangslage einfache, schnelle Lösungen finden.
Meist gelingt es bei den Klientinnen, mindestens einen, nicht selten aber alle drei Basiseffekte zu erreichen. Ist dies der Fall, dann haben die Klientinnen in den meisten Fällen bereits das Gefühl, daß Beratung ihnen etwas gebracht hat. Diese Einschätzung erklärt sich aus der Voreinstellung von vielen Klientinnen, daß „Reden über Probleme" wenig bewirkt. Viele sind aber nach den ersten Beratungsstunden überrascht, wie positiv sie für sich die Beratungsgespräche erlebt haben. Dies erklärt die generell sehr hohe Zustimmung zu Beratung, selbst wenn wenig Veränderungen im Alltag hergestellt wurden.

Zugleich sind diese drei Basiseffekte eine wichtige Voraussetzung, um weitergehende Effekte auslösen zu können. Die zweite Gruppe von Effekten betrifft das Verstehen von dem, was passiert ist (Erklärungseffekt) wie auch von dem, wohin man sich entwickeln könnte (Orientierungseffekt).

Der *Erklärungseffekt* tritt ein, wenn die Klientinnen für das, was sich ereignet hat (das Problem und seine Folgen), Erklärungen bekommen und damit das Gefühl verhindern, etwas Nichtgreifbarem nur ausgeliefert zu sein.[27] Für die Ursachenklärung der Scheidung reicht die Beratungszeit in der Regel nicht, wohl aber um zumindest Teilprozesse sich erklären zu können.

„Ja, und zwar daß wir wieder besser miteinander umgehen konnten, (...) und daß wir auch so Verhaltensmuster ein Stück weit aufgedröselt haben, was führt denn dazu, daß sie plötzlich zumacht und nichts mehr von mir hören will? Welche Verhaltensweisen meinerseits sind denn das, wo man fast auf den Knopf drücken kann, wo der Ärger losgeht? Woran lagen so die gegenseitigen Enttäuschungen, wo wir uns gegenseitig auch das Leben schwergemacht haben?" (Klientin)

Der *Orientierungseffekt* zielt darauf ab, Klientinnen in ihrer Lebensplanung zu helfen, ihnen dort, wo er abhanden gekommen ist, wieder so etwas wie einen Sinn, eine Perspektive zu geben. Gerade in Trennungs- und Scheidungssituationen ist dies ein besonders wichtiger und kritischer Punkt, da mit dem Verlust der Partnerin meist auch soziale Zusammenhänge sich verändern und nicht selten auch ein Stück geplanter Zukunft verlorengeht.

„Ja, das war auch eine Lernerfahrung für mich. Ich dachte am Anfang, ich kann das niemals verdauen oder bewältigen in der Auseinandersetzung mit dem früheren Partner, wo der das verweigert hat, war ich also erst recht zu Tode betrübt. Und es hat lange gedauert, bis ich gelernt habe, man kann das schon mit sich selber auch ausmachen. Vielleicht sogar der einzige Weg, der einzig wirklich machbare Weg, (...) aber es ist halt auch sehr schwierig, selbst wenn man dann irgendwann mal zu dieser Erkenntnis kommt. Das umzusetzen ist schon ein schwerer Weg, finde ich. Aber auf solche Sachen wäre ich ohne Beratung lange nicht gekommen, wär ich wahrscheinlich heute noch auf dem Stand, ihm gram zu sein, weil er mir das angetan hat." (Klientin)

---

[27] Wie die neuere Gesundheitsforschung zeigt, gehört es zu den wesentlichen Bedingungen für das Bewältigen von Streß, sich das, was passiert, auch erklären zu können. Die anderen beiden Komponenten des Kohärenzsinns sind das Gefühl der Bewältigbarkeit und das Gefühl der Orientierung, des Sinns des eigenen Handelns. Der Kohärenzsinn gilt als eine Schlüsselkompetenz im Bewältigen von schwierigen Lebenssituationen (vgl. Höfer 1998). Einen Vorschlag zu einer salutogen orientierten Untersuchungskonzeption im Bereich der Scheidungsbewältigung unter - allerdings kritischer - Verwendung dieser Bewältigungsressourcen unterbreitet Werner (1997).

Die dritte Gruppe der Beratungseffekte sind nun solche, die im engeren Sinn Veränderungsprozesse beschreiben. Eng an Erklärungs- und Orientierungseffekt gekoppelt sind die Veränderungen auf der Einstellungsebene. Klientinnen beginnen als ersten Schritt weitergehender Veränderungen, an ihren Einstellungen zu arbeiten. In der Trennungs- und Scheidungsberatung betrifft dies vor allem sich selbst und die Beziehung zu den Ex-Partnern.

„Es ist so, daß ich jetzt das Gefühl habe - vorher war es so, daß ich immer zwanghaft das Bedürfnis hatte, mich ihm (dem Ex-Mann, d. Verf.) verständlich zu machen, auf jede Art und Weise, die mir in den Sinn kam. Ich hab immer gedacht, der muß doch das verstehen (...) und durch die Gespräche hab ich eben auch festgestellt, daß das gar nicht notwendig ist, daß es viel wichtiger ist, daß ich weiß, was ich will und wie ich mich dabei fühle (...) Also, das war wahnsinnig wichtig, und das ist es jetzt nicht mehr." (Klientin)

Bei den *Verhaltenseffekten* unterscheiden wir situative von übergreifenden. In der Trennungs- und Scheidungsberatung spielen vor allem die situativen und mit Regelungen gekoppelten Änderungen eine wichtige Rolle.

„Und was wir nachher rausgearbeitet haben, daß es ihr (der Ex-Frau, d. Verf.) um diese Regelung ging, daß etwas ganz klar strukturiert und regelmäßig ist, ohne daß sie sich mit mir darüber unterhalten muß. (...) Und diese Regelung war dann ein Werk über eine DIN-A-4 Seite, die dann so lautete: (... usw.)." (Klientin)

Dies gilt natürlich auch für die Beziehung zu den Kindern, die mit der neuen Lebenssituation auch eine veränderte Basis erhalten, teilweise auch mit der Chance neuer Lernerfahrungen.

„Ich bin konsequenter geworden. Ich laß nicht mehr so viel durchgehen. Ich beschäftige mich intensiv mit ihr (der Tochter), aber es gibt auch eine gewisse Strenge, wo ich halt vorher ... meine Meinung war halt damals, wie ich weggegangen bin, Mensch, das Kind hat so viel mitgemacht und am besten ist es, überhaupt nicht schimpfen. Ich war mir nicht im klaren (...), wie ich eine Erziehung durchführe, das war alles so eine hektische Zeit und so. (...) Das habe ich dann auch mehr oder weniger durch den Herrn (Name des Beraters) gelernt ... durch die ganzen Gespräche. Ich mein, das hat alles mit mir was zu tun gehabt, daß ich ruhiger geworden bin, und daß ich selbstbewußter geworden bin, da hat sich das auch mit ihr automatisch verändert gehabt. Ich war ruhiger, hab alles gelassener gesehen, und ich hab auch mal Strenge durchgeführt, wenn sie mal was angestellt hat. Dann bin ich konsequent geblieben (...) Das ist mir in den Stunden schon auch klar geworden, ja." (Klientin)

Letzteres war auch bereits ein Beispiel für eine übergreifende Verhaltensänderung, die diese Klientin beschreibt. Nicht selten ist es auch so, daß der Dialogeffekt, der ja zunächst nur beschreibt, daß man lernt, dem anderen zuzuhören, zu einem veränderten Kommunikationsverhalten führt.

„Ich habe mir eigenlich etwas ganz anderes erhofft, (...), daß ich diese Verletzung überwinden kann, und daß ich ihn (den Ex-Mann und Kindesvater, d. Verf.) irgendwo draußen lassen kann aus unserer Zweierbeziehung (Mutter-Kind-Beziehung), daß er davon immer mehr Abstand gewinnt. Es war aber eigentlich genau das Gegenteil, daß wir einen immer besseren Kontakt miteinander bekommen haben." (Klientin)

Eine weitere Gruppe von Effekten beschreibt nicht nur Änderungen im Verhalten und in den Einstellungen einer Person, sondern darüber hinaus auch soziale und materielle Veränderungen. In beiden Bereichen sind Trennungs- und Scheidungsfamilien stark betroffen, da mit dem Ereignis in der Regel massive soziale und materielle Veränderungen drohen. Dies zeigt sich auch bei den FATS-Klientinnen. Ein Drittel der Befragten gibt größere finanzielle Probleme infolge der Trennung an. Und jede vierte Frau und jeder fünfte Mann geben an, daß ihre Freundeskreise kleiner geworden sind und sie sich in der Folge einsam gefühlt haben. Dennoch bleiben die von FATS erreichten Effekte hier bescheiden, da es im Beratungsansatz bewußt keine Bearbeitung materieller Fragen gibt und soziale Folgen auf der Erwachsenenebene nicht im Mittelpunkt des Beratungsansatzes stehen (hier steht das Kindeswohl). Gleichwohl kann man es auch auf dieser Ebene als Netzeffekt bezeichnen, wenn es gelingt, die gescheiterte Beziehung der Partner zumindest auf der Elternebene im Interesse der Kinder zu bewahren:

„Er sieht seine Tochter heute praktisch täglich, dies sei eigentlich das Hauptanliegen der Beratungsstelle gewesen, daß es so gekommen ist. ... Die Situation sei jetzt besser, als er es sich je erhofft hatte (häufiger Kontakt mit der Tochter). Das ist mehr als positiv gelöst, muß ich sagen." (Klientin)

„Das geht mittlerweile reibungslos. ... Ohne Beratung wäre das Ganze bedeutend negativer gelaufen ... Ich glaube nicht, daß wir die Situation so gebracht hätten, wie sie jetzt ist." (Klientin)

*Verbesserungsvorschläge der Klientinnen*

*Wo fehlt den Klientinnen etwas?*
*Was würden Klientinnen gerne verändert haben?*
*(Einzelaussagen)*

Fast 40% der Befragten haben (im Fragebogen / offene Frage) konkrete Vorschläge geäußert, was an der Beratung zu ändern wäre. Auffällig ist die große Bandbreite der Vorschläge (von „einer gemütlicheren Atmosphäre im Beratungszimmer" über „mehr für das Sorgerecht und den Unterhalt tun" und „mehr juristische Informationen" bis zu „wenn beide Partner teilnehmen, sollte in der Regel auch ein männlicher und ein weiblicher Berater dabei sein"). Eine inhaltliche Gruppierung, die mehr als fünf Nennungen erreicht, gab es zu den folgenden Themen (in Klammer die Zahl ähnlich lautender Vorschläge) und einige Originalzitate:

*Mehr Zeit*: (10 Nennungen) ... man müßte mehr feste Termine vereinbaren ... es braucht mehr Berater, die Wartezeit ist bei vielen Ratsuchenden zu lang ... gut wären Termine, welche kürzer aufeinander folgen ... für mich hat es manchmal zu lange gedauert, bis ich einen Termin bekam, wenn ich ein aktuelles Problem besprechen wollte ... es sollten mehr Beratungstermine zur Verfügung stehen, besonders am Anfang der Trennung ... Aufstockung der Planstellen, da ich den Eindruck hatte, es bestand sehr viel Nachfrage. ...

*Beratungspflicht:* (7 Nennungen) ... es müßte zur Pflicht werden, daß die Paare vor der Eskalation eine Beratung haben ... ich bin für Pflichtberatung vor der Scheidung ... man braucht Lösungen, wenn ein Partner nicht will: ... mehr auf den Partner eingehen, der diese Beratung ablehnt ... es braucht massive Sanktionen, wenn ein Partner nicht will ... meines Erachtens hilft hier nur eine Änderung des Strafrechts ... wenn ein Partner nicht will, sollten bei wichtigen Entscheidungen die Jugendämter Beratung anordnen können ...

*Kinder stärker mit einbeziehen:* (6 Nennungen) ... es müßte mehr Erfahrungsaustausch für Kinder in der gleichen Situation geben ... man müßte die Kinder unbedingt mehr einbeziehen ... die Kinder sollten auch psychologisch betreut werden ...

*Schweigepflicht überdenken:* (5 Nennungen) ... mehr mit Gericht arbeiten, sonst hilft uns die Beratung nichts ... die Familienberater sollten bei Gericht anwesend sein ...

4.5 Nutzen und Kosten von FATS

Im folgenden wollen wir einen Perspektivenwechsel vornehmen. Im Mittelpunkt stehen nun nicht mehr in erster Linie die Klientinnen, sondern die Perspektive der Zuschußgeber und die Frage nach der Effizienz von

FATS. Konkret geht es darum, in welchem Verhältnis der durch FATS erreichte Nutzen zu den aufgewendeten Kosten steht.[28]

## 4.5.1 Warum Nutzen-Kosten-Analyse?

Wir haben uns aus drei Gründen heraus entschlossen, eine solche Nutzen-Kosten-Analyse in die wissenschaftliche Begleitung aufzunehmen:

(1) Zum einen weil aufgrund der wirtschaftlichen Rezession Fragen der Kosten in den letzten Jahren zunehmend an Bedeutung gewonnen haben und dadurch Fragen des Nutzen-Kosten-Verhältnisses von Angeboten eine immer wichtigere Rolle spielen.

(2) Zum zweiten wollen wir einer bei solchen Diskussionen oft zu beobachtenden Verkürzung entgegentreten. Die Verkürzung besteht darin, daß nur noch Kostenrechnungen gemacht werden und letztlich, ohne den potentiellen Nutzen von Maßnahmen zu bedenken, einfach billigere gegen teurere Angebote ausgespielt werden.

(3) Der dritte Grund liegt in den Bedenken des psychosozialen Bereichs, sich überhaupt auf solche Argumentationen einzulassen. Vor allem die Praktikerinnen aus den betroffenen Einrichtungen wie auch andere Fachleute aus dem psychosozialen Bereich befürchten, daß der psychosoziale Bereich mit nicht adäquaten Verfahren bewertet wird. Wir teilen diese Befürchtungen dort, wo bei der Beurteilung psychosozialer Arbeit nur fachfremde, bloß auf Wirtschaftlichkeitsüberlegungen abgestimmte Kriterien verwendet werden.[29] Wir teilen die Kritik jedoch nicht dort, wo der psychosoziale Bereich sich grundsätzlich gegen die Verwendung von Nutzen-Kosten-Überlegungen sperrt. Ohne daß es eine ausreichende Zahl von Versuchen solcher Nutzen-Kosten-Rechnungen gibt, läßt sich unseres Erachtens die Diskussion nicht seriös führen. Dazu wollen wir mit diesem Abschnitt einen Beitrag leisten.

## 4.5.2 Wie geht eine Nutzen-Kosten-Analyse vor?

Im folgenden werden die wichtigsten vier Schritte einer Nutzen-Kosten-Analyse kurz erläutert (vgl. ausführlicher Straus & Kandler 1995). Ziel der Nutzen-Kosten-Analyse ist die Beurteilung einer geplanten oder bereits laufenden Maßnahme (im Prinzip jeglicher Art) nach dem Ge-

---

[28] Die ausführliche Nutzen-Kosten-Analyse mit allen Berechnungen wird im Anhang dargestellt.
[29] Die effizientesten Maßnahmen müssen nicht in jedem Falle auch die effektivsten sein.

sichtspunkt ihrer Wirtschaftlichkeit. Wirtschaftlich ist eine Maßnahme dann, wenn ihre Nutzen die Kosten übersteigen. Nutzen bzw. Kosten sind dabei Vor- beziehungsweise Nachteile, die sich aus der Sicht der Betroffenen aus der Maßnahme ergeben. Da diese Vor- und Nachteile häufig in unterschiedlichen Größen anfallen (zum Beispiel in Geld und in vermindertem Wohlbefinden), die nicht einfach aufaddiert werden können, besteht der Kern der Nutzen-Kosten-Analyse im Versuch, die unterschiedlichen Größen gleichnamig zu machen, um zu einer einheitlichen Kennzahl (Nutzen im Verhältnis zu den Kosten) kommen zu können.

Die Vorgehensweise umfaßt mehrere Stufen und soll hier in einer Kurzform dargestellt werden:

(1) Zielsetzung: Die erste besteht in der Zieldefinition. Was ist eigentlich beabsichtigt?

(2) Abgrenzung der Betroffenen: Die zweite Stufe umfaßt die Abgrenzung der Betroffenen. Für wen ergeben sich eigentlich überhaupt Kosten und Nutzen?

(3) Erfassung und Messung der Kosten und des Nutzens: In der dritten Stufe werden die Kosten und die Wirkungen in ihren Ursprungsgrößen erfaßt und so weit wie möglich gemessen. Zu klären ist hier vor allem, welche Kosten und welche Nutzen und in welchem Ausmaß zu erwarten sind?[30]

(4) Bewertung der Vor- und Nachteile: In der vierten und letzten Stufe wird schließlich versucht, die in ihren Ursprungsgrößen vorliegenden Vor- und Nachteile nach einem einheitlichen Maßstab, der in der Regel Geld ist, zu bewerten.

Wie wir an anderer Stelle näher ausgeführt haben, ist die Basis einer quantitativen Nutzen-Kosten-Analyse der Nachweis des ursächlichen Zusammenhangs zwischen einer Maßnahme und deren Zielbeitrag. Im naturwissenschaftlichen Bereich ist dieser Zusammenhang in der Regel (wenn auch beileibe nicht immer: siehe zum Beispiel Waldsterben) verhältnismäßig einfach herzustellen, da er meist auf bekannten naturgesetzlichen Wechselwirkungen aufbaut oder im Rahmen von Versuchen erforscht werden kann. Im psycho- beziehungsweise sozialwissenschaftli-

---

[30] Eine erste Hürde stellt der natur- oder sozialwissenschaftliche Ursache-/Wirkungsnachweis dar. Inwiefern kann ein Zusammenhang zwischen Beratung und beispielsweise vermiedenen psychosomatischen Krankheiten oder Entwicklungsstörungen bei Kindern nachgewiesen werden?
Die zweite Hürde stellt die quantitative Meßbarkeit der Größen dar. Zum Beispiel kann die Steigerung des Wohlbefindens meist nur grob in stark, mittel und wenig kategorisiert werden.

chen Bereich sind diese Zusammenhänge in der Regel in komplexere Wirkungsgeflechte eingebaut. Auch kann die Wirkung einzelner Maßnahmen oft nur sehr schwer isoliert betrachtet werden. Folglich ist eine streng kausale Bestimmung des Ursache-Wirkung-Zusammenhangs fast immer ausgeschlossen.

Als sinnvolle Alternative verbleibt die stochastische Bestimmung, das heißt diejenige auf der Grundlage statistischer Aussagen über Wahrscheinlichkeiten bestimmter Zusammenhänge: Wie groß ist die Wahrscheinlichkeit, daß eine bestimmte Maßnahme (ein Beratungsgespräch) zu einer gewünschten Wirkung (zum Beispiel geringere Schulprobleme eines von der Trennung der Eltern betroffenen Kindes) führt? Eine gesicherte Wahrscheinlichkeit kann nur dadurch in Erfahrung gebracht werden, daß eine Gruppe mit der Maßnahme (zum Beispiel Beratungsgespräch) einer solchen ohne gegenübergestellt wird und die Wirkungen in bezug auf bestimmte Ziele erhoben werden. Die Gruppen müssen dazu eine bestimmte Größe aufweisen, damit sonstige Einflüsse auf die Zielgröße (zum Beispiel Schulprobleme) kontrolliert werden können.

Ist eine solche Vorgehensweise nicht möglich, beispielsweise weil die möglichen Gruppengrößen zu klein sind oder der Ursache-Wirkungszusammenhang zu langfristig, verbleibt die Methode des Umkehrschlusses. Diese geht von einem vermuteten Wirkungszusammenhang (beispielsweise Beratungsgespräche vermindern Schulprobleme) aus, berechnet die Kosten der Maßnahme (Beratungsgespräch) und kommt dann zu der Frage: In wieviel Prozent der Fälle müßte der erwartete Wirkungszusammenhang tatsächlich eintreten, damit das Nutzen-Kosten-Verhältnis der Maßnahme positiv ist?

Darüber, ob der notwendige Prozentsatz in der Praxis erreicht wird, lassen sich in der Regel Schätzannahmen vorlegen. Aber selbst wenn dies nicht möglich ist, ergibt sich aus diesem Verfahren ein in der Regel sehr plausibler Zusammenhang über das Nutzen-Kosten-Verhältnis einer Maßnahme.

## 4.5.3 Nutzen und Kosten des Modellprojekts FATS - Berechnungsmodell

### Ausgangsüberlegungen

(1) Zielbestimmung unter Effizienzgesichtspunkten: FATS hat in erster Linie zum Ziel, die Eltern und Kinder bei der emotionalen als auch konkret-praktischen Bewältigung von Trennung und Scheidung zu unterstützen und darüber hinaus in zweiter Linie, die finanziellen Belastungen der Eltern und der Öffentlichen Hand durch Scheidungsverfahren und andere, aufgrund von nicht bearbeiteten Trennungskonflikten auftretende Folgekosten zu verringern.

(2) Abgrenzung der Betroffenen: Wenn Familien sich scheiden lassen, entstehen Kosten auf verschiedenen Ebenen (siehe Abb. 7):
a) bei den Eltern beziehungsweise Folgekosten bei ihren Kindern,
b) bei der Öffentlichen Hand beziehungsweise den mit der Scheidung und Folgekosten, der Scheidung befaßten Institutionen, die öffentlich bezuschußt werden
c) und für die Volkswirtschaft

Im weiteren werden wir nur einen Ausschnitt dieses Modells in unsere Nutzen-Kosten-Analyse aufnehmen: Wir haben uns im folgenden auf die Kosten und den Nutzen beschränkt, die für die Öffentliche Hand relevant werden und auf einen Teil der Wirkungen, die als psychosoziale Kosten der Trennung/Scheidung bei den Kindern entstehen.

Die durch FATS verursachten Kosten

Aufgrund der Berechnungsgrundlage des Jahres 1996 fallen nach Auskunft der Beratungsstelle Kosten in Höhe von DM 160.000,-- an. Enthalten sind dabei die Kosten für eine Personalstelle (BAT IIA), für eine halbe Verwaltungskraftstelle (BAT Va), für Sachmittel, anteilige Supervisionskosten sowie für die genutzten Räumlichkeiten im Amtsgericht.
Demgegenüber stehen, wenn man von einem vereinfachten Kostenmodell ausgeht, 175 ratsuchende Familien und damit DM 914,-- Kosten pro Fall. Insgesamt gibt die Beratungsstelle an, im Jahr 1996 896 Stunden à 60 Minuten mit den Ratsuchenden verbracht zu haben, das entspricht einem Preis pro Stunde von nicht ganz DM 180,--.[31]
Die Berechnung der monetären Kosten ist in Tabelle 1 im Anhang dargestellt. Ausgangspunkt sind die direkten Zahlungen in Höhe von ca. DM 160.000,--, die durch FATS für die Öffentliche Hand anfallen (Bruttoausgaben). Diese vermindern sich um die Rückflüsse an die Öffentliche Hand, die in Form von Steuern und Sozialabgaben durch die Bruttoausgaben ausgelöst werden. Als echte Kostenbelastung für die Öffentliche Hand durch FATS verbleiben Nettoausgaben von ca. DM 88.000,--.
Die Rückflüsse umfassen zum einen die Lohn-/Einkommensteuer und die Sozialabgaben, die direkt auf den Teil der Bruttoausgaben erhoben werden, die als Personalkosten ausgegeben werden und als solche Einkom-

---

[31] Vergleicht man die Preise anderer unterstützenden Systeme, erkennt man, daß die Kosten von FATS relativ günstig sind. Wir möchten an dieser Stelle allerdings eindrücklich davor warnen, im psychosozialen Bereich ohne genaue Analyse der Rahmenbedingungen und Wirkungen 'bloße' Kostenrechnungen gegenüberzustellen.

men der durch FATS Beschäftigten darstellen. Darüber hinaus wird ein Teil des durch FATS geschaffenen Einkommens teilweise wieder ausgegeben und fließt ebenso wie der Sachausgabenanteil der Bruttoausgaben in den Wirtschaftskreislauf ein und lösen dort wiederum Einnahmen der Öffentlichen Hand aus.

Bezieht man diesen Rückflußeffekt mit ein, so entstehen der Öffentlichen Hand als Finanzier von FATS Kosten pro Fall von ca. DM 500,-- beziehungsweise pro Beratungsstunde von knapp unter DM 100,--.

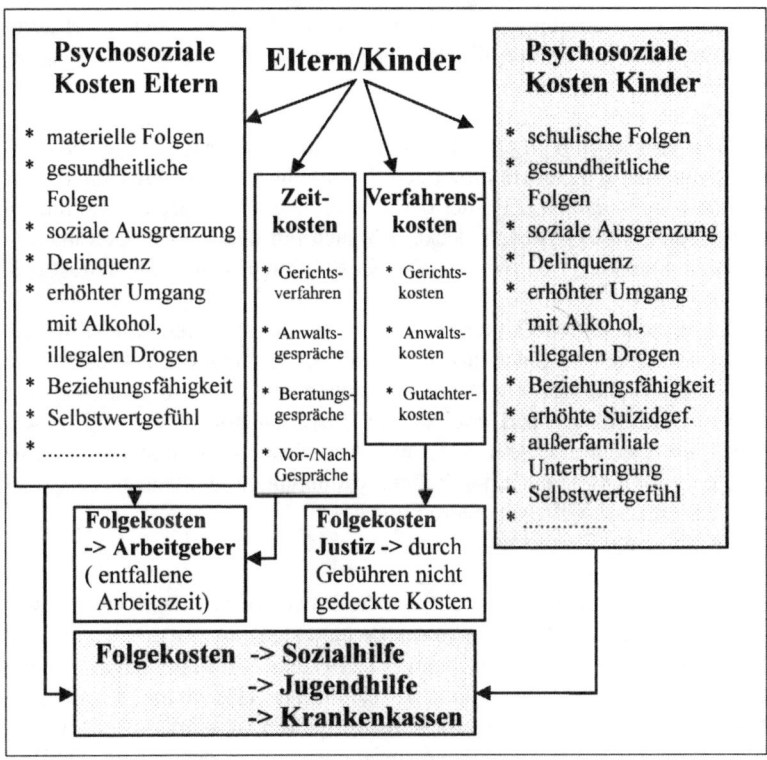

Abbildung 7: Nutzen - Kosten - Betroffenenebene

*Der durch FATS verursachte Nutzen / Ebene Kinder*

Im folgenden geht es um die psychosozialen Kosten auf seiten der Kinder. Wir haben diese ausgewählt, weil sie unter der Zielperspektive Kindeswohl unseres Erachtens die wichtigste Wirkebene von FATS darstellt.Die empirische Forschung hat inzwischen zu den Folgen von Trennung und Scheidung eine ganze Reihe von Befunden ermittelt. Insbesondere drei Faktoren scheinen die Frage der Langzeitwirkung zu beeinflussen (vgl. dazu vor allem Offe 1992, Napp-Peters 1992, 1995):

(1) Die Art und Weise, wie konflikthaft die Eltern vor, während und nach der Trennung miteinander umgehen.
(2) Die Fragen der weiteren Elternschaft (und hier insbesondere die Qualität der Beziehung des Kindes zum nicht-sorgeberechtigten Elternteil).
(3) Die Veränderung des sozio-ökonomischen Status der Ein-Eltern-Familie (des Teiles, wo die Kinder nach der Trennung/Scheidung leben).[32]

Napp-Peters kommt in der bislang wohl ausführlichsten (Offe 1992, S. 31) deutschen Untersuchung zu den Scheidungsauswirkungen für Kinder zum Ergebnis, daß ca. 25% der betroffenen Kinder langfristige Störungen aufweisen. Dieses Ergebnis deckt sich auch mit den Ergebnissen internationaler Studien (vgl. Wallerstein & Blakeslee 1989, Furstenberg & Cherlin 1991).[33]
In den verschiedensten Untersuchungen wird deutlich, daß Kinder aus geschiedenen Ehen mit sehr stark ausgeprägten Gefühlen der Trauer und des Verlustes, verstärkter Angst vor Gegenwart und Zukunft, mit Wut und Ohnmachtsgefühlen und vielfältigen Loyalitätskonflikten und einem 'Hin- und Hergerissensein' kämpfen. Aus diesen unmittelbaren Auswirkungen entstehen je nach den Rahmenbedingungen und Bewältigungsressourcen unterschiedliche weitere Folgen.
Die wichtigsten Folgen sind:

(1) Negative Auswirkungen auf das Selbstwertgefühl der Kinder. Zwar beschreiben sich Scheidungskinder nicht anders als andere Kinder, sie bewerten sich dennoch schlechter (Offe 1992, S. 31) beziehungsweise haben eine negativere Einstellung zu sich selbst (Beelmann & Schmidt-Denter 1991). Dieses geringere Selbstwertgefühl ist wiederum oft wichtiger Faktor für weitere Probleme (beispielsweise in der Schule, im Verhältnis zu anderen usw.).

---

[32] Napp-Peters geht aufgrund ihrer Untersuchung davon aus, daß Verhaltensauffälligkeiten und psychosoziale Störungen am stärksten bei Kindern ausgeprägt sind, die den Kontakt zum nicht-sorgeberechtigten Elternteil verloren haben (1992, S. 18).
[33] Nicht vergessen darf man bei all diesen Überlegungen aber auch, daß Kinder von der Auflösung einer konfliktbeladenen Ehe natürlich auch profitieren können.

(2) Negative Auswirkungen auf die Leistungsbereitschaft und auf die weitere Schullaufbahn (Wiederholung der Klassen, Abstieg von einer höheren in eine niedrigere Schulform, Abbrechen der Schullaufbahn).

(3) Psychosomatische Erkrankungen / psychisch-emotionale Belastungen (Hautausschläge, Magen-Darm-Probleme, Depressionen, Schlafstörungen usw.).

(4) Psychosoziale Auffälligkeiten / Verhaltensänderungen, die zu Ausgrenzungen aus sozialen Gruppen führen. „Meist zeigt sich, daß Kinder aus Scheidungsfamilien weniger enge Freunde haben, weniger Unterstützung von Gleichaltrigen erfahren und von anderen Kindern stärker abgelehnt werden." (Offe 1992, S. 33).

(5) Psychosoziale Auffälligkeiten / Verhaltensänderungen, die abweichendes und delinquentes Verhalten zur Folge haben. Eine Reihe von Studien berichten von einer größeren Häufigkeit entsprechender Verhaltensweisen. In der Untersuchung von Wallerstein & Blakeslee (1989) sind 30% der Jugendlichen in Vergehen wie Gewalttätigkeit, Einbruch, Drogenhandel und Verkehrsdelikte verwickelt. Häufig genannt wird ein ungewöhnliches Maß an Aggressivität bei Jungen und ein 'frühreifes' Verhalten bei Mädchen (Kalter et al. 1985, Fthenakis 1993, S. 610).[34]

(6) Psychosoziale Auffälligkeiten/Verhaltensänderungen, die zur außerfamilialen Unterbringung führen. Der Grund hierfür kann entweder in einer starken Verhaltensauffälligkeit der Kinder oder/und in einer reduzierten Erziehungsfähigkeit der Eltern liegen. ‚Broken home'-Situationen bilden eine der typischen Ausgangssituationen für Fremdunterbringungen. Direkte Werte, in welchem Umfang dies passiert, liegen uns jedoch nicht vor.

(7) Unmittelbare oder mittelbare Auswirkungen auf das kindliche und jugendliche Risikoverhalten (zu vermuten wäre ein verändertes Risikoverhalten und eine stärkere Gefährdung im Suchtverhalten). In den meisten Untersuchungen finden sich hier eher indirekte Hinweise (beispielsweise bei Wallerstein et al. der Hinweis auf Drogenhandel). In (noch nicht veröffentlichten) Studien des Public Health Forschungsschwerpunkts München zum Themenbereich Jugend und Gesundheit finden sich Hinweise auf eine größere Gefährdung von Kindern aus geschiedenen Ehen vor allem im Bereich der Drogenerfahrungen.

(8) Steigerung des Suizidrisikos. Dieses wird vor allem von psychoanalytischen Autoren angegeben, läßt sich aber nur in Einzelfällen empirisch belegen (Figdor 1990).

---

[34] Hier muß man allerdings anmerken, daß die in den Untersuchungen verwendete Definition von sexuellem Fehlverhalten der Mädchen kritisch zu hinterfragen ist.

Zu diesen kurz- beziehungsweise mittelfristigen Auswirkungen kommen noch Langzeitwirkungen auf die spätere Bindungsfähigkeit und das Bindungsverhalten als Erwachsene. So zeigt die Studie von Wallerstein und Kelly (1980), daß zwei Drittel der Jugendlichen aus Scheidungsfamilien sich grundlegend verunsichert fühlten, was die Stabilität der gegenwärtigen und zukünftigen Partnerbeziehung betrifft. Wir werden uns für die weiteren Überlegungen auf die Auswahl und Berechnung dreier Szenarien beschränken:

*Szenario 1: Verminderte Einkommensausfälle der Öffentlichen Hand (Steuern, Sozialbeiträge) durch verspäteten Schulabgang*

Wie oben beschrieben, ist man sich in der Forschungsliteratur einig, daß Trennung und Scheidung negative Auswirkungen auf die Leistungsbereitschaft und auf die weitere Schullaufbahn (Wiederholung der Klassen, Abstieg von einer höheren in eine niedrigere Schulform, Abbrechen der Schullaufbahn) haben kann. Es gibt viele Untersuchungen, die von schlechteren Schulleistungen berichten. Weitgehend einig ist man sich über die Kurzzeitfolgen, bei der Frage längerfristiger Nachteile gehen die Meinungen auseinander (vgl. beispielsweise Kinhard & Reinherz 1984 vs. Kaye 1989). Napp-Peters hat in ihrer deutschen Untersuchung vor allem bei der Gruppe der 13-16jährigen deutliche Auswirkungen im Schulbereich gefunden.

Auch in unserer Untersuchung haben die Eltern etwa in jedem zweiten Fall von solchen Problemen berichtet. Die im Szenario 1 näher analysierte Folge ist das Wiederholen einer Klasse.

Muß ein Kind während seiner Schullaufbahn eine Klasse wiederholen, tritt es in der Regel ein Jahr später ins Berufsleben ein. Neben den psychischen Belastungen entstehen also auch materielle Nachteile in Gestalt von entgangenem Einkommen in der Zukunft. Gemäß der obigen Abgrenzung werden im Rahmen dieser Nutzen-Kosten-Analyse nur die daraus resultierenden finanziellen Auswirkungen auf die Öffentliche Hand berücksichtigt. Dies betrifft in diesem Fall Steuern und Sozialabgaben, die der Öffentlichen Hand durch den Einkommensausfall entgehen.

Berücksichtigt man weitere Folgeeffekte (entgangene Einnahmen in der Folge verringerter Umsätze) und reduziert den Betrag auf den aktuellen Gegenwartswert, so ergibt sich ein Einkommensverlust für die Öffentliche Hand von DM 22.803,--.

Da aber keineswegs jedes nicht Wiederholen zu einem Jahr mehr an Arbeitstätigkeit führt (aufgrund von arbeitsmarktbezogenen Überlegungen wie beispielsweise Arbeitslosigkeit), gehen wir davon aus, daß nur in 22% der Fälle dieser Einkommensverlust zum Tragen kommt.

*Szenario 2: Verminderte Behandlungskosten physischer beziehungsweise psychosomatischer Beschwerden und Krankheiten*

Durch die Trennung der Eltern entstehen für die Kinder Belastungen, die bei einem erheblichen Teil der Fälle zum Auftreten psychosomatischer und/oder physischer Krankheiten führen. Ein Teil dieser Krankheiten bedarf der ärztlichen Behandlung, die die Öffentliche Hand in Gestalt der Krankenkassen mit Kosten belastet. Können durch FATS Umfang oder Zeitdauer dieser Krankheiten vermindert werden, spart die Öffentliche Hand Ausgaben ein.

In der Forschungsliteratur zum Trennungs- und Scheidungsbereich wird berichtet (Napp-Peters 1992), daß 20% der Kinder aus Scheidungsfamilien mit Hautausschlag oder Magen- und Darmstörungen reagieren.[35] Genannt werden in zahlreichen Untersuchungen auch vermehrt Depressionen, Sprachstörungen und Kopfschmerzen.

In unserer Untersuchung hat in der Folge von Trennung und Scheidung beispielsweise jede fünfte von Magen-Darm-Problemen, jede zehnte von Hautausschlägen ihrer Kinder berichtet. Hinzu kommen noch 3,5% der Kinder, die im Rahmen des Trennungs-/Scheidungsprozesses ernsthaft krank geworden sind. Ein Teil dieser Probleme führt mit großer Wahrscheinlichkeit dazu, daß eine ärztliche Behandlung aufgesucht wird, die die Öffentliche Hand in Gestalt der Krankenkassen mit Kosten belastet. Können durch FATS Umfang oder Zeitdauer dieser Krankheiten vermindert werden, spart die Öffentliche Hand Ausgaben ein.

Zur Berechnung der Einsparungen wurden jeweils Einheitspreise für Leistungseinheiten ermittelt. Dabei werden analog zu den Kostenberechnungen nur Nettoeinsparungen der Öffentlichen Hand berücksichtigt, das heißt die durch die verminderten Umsätze des Gesundheitssystems verursachten Einnahmensausfälle der Öffentlichen Hand werden von den Bruttoeinsparungen abgezogen. Die Berechnung dieser (entgangenen) Rückflüsse erfolgt auf der gleichen Grundlage wie bei den Kosten.

Unter Zuhilfenahme der GOÄ[36] wurden Behandlungskosten von DM 90,-- beziehungsweise DM 47,-- ermittelt und von einem eher bescheidenem Behandlungsumfang von zwei bis vier Einheiten ausgegangen (Fallkosten zwischen DM 94,-- und DM 360,--).

---

[35] Allerdings rechnet sie in diese Zahl auch noch Sprachstörungen mit ein.
[36] Die GOÄ ist zwar nicht die direkte Abrechnungsbasis der gesetzlichen Krankenkassen, liefert aber ein transparentes Bild der Kosten.

*Szenario 3: verminderte Behandlungskosten psychischer und sozialer Probleme beziehungsweise Verhaltensauffälligkeiten*

Das dritte Szenario geht davon aus, daß aufgrund der Folgeprobleme der Trennung/Scheidung es zu einer Reihe von sozialen Auffälligkeiten und auch psychischen Belastungsfaktoren kommt. Ein Teil dieser Kinder/Jugendlichen beziehungsweise deren Eltern werden folglich häufiger psychosoziale Helferinnen kontaktieren. Aufgrund empirischer Ergebnisse kommen Kalter & Rembar (1981) zu der Einschätzung, daß die Wahrscheinlichkeit, einem Psychologen oder Psychiater vorgestellt zu werden,[37] bei Scheidungskindern bis zu viermal größer ist als bei einem Kind aus einer nicht geschiedenen Familie (zit. nach Fthenakis 1993, S. 609).
In unserer Untersuchung gab es zahlreiche Hinweise zu solchen Ausgangslagen. Beispielsweise litt jedes zweite Kind unter Depressionen, jedes dritte unter Angstzuständen, jedes zehnte hat wieder begonnen einzunässen. Einige waren in Diebstähle und Drogendelikte verwickelt, andere waren von zu Hause ausgerissen.
Als Behandlungsform haben wir die häufigste (und 'normal(st)e') Variante ausgewählt, den Kontakt zur einer Erziehungsberatungsstelle.[38]
Bei der Berechnung erfolgt die Ermittlung des Einheitspreises in Tabelle 3 des Anhangs, wobei die Bruttoausgabenposten der Öffentlichen Hand und die Bruttokosten je Leistungseinheit (in diesem Fall pro Behandlungsstunde) den „Hinweisen der BKfE zu Kapazitäten und Kosten von Erziehungsberatungsstellen" (Informationen für Erziehungsberatungsstellen 3/95) entnommen sind. Hier wird die Beratungsstunde mit DM 231,-- verrechnet.
Als Berechnungsgrundlage ergibt sich (nach Abzug erneuter Rücklaufeffekte) ein Kostenaufwand von DM 143,-- pro Behandlungsstunde. Da diese Probleme nach diesem Szenario erst später beraten werden und die Konfliktproblematik höher ist als bei „normalen Erziehungsproblemen", haben wir als Behandlungsaufwand für die drei Problemkonstellationen (depressive Symptome, Schlafstörungen, aggressives Verhalten / häufige Wutanfälle) zwischen neun und 18 Sitzungen (inclusive Elternsitzungen) angenommen.

---

[37] Kalter & Rembar haben eine Zeitraum bis fünf Jahre nach der Scheidung untersucht.
[38] Mit großer Wahrscheinlichkeit werden auch Beratungskontakte im Jugendamt in geringer Zahl notwendig. Eine entsprechend geringere Personalbindung für Trennungs- und Scheidungsberatungen ist von daher zu vermuten.

Wenn im folgenden die Kosten und Nutzen gegenübergestellt werden, gilt es zunächst nochmals, für die drei Szenarien den *Nutzungsgrad* näher zu bestimmen. Ausgangspunkt ist die plausible Überlegung, daß keineswegs alle Kinder und Jugendlichen aufgrund der Beratung die beschriebenen Anpassungsprobleme nicht mehr zeigen.

Infolgedessen haben wir auf der Basis der empirischen Daten Auftretenswahrscheinlichkeiten für die oben genannten Merkmale eingeführt. Auch wurden Doppelzählungen innerhalb der Kategorien psychische beziehungsweise physische Krankheiten durch Nennung mehrerer Merkmale korrigiert.

Die prozentualen Auftretenswahrscheinlichkeiten wurden dann auf die 1996 betroffenen Kinder bezogen, wobei die Gesamtzahl von 309 Kindern auf 50,7% - also 157 - gekürzt wurde, dem Anteil der Befragten, die die Beratung im Rahmen von FATS sowohl positiv empfanden wie auch bestimmte Effekte berichteten. Damit wird die spätere Wirkungszuordnung von FATS von vornherein auf die Kinder beschränkt, deren Eltern die Beratung als erfolgreich und effektiv beurteilen. Wir tun dies, obwohl die Ergebnisse auch die Interpretation zuließen, daß auch Kinder von Eltern, die die Beratung weniger erfolgreich beziehungsweise weniger effektiv einschätzen, von dieser profitierten.

Ziel dieser Schritte - die auf der nächsten Seite noch einmal an einem Beispiel demonstriert werden - ist, von einer eher zurückhaltenden Wirkungskette auszugehen, um sicher zu gehen, daß die berechneten Nutzeneffekte nicht überschätzt werden.

Ein Beispiel: Im Jahr 1996 wurden Fälle mit insgesamt 309 Kindern/Jugendlichen beraten. Für die Nutzen-Kosten-Rechnung werden nun jene 157 berücksichtigt, für die deren Eltern sagen, daß aus ihrer Sicht die Beratung zum einen erfolgreich verlaufen ist und zum anderen auch konkrete Effekte hatte.

Von dieser Gruppe der Eltern haben 9,4% berichtet, daß die Versetzung ihres Kindes/Jugendlichen zum Zeitpunkt der Trennung/Scheidung gefährdet war. Unter Abgleich mit der Bayerischen Schulstatistik (normales Versetzungsrisiko) gehen wir im weiteren von einer reduzierten Versetzungsgefährdung von 5% aus. In dem nächsten Rechenschritt werden nun als versetzungsgefährdet 5% der 157 Kinder gewertet.

Bei wie vielen dieser Kinder hat Beratung hier ein mögliches 'Durchfallen' verhindert? Dazu wurde im letzten Rechenschritt dann zunächst auf der - natürlich realitätsfernen - Annahme einer 100%igen Wirkungszuordnung der Verminderung des Auftretens der Merkmale zu FATS die

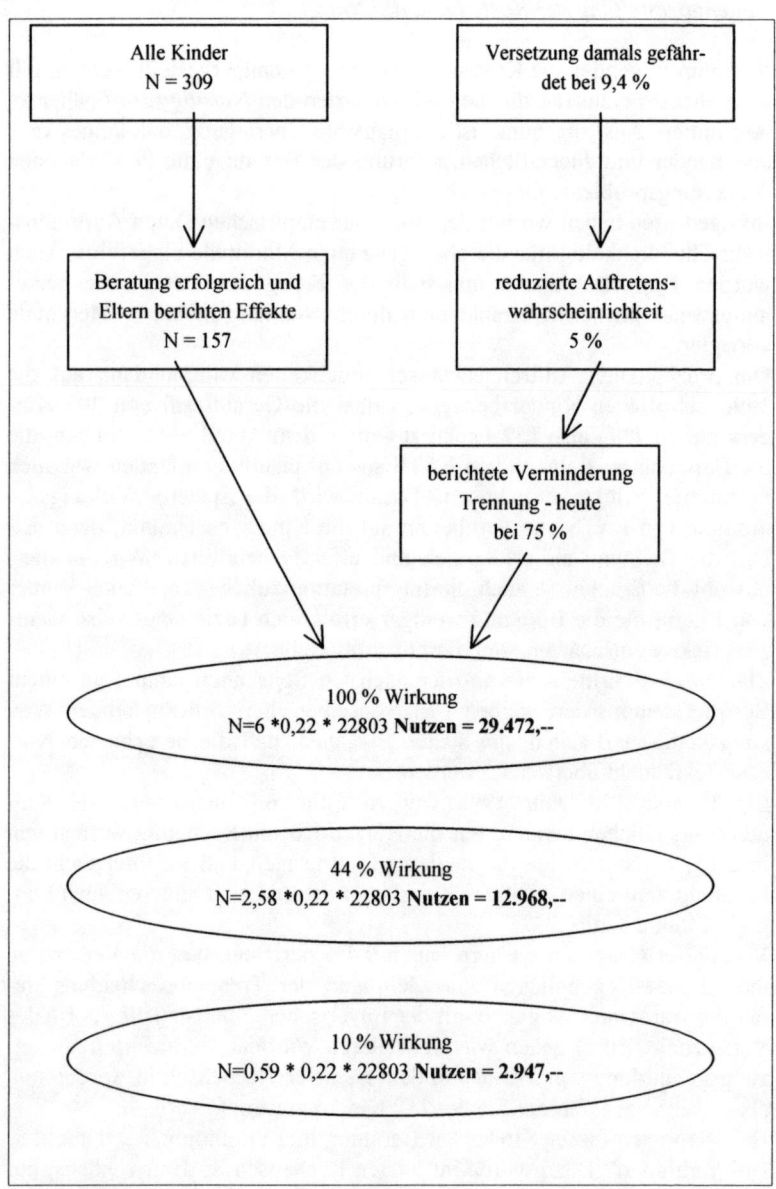

Abbildung 8: Beispiel für Rechenmodell

Zahl der von einem Merkmal betroffenen Kinder mit der Wahrscheinlichkeit des Wegfalls dieses Merkmals im Zeitverlauf (75%) mal genommen. Damit ergibt sich die maximale Zahl der Fälle, in denen FATS das Merkmal beseitigt haben könnte (N=6). Diese Zahl multipliziert mit den Ausgaben (bei den Krankheiten/psychischen, sozialen Problemen) beziehungsweise in diesem Beispiel den Einnahmeausfällen (bei den Versetzungsgefährdungen DM 22.803,--) je Wirkungseinheit und der Menge der Wirkungseinheiten (hier 22% ) ergibt den monetären Nutzen von FATS für die Öffentliche Hand. Würde Beratung diese Wirkung zu 100% beeinflussen, ergäbe sich ein Nutzeneffekt von DM 29.472,--, spielen weitere Faktoren eine Rolle und Beratung hat einen Einfluß zu 40%, 30%, 20% oder 10%, ergäben sich entsprechend reduzierte Nutzeneffekte.

Wie schon angesprochen, ist diese 100%ige Wirkungszuordnung nicht gegeben, da auch andere Einflüsse jenseits von FATS die Merkmale vermindern beziehungsweise diese auch von selbst verschwinden können. Da im Rahmen dieser Untersuchung die Möglichkeiten begrenzt sind, den Grad der Wirkungszuordnung genau abschätzen zu können (dazu wäre zumindest ein Vergleich mit einer Kontrollgruppe notwendig gewesen), verbleibt nur die Möglichkeit, im Umkehrschluß zu berechnen, welche Wirkungsgrade welches Ergebnis bringen wie hoch der Grad der Wirkungszuordnung hätte sein müssen, damit FATS einen positiven Einfluß auf die Kassen der Öffentlichen Hand ausgeübt, also mehr Einsparungen als Ausgaben verursacht hätte.

Dieser Grad liegt bei ca. 44%. Das bedeutet, daß wenn im Durchschnitt 44% der Verminderung des Auftretens der Merkmale ursächlich durch FATS herbeigeführt werden, die daraus entstehenden Nutzen die Kosten decken.

| Effekte ↓  Kosten/ Nutzen | ↓ Verset- zung | ↓ ärztliche behandlung | ↓ Bera- tungs kosten | Gesamt- rechnung | (-) Höhe der noch anfallenden Kosten (+) Höhe des Nutzens |
|---|---|---|---|---|---|
| Kosten | | | | 87795 | |
| Nutzen 10% | 2.947 | 242 | 16.606 | 19.795 | (-) 68.000 |
| Nutzen 30% | 8.842 | 725 | 49.819 | 59.386 | (-) 28.409 |
| Nutzen 44% | 12.968 | 1.063 | 73.068 | 87.099 | (+/- 0) (-696) |
| Nutzen 100% | 29.472 | 2.416 | 166.065 | 197.953 | (+) 110.158 |

Tabelle 18: Nutzen-Kosten-Relation FATS - gerechnetes Modell

## 4.5.4 Nutzen und Kosten des Modellprojekts FATS - ergänzende Überlegungen

Wie wir eingangs betont haben, ist in dieses gerechnete Modell nur ein Ausschnitt der möglichen Nutzen eingegangen. Sowohl auf der Ebene der Kinder wie auch bei den Erwachsenen und auch direkt bei der Öffentlichen Hand ergeben sich, selbst bei einer eher vorsichtigen Schätzung der Effekte, zusätzliche Einsparungen. Von diesen sollen vier stellvertretend genannt und in ihrem Nutzen (ohne Feinanalyse) geschätzt werden.

*Ergänzungsbeispiel 1: Eingesparte Gutachten*

In hochstrittigen Fällen werden von Familienrichterinnen zur Unterstützung der Entscheidung psychologische Gutachten in Auftrag gegeben. Nach Auskunft der Regensburger Familienrichterinnen werden durch die Möglichkeit, hochstrittige Fälle über FATS beraten zu lassen, Gutachten nur noch in geringerer Häufigkeit notwendig. Bei Kosten von DM 3.000,- - bis DM 5.000,-- pro Gutachten und der geschätzten Menge von vier bis acht eingesparten Gutachten, ergibt sich ein Nutzeneffekt (für das Familiengericht) von DM 12.000,-- bis DM 40.000,-- (Mittelwert DM 26.000,--).

*Ergänzungsbeispiel 2: Vermiedene Kosten für Heimunterbringung*

Wie man aus Heimstatistiken weiß, ist der Anteil an Kindern aus geschiedenen oder/und getrennten Familien überproportional hoch. Die familialen und individuellen Konsequenzen einer 'Broken-home'-Situation erhöhen die Wahrscheinlichkeit einer außerfamilialen Unterbringung. Umgekehrt kann Beratung - wie gezeigt - nicht nur eine parallele oder kooperative Elternschaft erhalten, sondern reduziert darüber hinaus das Konfliktniveau zwischen dem Elternteil, bei dem das Kind lebt und dem (den) Kind(ern).
Würde daher in nur einem Fall eine auch nur vorübergehende Heimunterbringung von einem Jahr vermieden, entstände ein Nutzen in Höhe von ca. DM 80.000,-- (brutto, das heißt ohne Rückflußeffekte).

*Ergänzungsbeispiel 3: Eingesparte Unterhaltsvorschußleistungen*

Ergänzend zum Beispiel 3 wird hier der Fall betrachtet, daß ein Elternteil nicht Sozialhilfe erhält, aber der Unterhalt für die Kinder durch den anderen Elternteil nicht geleistet wird, weil dieser nicht auffindbar ist (oder diesen nicht leisten kann). In diesem Fall besteht Anspruch auf eine Unterhaltsvorschußleistung durch das Jugendamt. Solche Leistungen nach dem Unterhaltsvorschußgesetz werden in Bayern in ca. 30.000 Fällen jährlich geleistet. In jedem zweiten Fall handelt es sich bei der Anspruchsberechtigten um ein Kind aus einer Scheidung oder Trennungskonstellation. Die Wahrscheinlichkeit, zu einem späteren Zeitpunkt das Geld von einem verschwundenen (oder/und nicht zahlungsfähigen) Elternteil zurückzuerhalten, liegt bei ca. 20%.

Eine gerichtsnahe psychosoziale Beratung kann hier Kosten vermeiden, wenn es ihr gelingt, die Quote der verschwundenen Elternteile und damit die Wahrscheinlichkeit, daß diese keinen Unterhalt leisten, zu reduzieren. Gelingt es beispielsweise in nur einem Fall, eine solche nicht mehr rückholbare Unterhaltsvorschußleistung zu vermeiden, entstehen für die Öffentliche Hand (Jugendämter) Einsparungen in Höhe von ca. DM 5.000,--.[39]

*Ergänzungsbeispiel 4: Behandlung bei Alkoholproblemen*

Zu den klassischen Bewältigungshandlungen in Folge von Trennung und Scheidung gehört auch der verstärkte Griff zu Medikamenten, Aufputschmitteln, illegalen Drogen und vor allem Alkohol. In unserer Befragtenstichprobe hat nicht ganz jeder fünfte Elternteil angegeben, daß er im Verlauf der Trennung/Scheidung (beziehungsweise Beziehungskrise) verstärkt zu einem dieser Mittel gegriffen hat.[40]

Wenn man davon ausgeht, daß eine erfolgreiche Beratung die Wahrscheinlichkeit vermindert und daß damit die Gefahr des Alkoholmißbrauchs reduziert wird, so hätte auch dies eine bedeutende Kostenwirkung.

Man geht heute davon aus, daß ein Alkoholentzug(sversuch) die Krankenkassen knapp DM 50.000,-- kostet.[41] Gelänge es beispielsweise alle zwei Jahre in nur einem einzigen Fall einen solchen Entzug überflüssig zu machen,[42] so würden das jährliche Einspareffekte von DM 25.000,-- brutto bedeuten.

---

[39] Die Basis der Berechnungen bildet ein Durchschnittswert von DM 3.000,-- pro Jahr und eine durchschnittliche Leistungsdauer von 20 Monaten.

[40] Zum Zeitpunkt der Befragung waren es dagegen weniger als 3%.

[41] Dabei gehen wir von drei Wochen klinischer Entgiftung (Tagessatz ca. DM 400.--), vier Monate Stabilisierungstherapie (Tagessatz DM 180.--) und drei Monate Adaptionsphase (Tagessatz DM 180.--) aus.

[42] Wie wahrscheinlich ist dies? Dazu können die Daten natürlich nur Hinweise, nicht aber Nachweise erbringen. Aufgrund der Befragungsergebnisse kann man aber davon ausgehen, daß in den sechs Jahren Modellprojekt ca. 50-60 Personen mit Alkoholproblemen als Folge der Beziehungskrise/Trennung/Scheidung in Be-

| Effekte | Nutzen (Minimalberechnung/ Durchschnittskosten 1 Fall) |
|---|---|
| eingesparte Gutachten vor Gericht | DM 3.000 - 5.000 |
| vermiedene Heimunterbringung | DM 80.000 |
| nicht notwendige Unterhaltsvorschußleistungen | DM 5.000 |
| vermiedene Behandlungskosten (Alkohol) | DM 50.000 |

Tabelle 19: Ergänzende Beispiele - Schätzung des Nutzens

Wenn man davon ausgeht, daß vier bis acht Gutachten (Mittelwert des Nutzens DM 26.000,--) pro Jahr weniger anfallen und zwei bis drei Unterhaltsvorschußleistungen erspart werden (DM 12.500,--) sowie es gelänge, alle zwei Jahre je eine Heimunterbringung (pro Jahr DM 40.000,-- Ersparnis) und einmal Behandlungskosten für eine Alkoholtherapie (pro Jahr DM 25.000,-- Ersparnis) zu vermeiden, so würde dies einen zusätzlichen jährlichen Brutto-Nutzeneffekt[43] von über DM 100.000,-- bedeuten. Zu bedenken ist dabei, daß auch dies nur ausgewählte Nutzeneffekte sind.

### 4.5.5 Fazit

Die Nutzen-Kosten-Analyse hat für einen Ausschnitt der Wirkungen (Effekte Kinder, drei Szenarien) errechnet, daß bei 44% Wirkungsgrad von FATS die Kosten für die Öffentliche Hand durch den Nutzen (das heißt vermiedene andere Kosten beziehungsweise Einnahmeausfälle) bereits ausgeglichen wird. Ob dieser Wirkungsgrad erreicht wird, kann aufgrund der vorhandenen empirischen Datenlage nicht genau beurteilt werden.

Selbst bei einer sehr skeptischen Kalkulation (sehr niedrigem Wirkungsgrad, wenig zugrunde gelegte Effekte) blieben die Gesamtkosten für die Öffentliche Hand in einem vergleichsweise niedrigen Rahmen (ca. DM 67.000,--). Geht man davon aus, daß es sehr wahrscheinlich zu weiteren Effekten kommt (weniger Gutachten, reduzierte Unterhaltsvorschußzahlungen, ...) kann behauptet werden, daß der Nutzen des Projektes gesamtwirtschaftlich seine Kosten klar übersteigt.

---

ratung waren. Nehmen wir an, jeder fünfte war davon massiv gefährdet, dann wären dies ca. zwei Fälle pro Jahr.
[43] Der Nettoeffekt liegt wegen der Rückflüsse niedriger.

## 4.6 FAZIT - WAS BEWIRKT EINE GERICHTSNAHE PSYCHOSOZIALE BERATUNG?

### 4.6.1 Erwartungsprofil an FATS - Stimmt das Passungsverhältnis Angebot-Nachfrage?

Bei den Eltern steht das Kindeswohl (der Wunsch, die Situation für die Kinder zu verbessern) eindeutig an erster Stelle ihrer Erwartungen. In der weiteren Priorität der Erwartungen unterscheiden sich zwar Mütter und Väter. Deutlich wird aber, daß die Eltern eine Beratung wollen, die auf vielen Ebenen Unterstützung anbietet: Verbesserung der eigenen Situation, Verbesserung des Kontakts zur (Ex-)Partnerin und Verbesserung in der Beziehung oder im Kontakt zum Kind. Betrachtet man das, was FATS als Angebotsprofil dem gegenüberstellt, so ergibt sich ein gutes Passungsverhältnis.

### 4.6.2 Effekte von Beratung - Kann Beratung diese Erwartungen erfüllen? Welche Effekte erreicht Beratung?

*(1) Elternschaft erhalten.* Die Kinder sollen so wenig wie irgendwie möglich zu Opfern des elterlichen Trennungs- und Scheidungsprozesses werden. Deshalb ist es vorrangiges Ziel von FATS, den Kindern die Mütter und Väter auch nach der Trennung und Scheidung in ihrer Elternrolle zu erhalten. Dies gelingt in einem hohen Maß: Während man gängigerweise davon ausgeht, daß in ca. 40% der Scheidungen der Kontakt zum Vater abreißt, liegt die Quote bei FATS um mehr als die Hälfte niedriger. Und zwei Drittel der nicht mit ihren Kindern lebenden Elternteile schätzen den Kontakt inzwischen als gut oder gar sehr gut ein.

*(2) Konkrete Umgangsregelungen erreichen.* In jenen Fällen, in denen es auch darum ging, zu konkreten Besuchsregelungen zu kommen, hat die Beratung einen hohen Wirkungsgrad erreicht. Im Schnitt sind etwa 82% der Eltern der Meinung, daß die Beratung geholfen hat, und 55% der Männer sowie 61% der Frauen sind auch mit dem Stand der Regelung voll zufrieden.

*(3) Konkrete Vereinbarungen zum Erziehungsalltag, Hilfen für das alltägliche Ausüben der Elternschaft.* So erfreulich der Erfolg bei der Umgangsregelung ist, so begrenzt sind die Wirkungen bei den konkreten Vereinbarungen zum Erziehungsalltag (zum Beispiel Absprachen bei Erziehungsproblemen) oder bei den Hilfen für das alltägliche Ausüben der Elternschaft (wenn das Kind krank wird). Hier sinkt die Zufriedenheit teilweise auf ein Drittel, und der Beratung wird eher wenig Erfolg zugerechnet. Oft konnten diese alltäglichen Aspekte in der Beratung nicht

thematisiert werden, entweder weil die Zeit nicht ausreichte oder die Eltern dies in der Beratung nicht angesprochen hatten.

*(4) Gesprächsbereitschaft zwischen den Eltern verbessern.* In etwa der Hälfte aller Fälle gelang es, auf der Elternebene das Klima deutlich zu verbessern, so daß auch für kooperative Elternschaft wieder Anknüpfungspunkte möglich wurden. Aber es gibt auch noch etwa ein Drittel der Eltern, bei denen die Situation trotz Beratung noch so angespannt ist, daß ein Gespräch zum Zeitpunkt der Befragung nicht möglich schien. Aber auch bei diesen wertete ein Teil der Eltern die Beratung trotzdem als erfolgreich, weil sie zumindest die Basis für eine parallele Elternschaft bot, das heißt Regelungen wurden ermöglicht, auch ohne daß man gegenseitig miteinander sprechen muß.

*(5) Verarbeitungshilfen im Trennungs- beziehungsweise Scheidungsprozeß anbieten.* Diese Hilfen beinhalten vor allem die Möglichkeit, über die Gefühle (Trauer, Wut, Ängste) reden zu können, wie auch die Chance, eine klarere Vorstellung darüber zu gewinnen, wie es weitergeht. Immerhin 70% der Männer und 80% der Frauen berichten, daß die Beratung ihnen persönlich etwas gebracht hat.

*(6) Zufriedenheit mit Beratung erreichen und Veröffentlichungsbereitschaft erhöhen.* Vergleicht man dieses Votum der Eltern mit anderen Klientinnenbefragungen in Beratungsstellen, so liegt die Zufriedenheit hier etwas niedriger. Allerdings hat dieser Vergleich seine Grenzen, weil die Beratungskonstellationen nicht direkt vergleichbar sind. So darf man dabei nicht die spezifische Situation der Eltern in der Beratung am Amtsgericht (hohe Strittigkeit zwischen den Eltern, parallel laufendes Gerichtsverfahren und teilweise niedrigerer Motivationsgrad) vergessen.

In den Einschätzungen der Eltern kommt die besondere Komplexität dieser Beratungskonstellation zum Tragen, wenn selbst bei jenen, die den Erfolg ambivalent einschätzen und sogar bei jenen, die keinen Erfolg sehen, der weit überwiegende Teil wieder in Beratung gehen würde oder/und die Beratungsstelle weiterempfehlen würde. Hier sind die Werte besonders eindrucksvoll.

*(7) Problembelastung für Kinder senken.* Die bislang genannten Effekte würden in ihrer Bedeutung relativiert, wenn - über positive Wirkungen auf das Elternwohl hinaus - nicht auch entsprechende Entlastungs- und Veränderungseffekte direkt bei den Kindern erreicht werden können. Nun kann eine Querschnittsanalyse hier keine gesicherten Angaben machen. Sie kann aber wohl retrospektiv aus Sicht der Eltern auf entsprechende Effekte hinweisen. Und auch hier zeigt sich ein positives Bild. Nahezu alle der befragten Eltern hatten Anpassungsprobleme ihrer Kinder an die Trennung beziehungsweise Scheidung beobachtet. Zwei Drittel der Eltern gaben an, die Anpassungsprobleme ihrer Kinder zum Zeitpunkt der Be-

fragung nicht mehr festzustellen. So sicher es ist, daß dies nicht allein Beratung zuzuschreiben ist, so sicher kann man aufgrund der anderen Ergebnisse auch sagen, daß Beratung vermutlich in vielen Fällen einen Einfluß auf diese positive Entwicklung gehabt hat.

### 4.6.3 Nutzen und Kosten des Modells für die Öffentliche Hand (Was bewirkt Trennungs- und Scheidungsberatung für die Öffentliche Hand?)

Vor allem in Zeiten knapper öffentlicher Kassen wird die Frage interessant, ob über die positiven Effekte für die Betroffenen auch der öffentliche Finanzier nicht nur Kosten, sondern auch einen positiven Nutzen zu erwarten hat. Dieser Frage wurde in zwei Schritten nachgegangen:

(1) In einem ersten konnte für einen Ausschnitt (bestimmte Teilwirkungen auf Kinder) konkret berechnet werden, daß bei einem durchaus realistischen Wirkungsgrad (von 40%) die Einsparungen der Öffentlichen Hand die vorhandenen Kosten ausgleichen.
(2) Im zweiten Schritt wurden andere Effekte hinzugenommen (wie eingesparte Gutachten, verringerte Unterhaltsvorschußleistungen, ...).

Diese nur in ihrer Wirkung abgeschätzten Beispiele haben gezeigt, daß bereits wenige Einzelfälle genügen, um zu ganz erheblichen Einsparungen an anderer Stelle (Justiz, Sozialhilfe, Jugendhilfe, Gesundheitssektor) zu kommen. Wenn es bereits in Einzelfällen gelingt, hier entsprechende Wirkungen zu erreichen, übersteigt der Nutzen bei weitem die Kosten des Projekts.
So vorsichtig man mit solchen Nutzen-Kosten-Verfahren umgehen muß, so sehr sie jedoch deutlich machen, daß das Denken und konkrete Rechnen in solchen Modellen eine Hilfe sein können, um komplexe Wechselwirkungen zu erkennen und Projekte auch aus der Perspektive der Finanziers nicht nur als Kostenfaktor sehen zu müssen.

# 5. Expertinnenanalyse - Das Modell aus Sicht anderer Einrichtungen

## 5.1 KONZEPTION DER EXPERTINNENANALYSE

Im Zentrum der Expertinnenanalyse stand die Frage, inwieweit das Modellprojekt aus der Sicht anderer Einrichtungen eine sinnvolle Ergänzung im Bereich Trennungs- und Scheidungsberatung darstellt. Neben den Expertinnen aus dem Modellprojekt sollten diejenigen zu Wort kommen, die auf professioneller Ebene mit dem Modellprojekt zusammenarbeiten. Ein Ziel bestand in der Analyse der Kooperationsbeziehungen und institutionellen Vernetzung. Weitere Ziele waren, Aufschluß über die Außenbewertung der Maßnahme und die dabei zugrunde gelegten Kriterien zu erhalten sowie nach Optimierungsmöglichkeiten zu fragen.

*Wer wurde befragt?*

Für die Untersuchung wurden Expertinnen aus unterschiedlichen Berufsgruppen und Einrichtungen Regensburgs ausgewählt, die mit dem Aufgabenbereich Trennungs- und Scheidungsberatung und Folgen von Trennung und Scheidung befaßt sind[44]. Es wurden Interviews und eine schriftliche Befragung durchgeführt. Die Tabelle auf der nächsten Seite zeigt, aus welchen Einrichtungen die Expertinnen befragt wurden.

## 5.2 KOOPERATION UND VERNETZUNG VON FATS MIT ANDEREN EINRICHTUNGEN UND PROFESSIONEN

Der gerichtsnahe Zugang und der besondere Beratungsauftrag von FATS erfordern eine konzeptionelle Regelung der Zusammenarbeit mit dem Familiengericht. Daneben gibt es weitere am gerichtlichen Verfahren beteiligte Professionen, wie Anwältinnen und Mitarbeiterinnen der Jugendämter, mit denen eine Zusammenarbeit notwendig und sinnvoll werden kann.
Nachfolgend werden anhand einer modellhaften Darstellung zuerst die Strukturen und Ebenen der Vernetzung mit den jeweiligen Institutionen und Professionen dargestellt. In einem zweiten Schritt werden die unter-

---

[44] Die Auswahl erfolgte in Abstimmung mit dem Fachbeirat der wissenschaftlichen Begleitung (vgl. Ziel und Konzept der Begleituntersuchung).

| Einrichtung | | Teilnehmerinnen | in Prozent |
|---|---|---|---|
| Anwältin | | 9 | 8 % |
| Jugendamt | Amt f. Jugend und Familie - Stadt | 6 | 16 % |
| | Kreisjugendamt | 3 | |
| Beratungsstelle | Allgem. Sozialdienst (ASD/Amt f. Jugend u. Familie - Stadt) | 10 | 34 % |
| | Sozialpsychiatrischer Dienst (SPDI) | 8 | |
| | Kind und Jugend | 13 | |
| | Ehe und Familie | 11 | |
| | Telefonseelsorge | 6 | |
| | Sonstige | 2 | |
| Hort | | 41 | 35 % |
| Sonstige | Selbsthilfe | 4 | 7 % |
| | Bildung | 4 | |
| | | N=117 | |

Tabelle 20: Die Teilnehmerinnen der Expertenbefragung

schiedlichen Formen und Inhalte der Zusammenarbeit im einzelnen und aus Sicht der befragten Expertinnen beschrieben.

### 5.2.1 Struktur der Vernetzung

Die Abbildung auf der nächsten Seite verdeutlicht, welche Institutionen und Professionen am Scheidungsgeschehen beteiligt sein können, sobald die Eltern gerichtliche Schritte eingeleitet haben. Das Familiengericht, die Rechtsanwälte und das Jugendamt stellen mit den Eltern den Kern der Prozeßbeteiligten dar. Das Jugendamt, das Aufgaben und Pflichten aus dem Kinder- und Jugendhilfegesetz (KJHG) zu erfüllen hat, wird durch das Familiengericht grundsätzlich hinzugezogen, wenn in Fragen des Sorge- und Umgangsrechts verhandelt wird. Der Spielraum, der im Beratungsauftrag nach § 17 KJHG liegt, wird unter anderem von FATS ausgefüllt, kann aber auch durch Beratungsstellen anderer freier Träger abgedeckt sein. Daneben gibt es außerhalb des Beratungsauftrags Professionen, die die gutachterliche Funktion des Jugendamtes ergänzen oder im erzieherischen Umfeld der Kinder wirken.

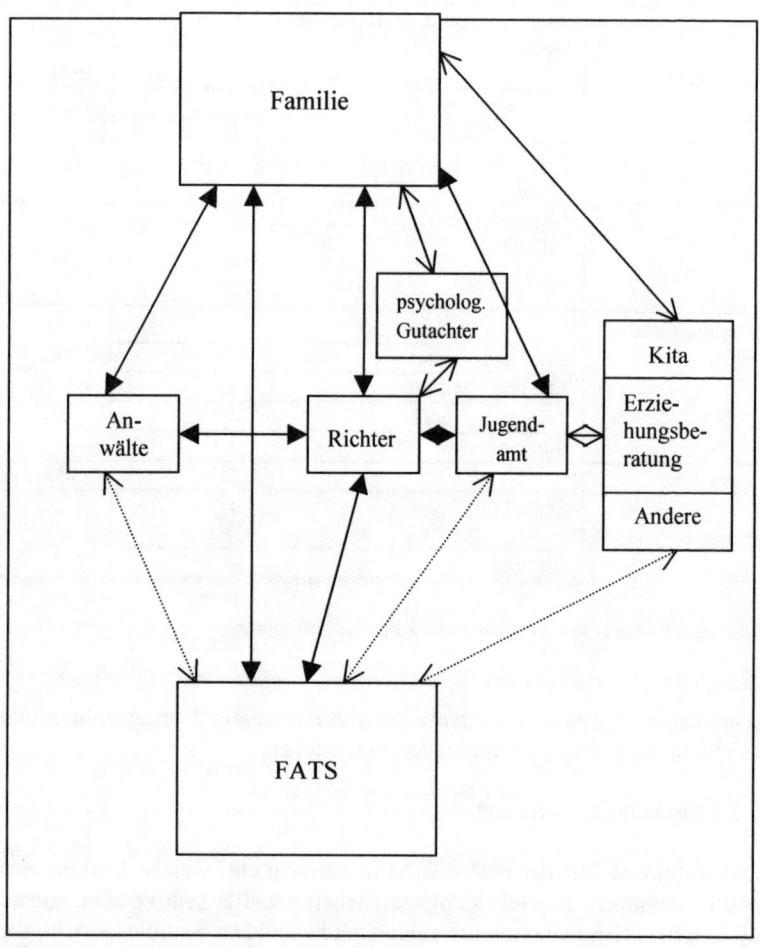

Abbildung 9: Strukturmodell der Vernetzung

Feste Strukturen der Zusammenarbeit gibt es nur zwischen den im Scheidungsverfahren Beteiligten im engeren Sinne: Eltern, Richterinnen, Jugendamt, Anwältinnen und in diesem speziellen Fall FATS (in der Abbildung oben mit durchgezogener dicker Linie dargestellt). Die nicht formal geregelten Bezüge der Beratungsstelle FATS zu anderen Einrichtungen finden sich beispielsweise zwischen Beraterinnen und institutionalisierter Kinderbetreuung oder FATS und dem Jugendamt und sind abhängig vom Einzelfall (in der Abbildung: unterbrochene Linien). Daneben gibt es formale Zusammenarbeit zwischen verschiedenen Beteiligten am Prozeßgeschehen ohne Beteiligung von FATS (in der Abbildung oben: durchgezogene dünne Linie).

## 5.2.2 Formen und Inhalte der Kooperation

Die Vermittlungswege, Schnittstellen und Inhalte der Kooperationsbeziehungen wurden auf folgenden drei Analyseebenen untersucht:

*(1) Ebene der Erwartungen* (Wofür ist FATS nach Ansicht der Expertinnen da? Welche Formen und Inhalte der Zusammenarbeit sind aus Sicht der Expertinnen möglich und sinnvoll?)

*(2) Ebene der Realisierungen* (Welche äußeren und inhaltlichen Bezüge zwischen den Professionen/Einrichtungen und FATS werden verwirklicht?)

*(3) Ebene der Wünsche* (Welche Kritik und Anregungen haben die Expertinnen zu Kooperation und Vernetzung mit FATS ?)

*Wofür ist FATS da? - Welche Formen und Inhalte der Zusammenarbeit sind aus Sicht der Expertinnen möglich und sinnvoll?*

Die Annahmen über die Aufgaben von FATS sind in bezug auf Zielgruppe (Eltern) und Zielsetzung (Vermittlung in Trennungs- und Scheidungsfragen) recht übereinstimmend. Bei näherem Hinsehen läßt sich ablesen, daß es jedoch erhebliche Unterschiede gibt in der Frage, für welche Ausgangsproblematik die Beratung bei FATS mehr geeignet scheint und was die Beratung dort leisten kann und soll.

Die Intentionen der Anwältinnen, an FATS zu überweisen oder FATS ihren Mandantinnen zu empfehlen, liegen meist in der Schlichtung im Vorfeld der gerichtlichen Auseinandersetzung sowie in der Klärung der Trennungsabsicht. Sie nutzen FATS auch im Sinne einer Familienberatungsstelle, deren Arbeit ergeben kann, daß Eltern zusammenbleiben. Eine Empfehlung des Modellprojekts in sehr strittigen Fällen wird von den Anwältinnen meist als sinnlos oder wenig erfolgversprechend gesehen, weil aus ihrer Erfahrung eine Einigung in einer emotional hoch aufgeladenen Situation selten erzielt werden konnte.

Parallel dazu wird andernorts gerade eine Spezialisierung auf hochstrittige Fälle antizipiert und FATS in diesem Sinne als Alternative oder sogar wichtige Ergänzung zum eigenen Beratungsangebot wahrgenommen:

„Ich habe in das Konzept selber keinen großen Einblick, denke ich. Ich weiß, daß es am Amtsgericht stattfindet, daß es ein Beratungsteam aus der Prüfeninger Straße gibt, die dort im Interesse der Kinder in diesen Trennungsfragen sozusagen vorgerichtlich oder außergerichtlich die emotional sehr geladenen Konflikte versuchen zu bearbeiten, weil die ja häufig fälschlicherweise zum Inhalt auch noch der gerichtlichen Trennungsfragen würden, sich damit vermischen würden. Also so ist es mir im Kopf, daß das eigentlich allen Beteiligten, den Eltern oder den sich trennenden Partnern und den Kindern vor allem nützen soll, eine adäquate Regelung zu finden." (Mitarbeiterin der Jugendsozialarbeit)

„Nachdem die FATS den Anspruch hat, sich vor allem mit hochstrittigen Fällen zu beschäftigen, überwiegend aus dem Unterschicht- und Mittelschichtmilieu, sehe ich das als wertvolle Ergänzung, daß es so etwas noch gibt. Und nachdem es auch bei uns Fälle gibt, wo wir einfach nicht zu Rande kommen, weil es einfach nicht funktioniert, da finde ich es gut, daß man noch ein weiteres Angebot für die Leute hat." (Mitarbeiterin des Jugendamtes)

Es wird überwiegend davon ausgegangen, daß das Modellprojekt auf Fragen des Sorge- und Umgangsrechts spezialisiert ist und Mediation in Trennungs- und Scheidungsprozessen anbietet. Teilweise geht die Verweispraxis auch dahin, daß FATS empfohlen wird, wenn rechtliche Fragen ungeklärt scheinen:

„Also ihr Schwerpunkt ist die Begleitung in einem Gerichtsverfahren. Also Leute, die nicht in einem Gerichtsverfahren sind, sind dadurch schon woanders hinverwiesen. Das ist einmal der eine Ansatzpunkt und ihre Spezialität ist, daß sie ein Raumangebot unter Autorität nutzen können, die gut und auch weniger gut sein kann." (Mitarbeiterin einer Erziehungsberatungsstelle)

„Das war jetzt kein so typischer Fall und war sehr stark verbunden mit rechtlichen Fragen, also wo ich mir gedacht habe, da gewinnt die rechtliche Seite einen größeren Aspekt, und da ist dann da ja auch gleich das Familiengericht, da ist das dann die bessere Anlaufstelle." (Mitarbeiterin der Jugendsozialarbeit)

Häufig ist die Verortung des Modellprojekts zwischen Mediation und Beratung festzustellen. Es wird angenommen, daß die Beratungsstelle FATS die emotionale Problematik durch besondere Qualifikationen in der Trennungs- und Scheidungsberatung auffängt und gleichzeitig die Zielsetzung konkreter Regelung verfolgt. Die Beratung bei FATS unterscheidet sich konzeptuell sowohl von der reinen Mediation als auch von der ausschließlich psychosozialen Beratung in Erziehungs- und Beziehungsfragen.
Insbesondere aus dem institutionellen Kinderbetreuungsbereich kommt die Vorstellung, FATS leiste aufgrund der räumlichen Anbindung die Zusammenführung von rechtlichen und emotional-sozialen Aspekten, indem die Berufsgruppen und Beteiligten sich besonders über die Situation des Kindes austauschen und gemeinsam Besuchs- und Sorgerechtsregelungen finden.

Ein weiterer wichtiger Bereich, den FATS aus Sicht der institutionellen Kinderbetreuung abzudecken versucht, sind die direkten Hilfen für Kinder. Hier wird erwartet, daß außer der rechtlichen Seite durch FATS eine weitere Instanz hinzukommt, die sich von der sozial-emotionalen Seite her des Kindeswohls annimmt:

„Aber ich habe manchmal das Empfinden hier bei den Kindern, da haben die die ganzen Spannungen in der Familie mitgekriegt, die dann zur Trennung geführt haben, und dann sind sie wieder hin- und hergerissen und spüren ja auch, der Mama geht es nicht gut, dem Papa geht es nicht gut. Die versuchen dann irgendwie zu vermitteln und fühlen sich dabei immer schuldig. Und da finde ich auch, daß es ganz ganz wichtig ist, daß die Kinder da irgendeine Betreuung kriegen und daß die dabei auch gestützt werden." (Leiterin Kita)

Nicht zuletzt ist auch die Hoffnung spürbar, daß es durch FATS langfristig zu einer Entspannung der Trennungssituation für die Kinder kommt und damit zu einer emotionalen Entlastung, die sich auch auf die eigene alltägliche Betreuungsarbeit positiv auswirkt. Darin wird eine notwendige Ergänzung zur eigenen Arbeit gesehen: Denn sowohl die fachlichen Qualifikationen als auch die personalen Ressourcen in den Kindertagesstätten werden vielfach den besonderen Betreuungserfordernissen von Kindern in Trennungskonflikten nicht gerecht.

Zusammenfassend läßt sich feststellen: Die Frage „Wofür ist FATS da?" offenbart ein weites Spektrum von Erwartungen der befragten Expertinnen an FATS. Es wurden unterschiedliche Facetten in Konzept und Arbeitsweise von FATS genannt, die zum Ausdruck bringen, daß das Aufgabenprofil des Modellprojekts von anderen Professionen und Einrichtungen entsprechend der tatsächlichen Komplexität der Aufgabenstellungen des Modellprojekts wahrgenommen wird. Die unten stehenden Begriffe benennen noch einmal die häufigsten Aufgaben, beziehungsweise Themenbereiche, die die Expertinnen mit FATS in Verbindung brachten:

(1) Schlichtung und Familienberatung;
(2) Spezialisierung auf hochstrittige Fälle;
(3) Spezialisierung auf Sorge- und Umgangsrecht;
(4) Mediation;
(5) Beratung in Verbindung mit rechtlichen Fragen;
(6) direkte Hilfen für Kinder.

*Welche Formen und Inhalte der Zusammenarbeit werden verwirklicht?*

Die Zusammenarbeit zwischen der Beratungsstelle FATS und dem Familiengericht ist formal eindeutig geregelt: „Die Familienberatung steht in erster Linie Ratsuchenden zur Verfügung, die auf Vorschlag bzw. Empfehlung des Familiengerichts an sie verwiesen wurden. (...) Die formale Zusammenarbeit läuft also in erster Linie über die Vermittlung. Berater und Familienrichter treffen sich darüber hinaus in ca. 6-wöchigem Abstand regelmäßig zu Arbeitsgesprächen" (Konzeption FATS 1994, S. 10f.).

Derart klare Regelungen der Zusammenarbeit lassen sich zwischen FATS und anderen Institutionen beziehungsweise Professionen nicht ausmachen. Aber es finden sich in Einzelfällen Absprachen und Kooperationswege

(1) einerseits im Vorfeld der Beratung, überwiegend durch Vermittlung bzw. Motivation zur Beratung sowie
(2) andererseits durch überwiegend ergebnisorientierten inhaltlichen Austausch.

*Motivation zur Beratung*

Die Zusammenarbeit mit FATS wird von Mitarbeiterinnen anderer Beratungsstellen gesucht, wenn eine spezielle Beratung in Fragen des Sorge- und Umgangsrechts erforderlich wird. Klientinnen mit solchen Anliegen werden dann weiterverwiesen beziehungsweise zur Beratung bei FATS motiviert. Je nachdem finden dann Verständigungen zwischen den Beratungsstellen über den Fall statt, soweit eine Freistellung von der Schweigepflicht erteilt wurde. Diese Kooperationsbeziehungen werden überwiegend unproblematisch beschrieben.

Die Empfehlungen kommen aus sämtlichen Expertinnenkreisen sowie aus anderen Beratungsstellen. Durch das Jugendamt kann eine Beratungsempfehlung auch in der schriftlichen Stellungnahme erfolgen.

Von der Anwältin sind die Eltern leichter dazu zu bewegen, zur Familienberatung am Amtsgericht denn zu einer anderen Ehe- beziehungsweise Familienberatungsstelle zu gehen. Die Ursache für diesen Motivationserfolg kann in der richterlichen Empfehlung liegen. Diese äußere Motivation durch das Gericht wurde in einigen Fällen von Anwältinnen verstärkt, indem sie die Argumentation von Nachteilen vor Gericht aufgegriffen haben. Diese Vorgehensweise, die sich auch in einigen Interviews mit ehemaligen Klientinnen widerspiegelt, läßt sich durch nachfolgendes Zitat verdeutlichen:

„Ich meine, daß die Ehegatten dann und vor allem auch deshalb dort zur Eheberatung bei Gericht gehen, weil die Richterin den Parteien das empfiehlt. Also ich habe nur einmal erlebt, daß dann einer gesagt hat, das interessiert mich nicht. Da ist keiner dabei, der nein sagt, jeder sagt ja. (...) Wir wirken natürlich schon auch auf die

Mandanten ein, indem wir sagen, gehen Sie dahin, die Richterin könnte verärgert sein, wenn Sie nicht gehen. Ich kann jetzt nicht sagen, daß alle Ehepaare, die dann dort hingehen, daß die davon hundertprozentig überzeugt sind, vor allem Männer. Da ist ein gutes Teil der Motivation auch, daß man sagt, ich könnte ja möglicherweise die Richterin verärgern" (Anwältin)

> Die Empfehlung des Modellprojekts an die Eltern hängt mit den erwarteten Aufgaben und mit dem speziellen Profil der Beratungsstelle zusammen. Die Weiterempfehlung durch die von uns befragten Expertinnen ist stark personenbezogen, das heißt, sie ist im Zusammenhang damit zu sehen, ob ein Vertrauen in die Kompetenz und Arbeitsweise der Beraterinnen besteht. Durch den Austausch mit Eltern, die bereits bei FATS waren oder durch den persönlichen Kontakt mit einem bestimmten Berater oder einer bestimmten Beraterin, entsteht ein personifiziertes Bild der Beratungsstelle, das weitgehend unabhängig erscheint von solchen Charakteristika wie der räumlichen Anbindung an das Amtsgericht oder von speziellen Beratungskonzepten.

*Ergebnisorientierter Austausch*

Die Beraterinnen von FATS überlassen die Entscheidung den Eltern, inwieweit sie selbst die Rechtsanwältinnen als auch das zuständige Jugendamt über das Ergebnis und den Abschluß der Beratung informieren wollen. Ein direkter Austausch über Ergebnisse findet daher mit Rechtsanwältinnen, Jugendamtsmitarbeiterinnen und anderen Professionen nur in Ausnahmefällen statt. Die Kooperation bezieht sich vor allem auf die Empfehlung und Weitervermittlung in die Beratungsstelle.

Im Falle eines schriftlichen Beratungsergebnisses werden die Eltern von den Beraterinnen ermutigt, die Ergebnisse des Beratungsprozesses an das Familiengericht weiterzuleiten. Die Beraterinnen von FATS müssen keine Stellungnahmen zu Fragen des Sorge- oder Umgangsrechts abgeben. Sie informieren die zuständige Richterin aber darüber, ob die Beratung abgeschlossen ist oder noch andauert.

Ein Austausch mit anderen am Verfahren beteiligten Institutionen beziehungsweise auch solchen, die nicht direkt involviert sind, wie beispielsweise Kindertagesstätten, ist konzeptuell nicht vorgesehen, kann aber vorkommen. Wenn die Eltern damit einverstanden sind, werden zum Beispiel Betreuerin oder Leiterin der Einrichtung aktiv und suchen den Kontakt zur Beratungsstelle.

Gewöhnlich besteht die Kooperation aus einem kurzen telefonischen Austausch über die Situation des Kindes, wohingegen ein Dreiergespräch (zum Beispiel Eltern, Betreuerin, Beraterin) nur sehr selten zustande kommt. Ein typischer Verlauf der Zusammenarbeit, wie er uns im Interview geschildert wurde, zeigt, daß es im Einzelfall auf die Eigeninitiative aus anderen Institutionen ankommt, wenn Informationen ausgetauscht werden:

„In dem Fall geht es ja oft von uns aus, weil wir eben merken, daß das Kind Probleme hat. Es macht Schwierigkeiten, wir sprechen mit der Mutter, wir kommen auf die Problematik und dann raten wir an, doch zu einer Beratungsstelle zu gehen und bieten auch an, daß wir mitarbeiten würden im Interesse des Kindes, wenn sie es möchten. Und dann kommt das zustande. Dann sagen die das da bei der Beratungsstelle. Oder es kommt auch mal vor, daß eine Mutter sagt, im Kindergarten ist es so und so, aber es kann dort nachgefragt werden. Und wenn wir das Einverständnis von der Mutter haben, dann machen wir das auch" (Leiterin Kita)

Insbesondere die ergebnisbezogene Information über den Abschluß der Beratung beziehungsweise den Inhalt der Vereinbarung, die zwischen den Eltern getroffen wurde, würde von den Jugendamtsmitarbeiterinnen als eine wertvolle Arbeitshilfe für den eigenen Aufgabenbereich begrüßt. Der Erfahrung, daß die Mitarbeiterinnen des Modellprojekts diesem Wunsch strukturell nicht entsprechen, werden Spekulationen über die Ursache dieses Sachverhalts gegenüber gestellt, die auch als Ausdruck von Gefühlen der Unzufriedenheit und Zurücksetzung gelesen werden können, die insbesondere aus dem Aufgabenbereich der Jugendämter zum § 50 KJHG erwachsen:

„Ich denke, daß es mit Absicht nicht passiert, weil ich den Eindruck habe, daß sich die Beratungsstelle klar vom Jugendamt abgrenzen will. Sich auch abgrenzen will den Klienten gegenüber 'wir sind autonom, wir machen nur Beratung, das Jugendamt hat eine andere Aufgabe, damit haben wir nichts zu tun'. Meine Phantasie ist so, daß die Beratungsstelle es so sieht, wir machen Beratung, wir bieten Mediation an, wir bieten alles mögliche an, und das Jugendamt wird eher reduziert auf die Mitwirkungspflicht, das ist meine Phantasie. Und von daher denke ich, daß das einfach die Methode ist, sich von uns abzugrenzen" (Mitarbeiterin des Jugendamtes)

Im Vergleich dazu wurde uns im Interview eine fallbezogene Zusammenarbeit zwischen einer Erziehungsberatungsstelle und dem städtischen Jugendamt als unproblematisch beschrieben beziehungsweise ist eine Art 'runder Tisch' üblich und fest installiert:

„Wir haben ein PSE für Kinder und Jugendliche und da sitzt der Jugendamtsleiter hier, da sitzen wir hier, da sitzt der Leiter der Psychiatrie hier, da sitzen die KollegInnen von anderen Beratungsstellen hier und der Schulpsychologe. (...) Jetzt auf das Problem bei Trennung und Scheidung, es gibt da, wenn die Klienten das wollen, einen sehr effektiven Austausch." (Mitarbeiterin einer Erziehungsberatungsstelle)

Die Ergebnisse der Expertinnenbefragung lassen den vorsichtigen Schluß zu, daß es auch inhaltlichen fallbezogenen Austausch zwischen FATS und anderen Einrichtungen geben kann. Dieser ist jedoch in Abhängigkeit von den speziellen Erfordernissen im Einzelfall zu sehen und bleibt der

Initiative (Anfrage) seitens der anderen Institutionen überlassen. Der informelle Austausch kann durchaus eine wichtige Erkenntnis über einen parallel bearbeiteten Fall ergeben und zu einer sinnvollen Einschätzung über die nächsten nötigen Schritte im beiderseitigen Beratungsverlauf führen. Gleichzeitig ist der 'Austausch am Fall' begrenzt: Die Beraterinnen des Modellprojekts wahren den Schutz ihrer Klientinnen durch die Verschwiegenheit gegenüber Dritten und sehen diesen Schutz aufgrund der Situation der räumlichen Anbindung als besonders notwendig an, um eine Vertrauensbeziehung zu den Eltern zu erhalten.

*Welche Wünsche, Anregungen und Kritikpunkte zur Zusammenarbeit werden von den Expertinnen geäußert?*

Die Frage „Wie zufrieden sind Sie mit der Zusammenarbeit mit FATS?" wurde im Fragebogen mittels einer Notenskala von 1 (sehr gut) bis 6 (unbefriedigend) von 69 der 117 Expertinnen beantwortet[45]. Die nachfolgende Abbildung zeigt die Aufteilung der Bewertungsnoten, wie sie von den Expertinnen vergeben wurden.

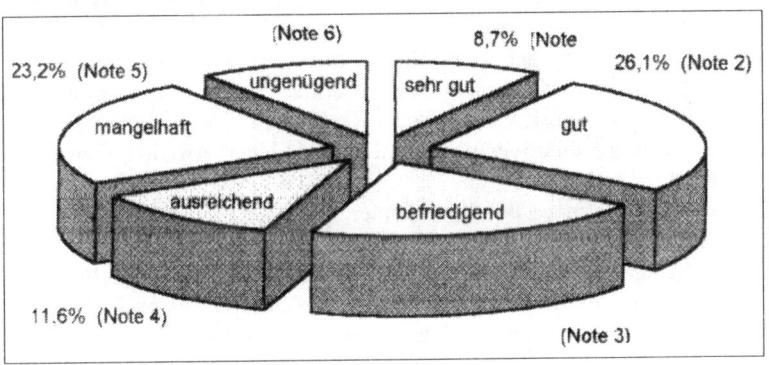

Abbildung 10: Noten für die Zusammenarbeit (N=69)

Die Zufriedenheit ist bei den Rechtsanwältinnen am deutlichsten ausgeprägt. Auch die sonstigen Beratungsstellen kirchlicher oder freier Träger vergeben überwiegend positive Noten. Die Expertinnen aus den Jugendämtern bewerten FATS am unterschiedlichsten: es gibt beinahe ebenso

---

[45] Die hohe Zahl derer, die diese Bewertungsfrage nicht beantwortet haben, erklärt sich aus der fehlenden Detailkenntnis: Die Expertinnen, die keine Kooperationserfahrungen haben (zum Beispiel viele aus den Kinderhorten), gaben in der Regel keine Bewertung ab.

viele schlechte wie gute Noten. Tendenziell weniger gut sind die Bewertungen der Zusammenarbeit aus dem Kindertagesstätten- und Hortbereich (vgl. untenstehende Tabelle).

Wie zufrieden sind die einzelnen Einrichtungen mit der Zusammenarbeit mit FATS?

| N=69 Note | An-walt | Jugend-amt | Beratungs-stelle | Hort | Sonstige | *Gesamt* |
|---|---|---|---|---|---|---|
| 1 | 22% | 6% | 8% | | 16% | *9%* |
| 2 | 44% | 31% | 32% | | 17% | *26%* |
| 3 | 22% | 6% | 32% | 7% | 33% | *20%* |
| 4 | | | 20% | 15% | 16% | *12%* |
| 5 | 11% | 50% | 4% | 39% | 17% | *23%* |
| 6 | | 6% | 4% | 39% | | *10%* |

Tabelle 21: Zufriedenheit mit der Zusammenarbeit

Entscheidend dürfte vor allem die Dichte beziehungsweise Quantität der Kooperationsbeziehungen bei dieser Bewertungsfrage gewesen sein (vgl. 5.2.1 in diesem Kapitel). So lassen sich die 'schlechten Noten' einerseits im Wunsch nach mehr Kooperation und Information insbesondere aus dem Kinderbetreuungsbereich erklären (vgl. Bekanntheitsgrad von FATS in diesem Kapitel). Andererseits liegt die subjektive Bewertung der Zusammenarbeit in den unterschiedlichen Arbeitserfahrungen begründet.
Einige Mitarbeiterinnen der Jugendämter wünschen sich einen fallbezogenen ergebnisorientierten Austausch. Dieser wird als Unterstützung für den eigenen Aufgabenbereich gesehen, speziell für die gutachterliche Funktion - einerseits um von dieser entlastet zu werden, andererseits auch als Hilfe, die ganz im Sinne der Eltern und des Kindes liegen kann:

„Nachdem ich ja nicht nur die Beratung mache, sondern auch eine Stellungnahme schreiben muß, würde ich die zurückstellen und abwarten, kommt die Beratung an der Beratungsstelle zu einem Ergebnis. Wenn die zu einem Ergebnis kommen, wenn die eine Vereinbarung treffen, dann hat das auch eine Auswirkung auf die Stellungnahme, die ich dann schreibe." (Mitarbeiterin des Jugendamts)

Es findet explizit keine Benachrichtigung des Jugendamtes statt in den Fällen, in denen FATS Beratung durchführt. Das Modellprojekt begründet dieses Vorgehen mit dem Hinweis darauf, daß keine Beratungsstelle dazu verpflichtet ist und verpflichtet werden kann, die Namen von Klientinnen an Dritte weiterzugeben und daß dieses Vorgehen auch nicht üblich ist. Diese Regelung findet jedoch nicht bei allen befragten Jugendamtsmitarbeiterinnen umfassend Akzeptanz.

„Der Familienrichter weist das Paar darauf hin, daß es die FATS gibt, etliche gehen dorthin. Und ich weiß auch von ein paar Kollegen, wo es dann parallel läuft. (...) Idealer könnte ich es mir vorstellen, daß mir das die FATS mitteilt und mir sagt, die sind bei uns in Beratung, stellt eure Beratung und Mitwirkung zurück, wir teilen euch mit, wenn die Beratung zu Ende ist." (Mitarbeiterin des Jugendamts)

Die Vorteile einer fallbezogenen Zusammenarbeit überwiegen in den Schilderungen der Mitarbeiterinnen aus den Jugendämtern und sind nach Ansicht der Befragten nicht zuletzt auch in einer Ersparnis an personellen und zeitlichen Ressourcen zu suchen.

Eine forcierte Zusammenarbeit wünschen sich auch die Erzieherinnen in den Einrichtungen der Kinderbetreuung. Deren Kritik nach mangelndem Austausch über die Situation des Kindes trifft jedoch nicht nur die Beratungsstelle FATS, sondern auch die Beratungsstellen des Jugendamtes:

„Eigentlich geht das dann auch mehr von uns aus, daß man dann sagt, wie ist das denn eigentlich, wie läuft das. Da ist kaum etwas, vielleicht kommt irgendwann mal eine Nachfrage. Aber ich denke, die halten sich einfach für zu kompetent, um da nachzufragen. (...) Also beim Jugendamt läuft das ja auch so, daß die in die Wohnung gehen. Und das ist mal so eine Stunde, oder ich weiß nicht, wie lange die da sind. Die gehen einmal zu Besuch hin. Ich denke, das ist kein echtes Bild."
(Leiterin Kita)

Dem Wunsch nach mehr Einbezug als direkte Betreuungsperson des Kindes entspricht die Erwartung, daß in der Auseinandersetzung um das Sorge- und Besuchsrecht eine Lösung gefunden wird, die den Bedürfnissen des Kindes und vor allem seiner sozialen Situation gerecht wird. Und in der Tat stellt der Einbezug der Betreuerin eine gute Möglichkeit dar, indirekt die emotionale und soziale Bedürfnislage des Kindes zu erfassen.

---

Zusammenfassend wird sichtbar, daß die befragten Expertinnen einige konkrete Kritikpunkte zur Zusammenarbeit mit FATS sehen. Viele der Befragten, insbesondere aus Jugendämtern und Kindertagesstätten, wünschen sich eine Intensivierung der Zusammenarbeit. Es werden mehr Vorteile als Nachteile im fallbezogenen Informationsaustausch gesehen und in diesem Zusammenhang vereinzelt der Wunsch zum Ausdruck gebracht, die geltenden Vertrauens- und Datenschutzbestimmungen im Einverständnis mit den Beteiligten und im Sinne des Kindeswohls zu 'überschreiten'. In der Reihenfolge der Häufigkeit der Nennungen über alle Berufsgruppen hinweg steht an erster Stelle der Wunsch nach forcierter Öffentlichkeitsarbeit, an zweiter Stelle der Wunsch nach mehr Angeboten von FATS für Fortbildung und Erfahrungsaustausch gefolgt von dem Wunsch nach inhaltlicher beziehungsweise fallbezogener Zusammenarbeit.

---

## 5.3 Der Bekanntheitsgrad von FATS

Die Bemühungen des Modellprojekts, sich in Regensburg bei Eltern und anderen Einrichtungen vorzustellen und über die Arbeitsweise von FATS zu informieren - durch Jahresberichte, Vorträge, Infoblätter und vieles mehr - sind bei den Expertinnen überwiegend positiv angekommen. Die Anwältinnen waren in der Anfangsphase zu einem Informationsabend eingeladen, der von seiten des Modellprojekts initiiert wurde und überwiegend als umfassende und wichtige Informationsquelle bewertet wurde. Auch mit dem Jugendamt fand zu Beginn ein Austausch-Treffen statt (zu einem späteren Zeitpunkt ein weiteres), das positiven Anklang bei den Mitarbeiterinnen im Jugendamt gefunden hat:

„Die Beratungsstelle hat sich sehr bemüht, so ein kooperatives Klima zwischen uns aufzubauen, weil es ja gerade in der Anfangszeit sehr große Widerstände von seiten des Jugendamtes gegeben hat gegenüber der Beratungsstelle aber auch umgekehrt. Ich habe schon ein großes Bemühen festgestellt, mit uns zu kooperieren, wobei in den Gesprächen völlig offen geblieben ist, in welcher Form. Sie haben ihre Kindergruppen vorgestellt, die sie anbieten, daß es nicht nur ihre eigenen Kinder sein müssen, sondern daß auch wir vom Jugendamt Kinder dort hinvermitteln könnten. Ich denke, das waren so die Inhalte, soweit ich mich erinnern kann. Aber in der konkreten Arbeitsweise hat sich nichts geändert." (Mitarbeiterin des Jugendamts)

Weitergehende Informationen über das Modellprojekt wurden direkt über den persönlichen Kontakt zu Beraterinnen und/oder zu Familienrichterinnen ausgetauscht. Eine wichtige Informationsquelle für die Mitarbeiterinnen aus den Jugendämtern ergab sich über die gutachterliche Mitwirkung, das heißt durch die Beratungsempfehlung seitens der Richterinnen an die Eltern während des Scheidungstermins oder bei Anhörungsterminen. Eine in der Anfangsphase weniger bedeutende aber zunehmend wichtiger gewordene Informationsquelle stellen die Eltern selbst dar, die sowohl Jugendamtsmitarbeiterinnen als auch Anwältinnen und sonstigen Beteiligten, beispielsweise aus Selbsthilfegruppen oder anderen Beratungsstellen, von der Beratung bei FATS erzählt haben.

Der Bekanntheitsgrad ist jedoch nicht in allen Berufsgruppen gleich hoch anzusetzen. Gerade diejenigen Professionen, die keine direkte Beteiligung im gerichtlichen Verfahren aufweisen - aber durchaus in ihrer Multiplikatorenfunktion betroffene Eltern erreichen können - sahen sich als zu wenig informiert.

Die Mitarbeiterinnen aus dem Hort- und Kindertagesstättenbereich waren auf die Information durch die Zeitung verwiesen. In Eigeninitiative wurde die Information teils sogar an interessierte Eltern weitergegeben:

„Ich weiß nur das, was in der Zeitung stand. Ich muß aber sagen, ich habe den Zeitungsartikel ausgehängt, ich habe ihn zwar oberflächlich gelesen, aber ich habe mich nicht ganz genau beschäftigt. (...) Ich habe es auch für die Eltern ausgehängt. Ich habe auch gesehen, daß es von einigen auch schon intensiv gelesen worden ist, aber sonst weiß ich eigentlich überhaupt nichts davon." (Leiterin Kita)

Etwa ein Drittel der befragten Expertinnen hatte keine Kenntnis von FATS. Und nur etwa ein Viertel der Expertinnen hat auf die Frage, „Fühlen Sie sich für die Zusammenarbeit mit FATS ausreichend informiert?" mit „Ja" geantwortet. Diejenigen, denen FATS ein Begriff ist, haben ihre Informationen vor allem durch konkrete Zusammenarbeit gewonnen oder aus der Zeitung und sonstigen Medien. Ein geringerer Teil hat darüber hinaus Kontakte in Fortbildungsveranstaltungen geknüpft.

Zusammenfassend läßt sich festhalten: Es bestehen große Informationsbedürfnisse vor allem in den Einrichtungen beziehungsweise Berufsgruppen, die nicht unmittelbar oder notwendigerweise am Beratungs- beziehungsweise Gerichtsprozeß beteiligt sind (zum Beispiel Schuldnerberatung, Selbsthilfe, institutionelle Kinderbetreuung). Neben Jahresberichten, Presse und Fachmitteilungen hatten die persönlichen Fachkontakte, die die Beraterinnen im Rahmen ihrer Zugehörigkeit zur Diakonischen Beratungsstelle aufgebaut haben, eine wichtige Funktion bei der Bekanntwerdung von FATS.

5.4 DIE AUSSENSICHT AUF DAS SPEZIELLE PROFIL DURCH DIE RÄUMLICHE ANBINDUNG AN DAS AMTSGERICHT

Wie unter Punkt 5.2.2 bereits ausgeführt, kam es zu personifizierten Bildern von der Beratungsstelle FATS, die durch die Zugehörigkeit der Beraterinnen des Modellprojekts zur Diakonischen Beratungsstelle zustande kamen. Dies hat in bezug auf die räumliche Anbindung zur Konsequenz, daß teilweise die Expertinnen keine gedankliche Trennung der Beratungsstelle am Amtsgericht und der Beratungsstelle der Diakonie vorgenommen haben und daraus folgend die räumliche Anbindung nicht problematisiert haben. Die Vorerfahrungen mit den Beraterinnen der Diakonie beziehungsweise deren Verdienste und Erfolge zeigen, wie nicht anders anzunehmen war, eine positive Rückwirkung auf die Einschätzung der Beratungsstelle FATS. Dennoch lassen sich häufig durchaus ambivalente Haltungen der Expertinnen finden, die sich auffächern in:

(1) die Wahrnehmung der *räumlichen Anbindung* als solcher,
(2) die Wahrnehmung der *Beratungsempfehlung* durch die Familienrichterinnen,

(3) die Wahrnehmung der Einhaltung der *Schweigeverpflichtung.*

*Wahrnehmung der räumlichen Anbindung an das Amtsgericht*

Die Pro-Argumente stellen sich nach Ansicht der befragten Expertinnen wie folgt dar:
Ein zentraler Vorteil der gerichtsnahen Beratung wird in der Möglichkeit der schnellen und unmittelbaren Nutzung des Beratungsangebots gesehen. Eine emotional aufgeladene Situation kann direkt aus der Gerichtsverhandlung heraus in der Beratungsstelle ein Forum für die Auseinandersetzung erhalten. Dadurch wird nach Ansicht der Expertinnen die Gefahr, daß das Kind zum Zerrgut der Auseinandersetzung werden könnte, geringer gehalten. Ebenso auch das Risiko, daß die Auseinandersetzung eskaliert, indem der Streit über den Rechtsweg und die Änwältinnen ausgefochten wird. In der schnellen, gerichtsnahen Beratung wird eine Chance zur Deeskalierung gesehen, die ungenutzt verstreichen könnte, wenn der erste Beratungstermin erst zu einem späteren Zeitpunkt stattfindet und womöglich die Motivation der Eltern schwindet, den Termin wahrzunehmen.
Die Gerichtsnähe alleine finden manche nicht ausreichend. Unter dem Gesichtspunkt, daß eine gute Lösung im Sinne des Kindeswohls zu finden ist, können sich einige Expertinnen anstatt einer Beratungsempfehlung durchaus eine verpflichtende Anordnung durch das Gericht vorstellen:

„Ich würde es sogar für dringend erforderlich halten, daß es sogar einen gewissen Anteil an Pflichtberatung gibt, wo tatsächlich beide Ehepartner oder auch Partner, wenn sie nicht verheiratet waren, vielleicht in drei Sitzungen die Möglichkeit haben, sich zu verabschieden, sage ich jetzt mal, oder eine Form zu finden, die noch außerhalb der ganzen rechtlichen Schritte liegt, um zu äußern, was sie denn gerne möchten" (Mitarbeiterin der Jugendsozialarbeit)

Weitere Vorteile der räumlichen Anbindung werden in einer verminderten Schwellenangst und einem verminderten Stigmatisierungsrisiko gesehen. Die Zugangsschwellen, angefangen von der Wartezeit auf den ersten Termin über den Organisationsaufwand bei der Kinderbetreuung und die Extraanfahrt zur Beratungsstelle bis hin zur Freistellung am Arbeitsplatz u.v.m. liegen im Modellprojekt außerordentlich niedrig beziehungsweise erübrigen sich durch die räumliche Nähe und den unmittelbaren Zugang. An Sitzungstagen werden grundsätzlich Termine für direkte Weitervermittlungen offengehalten.

Die häufig genannten Contra-Argumente:
In bezug auf die Verminderung des Stigmatisierungsrisikos gibt es auch Gegenstimmen, die insbesondere den öffentlichen Charakter einer Ge-

richtsverhandlung betonen, in der die Beratungsempfehlung ausgesprochen wird. Aus der mangelnden Diskretion werden Konsequenzen für den Beratungszugang über Gericht eingefordert:

„Na ja, wenn der Richter sagt, jetzt schlage ich Ihnen vor, gehen Sie doch zum Herrn X rüber. Und wenn die rausgehen und rübergehen und das auch in der Gerichtsverhandlung formuliert wird, das sind ja andere Elemente, als wir sie in der Schweigepflicht kennen. Das sind immer publikumsspezifische Vorgänge, die da passieren. Also die Art der Diskretion ist da nicht möglich. Da ist ein Akt da, da sind Aufforderungen, die auch teilweise in öffentlichen Zusammenhängen dargestellt werden und der Gang wird beobachtet, wo man rein- oder rausgeht. Ihr eigenes Verhalten ist nicht so, wie man das in der Freiwilligkeit und Verschwiegenheit bei uns auffaßt. Es ist eine strukturelle Geschichte. Und die müßte man noch viel mehr versuchen, behutsamer zu lösen." (Mitarbeiterin einer Erziehungsberatungsstelle)

Die Erfahrungen der Expertinnen und unsere Interviews mit ehemaligen Klientinnen von FATS zeigen, daß sich für die Klientinnen manchmal erst nach der Beratung am Amtsgericht, beispielsweise im weitergehenden Reflexionsprozeß in einer anderen Beratungsstelle, herausstellt, daß sie durch den direkten Zugang im Anschluß an die Gerichtsverhandlung in die Beratung 'hineinmanövriert' wurden:

„Daß sie dann einfach hier sehen, hoppla, da war ich ziemlich eingeengt. Da hat mich jemand sofort in das andere Zimmer geschickt, und die haben für mich definiert, wann ich wiederkommen muß und welche Regeln da ablaufen. Und natürlich erleben sie in einer anderen Situation im nachhinein oft, daß sie sich ganz schön hineinmanövrieren haben lassen. Daß ihnen die Freiwilligkeit auch ein bißchen suggeriert wurde" (Mitarbeiterin einer Erziehungsberatungsstelle)

Ein weiterer Unterschied, der durch den räumlichen Faktor und das 'andere Zustandekommen' von Beratung entsteht, wird in der hierarchischen Struktur gesehen, innerhalb derer sich die Beratung am Gericht anbahnt und die Auswirkungen auf das Setting und den Beratungseinstieg haben kann:

„Also da, wo sie am Gericht sind, arbeiten sie (die Beraterinnen) sicher anders. (...) Also das ist eine hierarchisch strukturierte Form, und das wirkt sich natürlich aus, wie die Leute diesen Raum betreten, welchen Platz sie kriegen, was sie in dem Raum vorfinden und welche Regeln der Kommunikation auch ablaufen. Das ist eine Settingvariable, die ganz entschieden anders ist als in der Beratungsstelle selbst" (Mitarbeiterin einer Erziehungsberatungsstelle)

Aus diesem Grund wird vermutet, daß am Amtsgericht Mediation stattfindet und die 'wirkliche' Arbeit am Fall in der Diakonischen Beratungsstelle weitergeführt wird, die dann außerhalb des juristischen Rahmens das Setting bieten kann, das dem fachlichen Anspruch des Beraters beziehungsweise der Beraterin nach Freiwilligkeit und Autonomie der Klientel eher entspricht.

Im Zusammenhang mit der gerichtlichen Empfehlung steht vor allem die Sorge, die Beratungsstelle FATS könne in der räumlichen Anbindung ihre institutionelle Autonomie verlieren. Vermehrte Besorgnis darüber äußern die Fachkräfte aus dem psychosozialen Beratungsbereich, insbesondere Mitarbeiterinnen der Jugendämter. Diese haben speziell den Zugang über das Gericht im Blickfeld ihrer Argumentation.

In der 'verpflichtenden' Form einer gerichtlichen Empfehlung, zieht eine Jugendamtsmitarbeiterin die Parallele zur eigenen Institution und findet darin eine Gemeinsamkeit, daß die Eltern zu ihr auch kommen 'müssen', weil das Jugendamt eine Mitwirkungspflicht zu erfüllen hat.

Beklagt wird in diesem Zusammenhang, daß Beratungskompetenzen der Jugendamtsmitarbeiterinnen vor Gericht nicht in ihrer Fachlichkeit ernst genommen werden und die Gerichtsverhandlung teils von einem Verhandlungsstil geprägt ist, der die Eltern einschüchtert:

„Da kommen Beschlüsse raus, wo die Eltern einfach nicht dahinterstehen, beide nicht. Und ich habe es auch schon erlebt, daß (die Richterin) zu den Eltern sagt, so, Sie gehen jetzt darüber in die Beratungsstelle. Und wenn die kurz aufmucken, dann werden die wirklich rüber begleitet. Soviel zur Freiwilligkeit der Beratung." (Mitarbeiterin des Jugendamtes)

Die Problematik von äußerer versus innerer Motivation spiegelt sich auch in den Ergebnissen der Expertinnenbefragung wieder. Der Zugang über Gericht wird teils sehr kritisch gesehen. Einerseits wird dem Zugang zur Beratung über das Amtsgericht der Charakter der Freiwilligkeit abgesprochen. Doch obwohl die Vorwürfe an die richterliche Verweispraxis recht deutlich klingen, werden dennoch andererseits auch Chancen gesehen, die in einer äußeren Motivation liegen können. Diese lassen sich auf die paradox klingende Formel bringen: ‚Manche müssen zu ihrem Glück gezwungen werden':

„Da bin ich sehr skeptisch, daß es direkt am Familiengericht ist. Sicher, ich habe nur stichpunktartige Erfahrungen, die ich damit gemacht habe, wie der Ablauf ist, daß Eltern in diese Beratungsstelle gehen, vor allem bei der Frau Y, wo die Eltern unter massiven Druck gesetzt worden sind, da hinzugehen. Beim Herrn X habe ich die Erfahrung gemacht, daß der Druck nicht so massiv war, aber daß es so formuliert worden ist, daß sich die Eltern einiges davon erwarten könnten, wenn sie dort hingehen. (...) Also die Freiwilligkeit ist da nicht so gewahrt. (...) Das mag für manche schon richtig sein. Manche müssen auch zu ihrem Glück gezwungen werden, aber dann müßte man den Anspruch ändern, daß es freiwillig ist." (Mitarbeiterin des Jugendamts).

Das oben stehende Zitat verdeutlicht ein weiteres Spannungsverhältnis, in dem die Expertinnenmeinungen sich bewegen: Freiwilligkeit und Verpflichtung schließen sich gegenseitig aus und sollen dennoch im Sinne des Kindeswohls eine legitimierte Verbindung eingehen. Mit der Forderung nach mehr Transparenz, wie sich das Modellprojekt hier verorten läßt, wünschen sich die einen ein klareres Profil der Beratungsstelle FATS, die anderen sehen gerade die Mehrschichtigkeit des Profils als Chance für die erfolgreiche Beratungsarbeit. Zu facettenreich sind die individuellen Voraussetzungen zur Inanspruchnahme der Beratung - ebenso wie die Erfahrungen der befragten Expertinnen - als daß es einfach wäre, zu einer generell befürwortenden oder ablehnenden Einschätzung zu kommen. Die Ambivalenz bleibt bestehen, und ein kleiner Ausweg wird in der Hoffnung gesucht, daß die persönliche und fachliche Kompetenz der Beraterinnen einen wie immer denkbaren Mißbrauch des Vertrauensschutzes verhindern wird:

„Also ich denke, die brauchen alle Hilfe. Und es gibt welche, die sich leichter Hilfe holen, die das auch schaffen, irgendwo hinzugehen und zu sagen, ich brauche einen Termin, ich brauche Hilfe. Dann gibt es andere, die es überhaupt nicht schaffen. Also ich würde es eigentlich schon für gut halten, wenn man darauf verweist und das vielleicht dringend anrät zum Wohl des Kindes. (...) Also beide (Beraterinnen) halte ich für sehr kompetent, die Menschen, die da kommen aufzufangen, so daß die das Gefühl haben, hier will man mir gut, hier will man nicht wieder Druck auf mich ausüben. (...) Und ich denke, daß gerade nach so einer Gerichtsverhandlung der eine oder der andere oder auch beide in so ein tiefes Loch fallen und das Kind irgendwo wieder alleine steht (...)."(Leiterin Kita)

*Wahrnehmung der Einhaltung der Schweigeverpflichtung*

Ein erhöhtes Risiko, die Beraterinnen des Modellprojekts könnten die Verpflichtung zur Verschwiegenheit gegenüber Dritten dadurch verletzen, daß sie in Anbindung an das Gericht arbeiten, wird von nur einem geringen Teil der befragten Expertinnen tatsächlich explizit so formuliert. Die Problematik der Schweigeverpflichtung wird vielmehr als allgemeines Thema wahrgenommen, von dem sämtliche Fachkräfte der psychosozialen Versorgung betroffen sind.
Das große Vertrauen in die Sorgfaltspflicht und in den Vertrauensschutz der Mitarbeiterinnen des Modellprojekts läßt sich zum einen wieder auf das personifizierte Bild von FATS zurückführen und auf die Arbeitsbeziehungen mit Beraterinnen der Diakonischen Beratungsstelle. Andererseits sind die Meinungen der befragten Expertinnen zum Thema Vertrauensschutz beziehungsweise Schweigepflicht sehr geteilt.
Deutlich kommen auch in dieser Problematik sehr ambivalente Haltungen zum Ausdruck, die auch innerhalb derselben Institution zu finden sind. Beispielsweise wird einerseits die Pflicht zur Mitwirkung vor Gericht als

wünschenswerte Ergänzung der Aufgaben von FATS gefordert, andererseits vor Verlust des Datenschutzes und der institutionellen Autonomie von FATS gewarnt.

Die Argumente, die nach Ansicht der Expertinnen für mehr Transparenz sprechen, lassen sich auf folgende Formeln bringen: Eine (in den Interviews mit Expertinnen mehrmals genannte) Strategie mancher Klientinnen, durch den wiederholten Wechsel von Beratungsstelle und Beraterin den anstehenden Entscheidungen oder/und Problemen zu entfliehen, führe zu einem erhöhten und ineffektiven Beratungsaufwand, der sich durch mehr Transparenz einsparen ließe. Auch könne durch den Austausch innerhalb der Professionen wichtiges Überblickswissen über biographische Vorgänge und die komplexe Lebenssituation der Kinder dazugewonnen werden. Es komme dadurch also durchaus zu einem Informationsgewinn für das Familiengericht im Sinne des Kindeswohls.

„Man könnte ja da auch Formen finden, wo alle beteiligt sind, wenn dieser Austausch stattfindet. Also, daß da nichts hintenrum geht, sage ich mal. (...) Ich hatte ganz häufig den Eindruck, daß es sehr stark davon abhängt, wer welchen Gutachter mobilisieren kann, sich es leisten kann und auch von der psychischen Konstitution stabiler ist (...) Von daher hatte ich immer den Eindruck, also ich bin da weniger dafür, daß das alles so unter den Teppich gekehrt wird. Also Datenschutz ist schon wichtig, aber es ist auch Ausdruck von einer Verzweiflung, wenn die Leute ihre Schleifen drehen, also von einer Beratungsstelle zur anderen gehen." (Mitarbeiterin der Jugendsozialarbeit)

Ein Zusammenwirken verschiedener Professionen, beispielsweise durch Fallgespräche am 'runden Tisch' oder häufig auch benannt durch Vierer- oder Sechser-Gespräche, hat - wie oben beschrieben - durchaus Vorteile, da die Lebenssituation des Kindes von vielen Seiten beleuchtet werden kann und dies zu einer fundierten Entscheidung über die künftige Situation des Kindes positiv beitragen kann. Andererseits würde ein 'runder Tisch' in der Praxis hohe Kompetenzen bei allen Beteiligten voraussetzen, auch fachübergreifend die Situation zu erfassen und einschätzen zu können. Bei dem hohen Spezialisierungsgrad, den sowohl Juristinnen als auch Fachkräfte aus dem psychologischen wie pädagogischen Bereich aufweisen, scheint die gegenseitige Akzeptanz von fachspezifischen Einzelentscheidungen letztendlich doch wieder unumgänglich. Davon abgesehen wird gesetzlich zwischen der Beraterin und den Eltern ein Vertrauensverhältnis ermöglicht, das sich gerade durch besonderen Schutz der personenbezogenen Daten auszeichnet. Dieser Schutz ist klar geregelt und stellt die in der Fachpraxis anerkannte Voraussetzung von Beratung als helfender in Unterscheidung zur kontrollierenden Instanz dar.

Die ambivalente Haltung zur Informationsweitergabe beziehungsweise die Auseinandersetzung darüber zeigt sich im übrigen in vielen Fällen von der Realität überholt: besteht doch für so manche Profession die Gewißheit, daß die Eltern von sich aus von der Beratung erzählen, wie sie es beispielsweise vor Gericht tun, ohne vom Richter beziehungsweise der Richterin aufgefordert zu sein, oder wie sie es häufig als Mandantinnen gegenüber dem Anwalt beziehungsweise der Anwältin tun. Die Praxis ist in diesen Fällen begleitet vom Zweifel darüber, ob der Anspruch der Schweigeverpflichtung damit gewahrt bleibt:

„Das tun die von selber. Oder wir fragen auch, waren Sie dort, funktioniert das. (...) Das Ergebnis möchte ich wissen, das wäre an sich nicht schlecht. Allerdings ist es wohl schwierig, weil man ja immer den Leuten sagt, das ist streng vertraulich, da dringt nichts nach draußen." (Anwältin)

Zusammenfassend läßt sich festhalten: Die befragten Expertinnen haben ein sehr differenziertes Bild von der räumlichen Anbindung an das Amtsgericht entwickelt, das Vor- und Nachteile gegeneinander austariert.

Für die Anbindung sprechen nach Ansicht der Expertinnen vor allem folgende Argumente:
(1) Möglichkeit der schnellen und unmittelbaren Nutzung des Beratungsangebots;
(2) Chance zur Deeskalierung, bevor der Streit über den Rechtsweg ausgefochten wird;
(3) verminderte Zugangsschwellen (gesehen werden hier vor allem Vorbehalte gegenüber 'psychologischer' Beratung und ein wesentlich geringerer Organisationsaufwand für die Eltern);
(4) vermindertes Stigmatisierungsrisiko.

Gegenargumente wurden vor allem folgende benannt:
(1) Erhöhtes Stigmatisierungsrisiko durch den öffentlichen Charakter der Gerichtsverhandlung;
(2) der mögliche Zwangscharakter der Beratungsempfehlung bei Eltern, die der richterlichen Empfehlung aufgrund der juristischen Autorität folgen;
(3) die Auswirkungen eines von manchen Eltern subjektiv wahrgenommenen Zwangs zur Beratung auf Sinnhaftigkeit und Erfolg der Beratung.

Kritik entzündet sich weniger an der Tatsache der räumlichen Integration der Beratungsstelle in das Gerichtsgebäude als vielmehr am Modus der Beratungsempfehlung vor Gericht. Dem Zugang zur Beratung über das Amtsgericht wird zum Teil der Charakter des Beratungszwangs angelastet. Vor allem die am Verfahren beteiligten Professionen sprechen dem Zugang über Gericht mangelnde Freiwilligkeit zu: Über 80% der Mitarbeiterinnen der Jugendämter und etwa 50% aus den Erziehungsberatungsstellen und immerhin 20% der Rechtsanwältinnen äußern zumindest Bedenken, daß ein gewisser Druck auf die Eltern nicht auszuschließen ist. Es werden möglicherweise auftretende Ängste und Bedenken bei den Eltern antizipiert, die sich aus der richterlichen Empfehlung ergeben könnten. Insbesondere die Angst, es könnten vertrauliche Informationen aus der Beratung an die Richterinnen weitergeleitet werden und die Angst vor zu erwartenden Nachteilen in der Gerichtsentscheidung - sofern der Beratungsempfehlung nicht nachgekommen wird - spiegeln sich in den Befürchtungen der Expertinnen wider, stellen sich jedoch im Vergleich höher dar, als sie von den befragten ehemaligen Klientinnen geäußert wurden (vgl. Kapitel 4).

## 5.5 FATS ALS SINNVOLLE ERGÄNZUNG DES SONSTIGEN BERATUNGSANGEBOTES

Die von uns befragten Expertinnen kommen zu ihrer Einschätzung des Modellprojekts unmittelbar über eigene Erfahrungen und Berichte der Mandantinnen und Klientinnen. Die Bewertungen der Expertinnen sind von daher besonders aussagekräftig und stellen neben unseren eigenen Interviews mit ehemaligen Klientinnen des Modellprojekts eine zweite wichtige Informationsquelle für die Erfolgseinschätzung dar.
In einem letzten Analyseschritt wurde daher die Expertinnensicht zusammenfassend noch auf ihren Aussagegehalt in Hinblick auf die zentralen Bewertungsaspekte untersucht:

(1) Akzeptanz des Modellprojekts,
(2) Entlastungseffekte,
(3) Defizite von FATS und allgemeine Einschätzung der Versorgungslage.

### 5.5.1 Akzeptanz des Modellprojekts

Ein - wie man annehmen könnte - durch eine neue Beratungsstelle hinzugekommener Konkurrenzdruck läßt sich aus den Aussagen der Expertinnen nicht ablesen. Mit dem Hinweis darauf, daß generell in den Beratungsstellen eine große Nachfrage am jeweiligen Beratungsangebot da ist, dem kaum nachzukommen sei, wird im Gegenteil die Ausweitung beziehungsweise der Transfer des Modells auf andere Träger und andere Städte/Regionen sehr begrüßt. Ein gesellschaftliches Umdenken in den letzten Jahren wird in Rechnung gestellt, das selbst in kirchlichen Einrichtungen Imageprobleme bei diesem zusätzlichen und speziellen Beratungsangebot ausschließt:

178

„Ich denke, die Thematik Trennung und Scheidung ist einfach öffentlich wirksamer geworden, es wird einfach mehr als Faktum, als gesellschaftlicher Tatbestand registriert, wobei man vielleicht vor einigen Jahren das so als individuelle oder soziale oder kirchliche Katastrophe gesehen hat." (Mitarbeiterin einer Erziehungsberatungsstelle)

Insbesondere die hohe Nachfrage steht bei den Nennungen an erster Stelle, die eine Ausweitung des Angebots bestehender Beratungsstellen auf Trennungs- und Scheidungsfragen wie auch den Transfer des Modells nicht nur rechtfertige, sondern dringlich notwendig mache:

„Ja, ausgehend davon, daß heute jede dritte Partnerschaft wieder auseinandergeht, wäre es schon sinnvoll, daß bei den anderen Beratungsstellen mehr Wissen und mehr Handlungskompetenz bezüglich Trennungsberatung vorhanden wäre. (...) Also eine stärkere Anbindung in den vorhandenen Anlaufstellen. Das mag ja dann so richtig sein, daß es beim Amtsgericht eine Stelle gibt für die anderen Zugänge. Aber für den Zugang, der über die anderen Unterstützungsberatungsstellen kommt, wäre diese Vertiefung von diesem Aspekt wichtig. Die können ja nicht alle gleichzeitig auch beim Amtsgericht sitzen. Aber es gibt vielleicht auch andere Formen." (Mitarbeiterin der Jugendsozialarbeit)

Die in den Anfängen von FATS aufgetretenen Irritationen von Rechtsanwältinnen, das Modellprojekt leiste juristische Beratung, sind inzwischen entkräftet oder wurden im Rahmen der Befragung nicht geäußert.

## 5.5.2 Entlastungseffekte

FATS wird nicht als Konkurrenz zu anderen Beratungsstellen gesehen, sondern als Ergänzung, die etwas bietet, das andere nicht haben oder aufgrund der personellen oder räumlichen Ausstattung nur unzureichend erfüllen. Das Modellprojekt wird dabei als hochspezialisiertes, auf Mediation in Trennungs- und Scheidungsprozessen begrenztes Angebot begriffen. Durch die Spezialisierung und die große Nachfrage an Beratungsleistung aller Art, wird FATS als Zugewinn für Regensburg aber auch als Entlastung des bestehenden Beratungsangebots wahrgenommen. Auch wurde eine Reduzierung von Beratungsfällen, die bereits gerichtskundig geworden sind, festgestellt sowie von Fällen, die im Sinne von Mediation einen zeitlich kürzeren Rahmen beanspruchen. Dies wurde sowohl als entlastend empfunden wie auch als Chance, ein klareres eigenes Profil als Beratungsstelle zu gewinnen.

„Entwickelt hat sich, daß natürlich sehr viele Entlastungen bei uns passieren. Entlastungen von Fällen, die halt einfach gerichtskundig sind. Die sehr akuten, sehr streithaften und strukturell schwierigen Fälle sind dadurch ein bißchen weg von uns gekommen, was wir natürlich auch ganz gerne annehmen, weil wir uns natürlich immer so als Psychologen und Berater und Therapeuten eher auf längerfristige Selbstreflexionen und Veränderung einlassen möchten."(Mitarbeiterin einer Erziehungsberatungsstelle)

FATS hat auch zu einer Entlastung von emotionalen Aufgaben beziehungsweise Unterstützungshilfen bei Anwältinnen geführt. Die Beratungsstelle wirkt dort in Richtung eines 'Klimawechsels' bei strittigen Fragen und mehr Einigungsbereitschaft bei den Mandantinnen:

„Und seit es das (FATS) gibt, da konnte ich das schon immer ein bißchen dort hinleiten, und im Prinzip hat es uns sehr entlastet, vor allem in den Fällen, wo die Eltern zunächst einmal überhaupt nicht in der Lage sind, sich zu verständigen. Ich kann Ihnen definitiv sagen, es war früher so, daß ich zu meiner Frau gesagt habe am Heiligen Abend, bitte geh' du ans Telefon, ich bin nicht da. Das ist vorbei. Das heißt, die Parteien, die da große Probleme haben, die konnte ich dorthin verweisen, das hat uns ganz sicher eine gewisse Entlastung gebracht." (Anwältin)

Eine Entspannung wurde auch für die emotionale Situation des Kindes festgestellt. Das Kind, das in der Gefahr steht, in der rechtlichen Auseinandersetzung instrumentalisiert zu werden, wird durch die Beratungshilfen vom Druck entlastet. Dieser Druck auf das Kind, der durch den Streit der Eltern und in Fortführung durch die Rechtsanwältinnen entsteht sowie die Möglichkeit der Entlastung der Kinder durch Beratung, wird insbesondere von den Expertinnen aus dem Kinderbetreuungsbereich gesehen.

Die Jugendämter sehen FATS weniger als differenziertes Angebot im Vergleich zur eigenen Beratungsleistung, denn als Ergänzung in bezug auf 'schwierige' Problemfälle. Vor allem zwei Kategorien von Problemfällen wurden genannt: 'hochstrittige' Eltern und Klientinnen aus der unteren und mittleren Bildungsschicht.

Geäußert wird auf der anderen Seite aber auch Unzufriedenheit mit den Folgen der einerseits willkommenen - weil entlastenden - Spezialisierung des Modellprojekts auf Trennung und Scheidung. Als Konsequenz aus der Besonderheit von FATS (Beratung nur in Fragen des Sorge- und Umgangsrechts) sieht eine Beraterin ihre Erziehungsberatungsstelle als 'Müllkippe', in der diejenigen Klientinnen landen, die unzufrieden aus der Trennungs- und Scheidungsberatung kommen, weil diese die weitergehende Bearbeitung von Konflikten dort vermissen:

„Also wir kriegen das ab, vielleicht auch im Sinne einer therapeutischen Prozedur, was da an Unzufriedenheit kommt, was da an Entsetzen kommt, was da an Frust kommt. Aber das ist Teil unserer Arbeit, das nicht zu personifizieren. (...) Es ist einfach eine individuelle Geschichte, die in ihrer Frustration und Enttäuschung auch einen Platz braucht." (Mitarbeiterin einer Erziehungsberatungsstelle)

### 5.5.3 Defizite und allgemeine Einschätzung der Versorgungslage

*Die wichtige Rolle des begleiteten Umgangs - mehr 'Proberäume für Kontakte'*

Von Mitarbeiterinnen der Jugendämter werden Versorgungslücken konstatiert, die die eigene Behörde derzeit nicht abdeckt, weil die räumliche und personelle Ausstattung dies nicht zulassen. So wurden einerseits die fehlenden Möglichkeiten und Räumlichkeiten für begleitetes Umgangsrecht genannt, das derzeit nur in Einzelfällen vom Jugendamt übernommen werden kann, da eine sinnvolle Ausgestaltung dieses Angebots ein eigenes Spielzimmer erfordert. Verbesserungsvorschläge und Ideen sind durchaus vorhanden:

„Wir halten es für äußerst wichtig, um das Umgangsrecht anzubahnen. Ich denke, die FATS macht es in Einzelfällen. Eine Möglichkeit wäre zum Beispiel, daß wir es mit der Städtischen Beratungsstelle in Kooperation machen, daß die das anbieten können. Ich denke, das müßte in Regensburg ausgebaut werden, es fehlt nicht, aber es müßte ausgebaut werden." (Mitarbeiterin des Jugendamtes)

Ergänzend ließe sich vorschlagen, daß nicht nur die Kooperation zwischen Jugendamt und städtischer Beratungsstelle in diesem Punkt denkbar wäre, sondern auch die mit FATS beziehungsweise des Diakonischen Werkes.

Beklagt wird nicht nur ein Mangel an geeigneten Räumen, in denen sich die Eltern und Kinder ungezwungen begegnen, spielen oder sich zurückziehen können, sondern Begleitung auch als freiwilliges Angebot, bevor es zu Verordnungen und Empfehlungen seitens des Gerichts kommt. Ein Berater nennt es 'Proberäume für Kontakte'. Vor allem aber seien es die zeitlich geeigneten Angebote am Wochenende und am Abend, die fehlen:

„...wir müssen in unserer Arbeitszeit soviel flexibler werden. Bei den Abendterminen haben sie ja auch öfters schon darauf geachtet, Väter die berufstätig sind und dergleichen, daß die auch am Abend kommen können, und hier geht es wahrscheinlich auch in die Freizeit, in die Wochenendsituation rein. Das fehlt, aber da ist ein großer Bedarf." (Mitarbeiterin einer Erziehungsberatungsstelle)

*Angebote für Kinder*

Ein weiterer Aspekt, den das Modellprojekt in Ergänzung zum Jugendamt abdeckt, sind die speziellen Angebote für Kinder, insbesondere die Arbeit in Kindergruppen. Hier könnte eventuell durch eine verbesserte Öffentlichkeitsarbeit das Angebot sowohl mehr Eltern als auch den Beraterinnen aus den vielfältigen Institutionen bekannter gemacht werden. Die Ergebnisse zeigen, daß das Wissen hierüber häufig fehlt.

Beim Vergleich der Beratungsstellen schneidet das Modellprojekt nach Ansicht vieler Expertinnen in puncto kindbezogene Arbeit daher nicht so positiv ab. Die Kritik richtet sich auf das Fehlen eines explizit therapeutischen Angebotes für Kinder, das sich zudem nicht nur auf die verbale Kommunikationsebene stützt und insbesondere auch die Mütter oder Väter in den kindbezogenen Prozeß einbezieht.

*Schnelle und direkte Hilfen*

Generell werden möglichst schnelle Hilfen als wichtig erachtet und eine nach dem Erstgespräch sofort weiterführende Beratung als unverzichtbar angesehen.

Vor allem vom Kind her betrachtet, stellen wenige Monate bereits einen Entwicklungszeitraum dar, in dem die unbearbeiteten Krisenerlebnisse, oft geschürt durch die langen Auseinandersetzungen der Eltern, schon viel Schaden anrichten können. Ein zusätzliches Angebot, das speziell diese Problematik fokussiert, wird vielfach begrüßt, wobei gleichzeitig festgestellt wird, daß dies personell von FATS nicht abgedeckt werden kann und dies vordergründig im Verantwortungsbereich der Jugendämter liegen müßte:

„Da sind einfach die Zeiten zu lang. Manchmal brennt es einfach. Die Menschen bräuchten eigentlich unbedingt sofort Hilfe, und dann heißt es, ein erstes Beratungsgespräch relativ schnell, aber dann muß man ein halbes Jahr warten, also das habe ich bis jetzt immer gehört." (Leiterin Kita)

„Was es meines Wissens noch gar nicht so gibt, daß die Kinder in diesem Prozeß wichtiger genommen werden. Also ich kann mir vorstellen, daß es für Kinder heilsam ist, eine gute Form der heilpädagogischen ambulanten Betreuung während bestimmter Phasen zu kriegen. Und diese Möglichkeiten erst einmal zu schaffen und zu überlegen, da gibt es einen großen Nachholbedarf. (...) Ich sehe nicht, daß das die Stelle am Amtsgericht erfüllen könnte. Ich denke, das wäre das Jugendamt. Also eine kommunale Stelle, die würde ich da für angemessen halten, weil da geht es ja weniger um rechtliche Aspekte, sondern um eine genauere Einschätzung, was den jeweiligen Kindern gut tut." (Mitarbeiterin der Jugendsozialarbeit)

*Mediation in Unterhaltsfragen*

Die Einengung des Beratungsangebotes auf ausschließlich Fragen des Sorge- und Umgangsrechts, ohne Mediation auch in Unterhaltsfragen anzubieten, wird von einigen Expertinnen als Problem wahrgenommen, das sowohl das eigene, wie das generelle Leistungsspektrum der Beratungslandschaft betrifft:

„Da sind wir jetzt genau an dem Punkt, der in Regensburg auch noch fehlt, Vermittlung auch in diesem Bereich. Und an die Grenze stoße ich auch immer. In manchen Fällen, wo ich es anbiete, wo ich es auch durchführe, weil es einfach sehr schwierig ist, es nur auf das Kindeswohl einzuschränken. Ich mache es auch ganz restriktiv, das einzuschränken. (...) Mir fehlt die Kompetenz und auch die zeitliche Möglichkeit dazu, diesen ganzen Bereich zu bearbeiten." (Mitarbeiterin des Jugendamtes)

Der Zusammenhang von materiellen mit Beziehungsproblemen und die Schwierigkeiten, die daraus für die Beteiligten im Trennungs- und Scheidungsgeschehen resultieren, werden auch von seiten der Anwältinnen gesehen:

„Das Umgangsrecht ist umso heikler und schwieriger, je mehr man in den anderen Folgesachen noch nicht einig ist. Das wird allgemeine Erfahrung sein. Streiten die um den Unterhalt und haben Vermögensauseinandersetzungen, Haushalt usw., dann ist das leider auch oft ein gewisses Druckmittel, das muß ich schon sagen." (Anwältin)

Das Lösungsmuster von Anwältinnen für diesen Problemkomplex kann darin bestehen, den Druck insbesondere auf die Mütter zu forcieren, welche die Absicht zeigen, Besuchsregelung und Unterhalt beziehungsweise Vermögensfragen gegeneinander zu verhandeln. Dies kann soweit gehen, daß den Müttern mit Entzug des Sorgerechts gedroht wird:

„Da sage ich zu der, passen Sie auf, Sie müssen jetzt mal weniger an ihren Unterhalt oder Ihre Vermögensauseinandersetzung denken, sondern an die Kinder. (...) Ich sage der, wenn Sie jetzt Schwierigkeiten machen, dann riskieren Sie, daß sich das Kind irgendwann mal gegen Sie wendet und sogar zum anderen Elternteil will, was ja auch vorkommt. Und ich sage, dann gibt es ein streitiges Umgangsrechtsverfahren bei Gericht und wenn Sie das unterlaufen, dann riskieren Sie, daß das Gericht sagt, Sie sind nicht einmal für die elterliche Sorge geeignet. Das ist ja immer das Druckmittel. Das wirkt manchmal, manchmal auch nicht." (Anwältin)

Es ist zu fragen, ob nicht hierzu eine Auseinandersetzung stattfinden könnte, die zu einer Erweiterung des konzeptionellen Rahmens des Modellprojekts führen könnte, und zwar in dem Sinne, Beratung und Teilmediation in materiellen Fragen zu Beratungsinhalten und Beratungsthemen zu machen. Die Diskussion in der Anfangsphase, die die entstandenen Irritationen im Zusammenhang mit Forderungen nach Abgrenzung der Beratung zu originären Aufgabenschwerpunkten von Rechtsanwältinnen zum Gegenstand hatte, hat einerseits zu einer schnellen Einigung, andererseits zum Ausschluß dieser Themen aus dem Beratungsangebot von FATS geführt. Die Abgrenzung der Trennungs- und Scheidungsberatung des Modellprojekts beziehungsweise die Einengung ihres Leistungsangebots auf ausschließlich Fragen des Sorge- und Umgangsrechts wirft allerdings Fragen nach der Effektivität einer solchen Beratungsleistung auf. Eine Abstimmung mit den Anwältinnen könnte beispielsweise so aussehen, daß zuerst ein Diskurs über das 'Konfliktthema' Rechtsberatung versus Beratung in Unterhaltsfragen zu einer klaren und sinnvollen Abgrenzung der Professionen führt, die im Interesse der Klientinnen und Mandantinnen liegt. Mit Einverständnis der Klientinnen und Mandantinnen könnten darüber hinaus konkrete Absprachen am Fall zwischen Anwältinnen und Beraterinnen über emotionale und materielle Nöte und schnelle Hilfen sinnvoll sein.

Zusammenfassend wird sichtbar, daß eine große Akzeptanz hinsichtlich des Modellprojekts und auch hinsichtlich des Transfers auf andere Einrichtungen besteht. Eine grundsätzliche Intensivierung des Beratungsangebots im Trennungs- und Scheidungsfall wird ebenso wie die Intensivierung des Angebots an direkten Hilfen für Kinder von vielen der befragten Expertinnen für unverzichtbar und dringlich geboten gehalten.
In vielen Bereichen wurden Entlastungseffekte durch FATS für den eigenen Aufgabenbereich festgestellt. Benannt wurden vor allem eine durch den Spezialisierungsgrad von FATS hervorgerufene Entlastung von hochstrittigen Auseinandersetzungen bei Mandantinnen von Rechtsanwältinnen, ein Rückgang von gerichtsanhängigen und besonders strittigen Fällen bei anderen Beratungsstellen sowie die zentrale Ergänzungsfunktion von FATS im Hinblick auf die Möglichkeit des begleiteten Umgangs.

# 6. Fazit und Empfehlungen

Im folgenden wollen wir noch einmal die wichtigsten Ergebnisse zusammenfassen. Dazu haben wir zunächst fünf Prüfsteine an das Modell gelegt. Im zweiten Teil geht es um die Bedeutung der Ergebnisse nach der Verabschiedung des neuen Kindschaftsrechts. Im abschließenden dritten Abschnitt steht die Frage im Mittelpunkt, ob und in welcher Form das Modell auch von anderen Beratungsstellen, Jugendamts- und Amtsgerichtsbezirken übernommen werden könnte.

## 6.1 FÜNF PRÜFSTEINE ZUM MODELL

*Prüfstein 1: Werden die Prinzipien Freiwilligkeit und Schweigepflicht gewahrt?*

Der Druck, der hinter einer richterlichen Empfehlung steckt, ist nichts Neues: Eltern wurden vom Gericht immer schon an Beratungsstellen verwiesen - auch bevor es FATS gab. Neu sind die mit der Anbindung verknüpften Möglichkeiten der Beratung direkt im Anschluß an die juristische Verhandlung und die mit einer räumlichen Verknüpfung von Justiz und Beratung verbundenen Sorgen und Ängste über einen möglichen Austausch von vertraulichen Beratungsinhalten sowie die Besorgnis über eine 'Entmündigung' der Eltern, die sich der Beratungsempfehlung bei laufendem gerichtlichen Verfahren nicht entziehen wollen.

*Freiwilligkeit*

Das Prinzip der Freiwilligkeit bei der Inanspruchnahme von Beratung ist auch bei Scheidungsfamilien unverzichtbar. Gleichzeitig zeigen Erfahrungen und Ergebnisse des Regensburger Modells, daß die Gerichtsnähe Eltern in die Beratung führt, die nicht von sich aus den Zugang finden würden. Nicht nur im Interesse der Kinder scheint es notwendig, den Zugang zur Beratung in der für alle Beteiligten schwierigen Gerichtsphase zu unterstützen durch Arbeitsformen, die es wahrscheinlicher machen, daß diejenigen, die Beratung in dieser Lebensphase besonders nötig haben, sie auch erhalten können. Das scheint dann möglich, wenn zwischen Richterinnen und Beraterinnen eine Art Arbeitsteilung besteht: Die Richterinnen arbeiten mit Information und manchmal Druck, wohingegen die

Beraterinnen das Prinzip der Freiwilligkeit, der inneren Motivierung und der Schweigepflicht hochhalten. Wird die Beratung von seiten der Richterinnen konsequent als freiwillige Möglichkeit eingeführt, deren (Nicht-)Inanspruchnahme auf den weiteren Verlauf des Verfahrens keinen negativen Einfluß hat, sehen wir das Freiwilligkeitsprinzip der Beratung nach dem KJHG ausreichend gewahrt.

*Schweigepflicht*

Gerade die besonderen Bedingungen einer gerichtsnahen Beratung erfordern strikte Regelungen zur Schweigepflicht, wie sie bei FATS entwickelt und in der Praxis konsequent eingehalten wurden. Daneben sollte es aber auch Möglichkeiten geben, dem Wunsch vieler Klientinnen gerecht zu werden, indem die Beratungsergebnisse für das Gerichtsverfahren noch effektiver als bisher genutzt werden können. Um dies zu erleichtern, wäre es vorteilhaft, wenn die Richterinnen aktiver als bisher den Klientinnen die Möglichkeit einräumen, Ergebnisse des Beratungsprozesses beim Anhörungstermin einzubringen. Die Beraterinnen können die Mündigkeit der Klientinnen unterstützen, ihre Anliegen vor Gericht selbst einzubringen. Beispielsweise können Eltern Vereinbarungen, die sie gemeinsam während der Beratung in Textform formuliert haben, selbst in das Verfahren einbringen.
Wichtig erscheint uns in diesem Zusammenhang festzuhalten, daß ein Druck auf die Eltern nicht ausgeschlossen werden kann, dieser aber im Sinne des Kindeswohls zu einem positiven Beratungsverlauf führen kann (vgl. oben und Kapitel 4 Abschlußbericht). Diese Problematik bedarf der Sensibilität und Offenheit, die in der konzeptuellen und interdisziplinären Auseinandersetzung immer wieder bewußt gemacht und überprüft werden muß.

*Prüfstein 2: Werden bedürftige Personengruppen im Trennungs- und Scheidungsprozeß für die Beratung gewonnen?*

Das Modellprojekt FATS erfüllt einen wichtigen Versorgungsauftrag nach §17 SGB VIII. Gäbe es das Projekt nicht, könnte dem überwiegenden Teil all jener, bei denen von den Richterinnen Beratung als sinnvoll und notwendig angesehen wird, nicht geholfen werden. Es werden Personengruppen erreicht, die ansonsten vermehrt durch das Netz der traditionellen Beratung fallen würden:
(1) die Gruppe derjenigen, die sich im Trennungs- und Scheidungsgeschehen in der Phase der gerichtlichen Auseinandersetzung befinden,
(2) die Väter, die ansonsten in der Beratung unterrepräsentiert sind,

(3) Eltern aus der Bevölkerungsgruppe mit niedrigem Schulabschluß.

Vor allem konnten Personen erreicht werden, die einer Beratung zunächst wenig motiviert und teilweise sogar ablehnend gegenüberstanden, im nachhinein diese jedoch positiv bewertet haben. Damit wird eine Personengruppe erreicht, die von sich aus niemals den Weg in Beratung gefunden hätte. Nur eine räumliche Einbindung der Beratungseinrichtung in das Familiengericht im Sinne gerichtsnaher Beratung kann unseres Erachtens einen so umfassenden Zugang zur Beratung ermöglichen. Außerdem stellt die gerichtsnahe Beratung durch die interdisziplinäre Kooperation zwischen Richterinnen und Beraterinnen die eindeutige Profilierung der Beratungsstelle auf die Trennungs- und Scheidungsthematik sicher. Würde das Modell FATS zu einer flächendeckenden Verbreitung führen, könnte der Versorgungsauftrag der Jugendämter nach §17 SGB VIII deutlich verbessert werden.

*Prüfstein 3: Werden wichtige Wirkungen erreicht?*

Die Analyse der von den Eltern angegebenen Effekte hat gezeigt, daß diese Form gerichtsnaher Beratung auf vielen Ebenen des Trennungs- und Scheidungsprozesses positive Wirkungen erreicht.
So wird
(1) in den meisten Fällen eine tragfähige Umgangsregelung erreicht;
(2) die Gesprächsbereitschaft zwischen den Eltern in zahlreichen Fällen deutlich verbessert;
(3) von vielen Eltern die Beratung auch als persönlich wichtige Verarbeitungshilfe für den Trennungs- und Scheidungsprozeß erlebt;
(4) bei einem großen Teil der Kinder der Grad der Problembelastung (das heißt die negativen Auswirkungen auf Schulleistungen, die Zahl der psychosomatischen Belastungen, der Grad der Gefährdung durch aggressives, „illegales" Verhalten) deutlich gesenkt.

Hinzu kommt ein sehr hoher Grad der Zufriedenheit der Eltern mit Beratung, der sich unter anderem darin ausdrückt, daß über 80% die Beratungsstelle wieder aufsuchen würden und sogar fast 90% diese Bekannten/Freundinnen, die in einer ähnlichen Situation sind, weiterempfehlen würden.

*Prüfstein 4: Wird ein für öffentliche Träger attraktives Nutzen-Kosten-Verhältnis erreicht?*

Jede Form der Verbesserung eines Versorgungsauftrags steht heute vor den Prüfsteinen der Qualität und Wirtschaftlichkeit. Wie die bisherigen Ausführungen gezeigt haben, konnte durch den Modellversuch eine Angebotsform gerichtsnaher psychosozialer Beratung entwickelt werden, die hohen Qualitätsansprüchen genügt.

Betrachtet man die Frage der Wirtschaftlichkeit, so darf man diese nicht auf die Frage der Kosten verkürzen, sondern muß den erreichten Nutzen mit in Betracht ziehen.

Das Ergebnis einer solchen Nutzen-Kosten-Analyse zeigt, daß durch das Regensburger Modell mit Sicherheit ein Großteil der entstehenden Kosten durch Einsparungen an anderer Stelle wieder refinanziert werden. Die Ergebnisse lassen sogar die These als wahrscheinlich gelten, daß der Nutzen deutlich über den anfallenden Kosten liegt.

Als Problem bleibt, daß die eintretenden Nutzeneffekte nicht in jedem Fall bei jenen direkt zu Buche schlagen, die derzeit die Kosten des Modellversuchs tragen.

*Prüfstein 5: Wird die Akzeptanz und Zusammenarbeit durch/mit anderen Einrichtungen erreicht?*

Unsere Befragung der Regensburger Expertinnen macht sichtbar, daß eine hohe Akzeptanz hinsichtlich des Modellprojekts und auch hinsichtlich des Transfers auf andere Einrichtungen besteht. Eine grundsätzliche Intensivierung des Beratungsangebots im Trennungs- und Scheidungsfall wird ebenso wie die Intensivierung des Angebots an direkten Hilfen für Kinder von vielen der befragten Expertinnen für unverzichtbar und dringlich geboten gehalten.

In vielen Bereichen wurden Entlastungseffekte durch FATS für den eigenen Aufgabenbereich festgestellt. Benannt wurden vor allem eine durch den Spezialisierungsgrad von FATS hervorgerufene Entlastung von hochstrittigen Auseinandersetzungen bei Mandantinnen von Rechtsanwältinnen, ein Rückgang von gerichtsanhängigen und besonders strittigen Fällen bei anderen Beratungsstellen sowie die zentrale Ergänzungsfunktion von FATS im Hinblick auf die Möglichkeit des begleiteten Umgangs.

## 6.2 ZUR BEDEUTUNG GERICHTSNAHER PSYCHOSOZIALER BERATUNG NACH DER ÄNDERUNG DES KINDSCHAFTSRECHTS - PERSPEKTIVEN DER TRENNUNGS- UND SCHEIDUNGSBERATUNG

Wir brauchen eine Intensivierung von Beratung für alle Phasen des Trennungs- und Scheidungsprozesses. Dies gilt auch und gerade unter der Bedingung eines neuen Kindschaftsrechts. Unter Expertinnen besteht Einigkeit nach einem verstärkten Beratungsangebot (vgl. etwa die Anhörung vom 24.02.1997 zum Gesetzentwurf, in der fast alle Expertinnen eine Verstärkung der Beratung fordern).

Unsere Totalerhebung im Regensburger Familiengericht ergab, daß die Richterinnen in jedem fünften Fall Beratung für notwendig erachteten. Das sind Ergebnisse aus dem Regensburger Modell. Dieses Ergebnis dürfte allerdings einen unteren Sockel darstellen, denn die Richterinnen haben natürlich bei ihren Überweisungen die bescheidenen Ressourcen des Modells berücksichtigt.

Die Jugendämter, die Erziehungsberatungsstellen sowie die Ehe- und Partnerschaftsberatungsstellen als wichtige Anlaufstellen und Beratungsinstanzen benötigen Unterstützung angesichts ihres vielfältigen Aufgabenspektrums und umfassenden Tätigkeitsprofils. Es ist von einer notwendigen Beratungskapazität auszugehen, die mindestens 15% aller Fälle, die sich im gerichtlichen Verfahren befinden, umfaßt. Zu bedenken ist bei diesen Kapazitätsüberlegungen, daß zusätzlich eine große Zahl von Klientinnen vor und nach dem gerichtlichen Verfahren den Beratungsstellen zugeht.


## 6.3 KONSEQUENZEN : DIE ACHT WICHTIGSTEN EMPFEHLUNGEN

(1) Gerade auch nach der Reformierung des Kindschaftsrechts brauchen wir dringend eine Intensivierung von Beratung für alle Phasen des Trennungs- und Scheidungsprozesses. Intensivierung meint hier zweierlei: Zum einen ein schnell (das heißt ohne große Wartezeiten, unbürokratisch, ad hoc) verfügbares Beratungsangebot und zum zweiten ein Angebot, das der großen Zahl von betroffenen Eltern und ihren minderjährigen Kindern Rechnung trägt.

(2) Diese Intensivierung kann nur durch gerichtsnahe psychosoziale Beratungsformen geleistet werden. Nur eine räumliche Einbindung der Beratungseinrichtung in das Familiengericht kann einen umfassenden Zugang zur Beratung ermöglichen und die notwendige Verstärkung der Kooperation zwischen Familienrichterinnen und Beraterinnen gewährleisten.

(3) Das Regensburger Modell gerichtsnaher psychosozialer Versorgung hat für diese Intensivierung wichtige konzeptionelle und organisatorisch-ablaufbezogene Bausteine erarbeitet. Diese müssen für den Transfer auf andere Jugendamts- beziehungsweise Amtsgerichtsbezirke nutzbar gemacht werden.

(4) Für den Transfer sind drei Varianten gerichtsnaher Beratung möglich, wobei wir aus dem gegenwärtigen Kenntnisstand Konzept 2 favorisieren: Wir sehen das Konzept 3 als gute Möglichkeit, im Vorfeld von Konzept 2 erste Rahmenbedingungen zu setzen.

*Konzept 1:* Die Beratungsstelle im Gericht versteht sich als Anlaufstelle im Sinne einer Art Clearingstelle, die Information, Beratung und vor allem die Vermittlung von Beratungsressourcen im Gerichtsbezirk leistet: Also bei Bedarf Hilfen aktiviert wie Mediation, begleitenden Umgang etc. Einen Nachteil sehen wir darin, daß die Drehscheibenfunktion möglicherweise zu einem verminderten Zugang zur Beratung führt. Es bestehen mit diesem Konzept nur in Österreich Erfahrungen. Hier wäre ein Modellversuch durchaus zu begrüßen.

*Konzept 2:* Die Einrichtung bietet die wichtigsten Hilfen nicht nur an, sondern führt diese auch durch. Das Regensburger Modell steht für diese Konzeption und soll an dieser Stelle nicht nochmals ausführlich dargestellt werden. Würde man das Modell auf die bayerischen Jugendamts- und Amtsgerichtsbezirke transferieren, so stellt sich die Frage, wie die zusätzlich notwendigen personellen Kapazitäten finanziert werden sollen. Einen kostenneutralen Ausbau kann es unseres Erachtens nicht geben, jedoch sehen wir gute Chancen für einen vergleichsweise kostengünstigen Ausbau (vgl. auch Kap. 6 des Abschlußberichtes).

*Konzept 3:* Es wird an dem Konzept überinstitutioneller Arbeitsgemeinschaften angeknüpft, wie sie sich in einzelnen Amtgerichtsbereichen gebildet haben (zum Beispiel Ingolstadt). Es soll die Bildung von Arbeitsgemeinschaften zwischen Familiengericht, Beratungsstellen freier Träger und des Jugendamts beziehungsweise des Allgemeinen Sozialdienstes in Bayern unterstützt werden. Die Stärke dieses Konzeptes liegt sicherlich darin, daß gezielt die bestehenden Ressourcen in den Amtsgerichtsbereichen aufgegriffen werden. Dies ist sicherlich die kostengünstigste Lösung, wobei aber für eine umfassende Verbreitung in Bayern Ressourcen für einen Transfer bereitgestellt werden müssen.

Vorschläge zur Installierung gerichtsnaher Trennungs- und Scheidungsberatung (aus der Sicht von Erziehungs-, Familien- und Eheberatungsstellen) von Claudius Vergho, FATS.
(1) Voraussetzung für ein gerichtsnahes Beratungsangebot ist es zunächst, eine Juristin (möglichst Familienrichterin) zu gewinnen, die später in der Justiz und bei Juristenkolleginnen Lobbyistin für die gerichtsnahe Trennungs- und Scheidungsberatung sein kann. Gemeinsame Fortbildungsveranstaltungen, Arbeitskreise und Arbeitsgespräche können Foren dafür sein. Die psychosozialen Berufsgruppen sollten dabei anerkennen, daß die Justiz eine potentere Gesprächspartnerin (und somit Machtfaktor) bei Verhandlungen mit Kostenträgern ist wie Vertreterinnen der Jugendhilfe.

(2) Ein kleines Team von Juristinnen und psychosozialen Berufsvertreterinnen kann dann so etwas wie ein Konzept entwickeln, das einen Teilbereich einer umfassenden Trennungs- und Scheidungsberatung beschreibt (zum Beispiel „Scheidungskinder-Gruppen", „Begleiteter Umgang" etc.), oder es kann Aufgaben, Ziele und Inhalte einer umfassenden Trennungs- und Scheidungsberatung entwerfen.

Punktuelle Konzepte, die einen interessanten Projekt-Charakter haben, stoßen eher auf Entgegenkommen bei Sponsorinnen und Kostenträgerinnen.

(3) Die Suche nach einem Raum im Gerichtsbereich hat den Vorteil, schnelle und kürzere Wege zwischen Juristinnen und Beraterinnen zu schaffen, Beratungspräsenz am Gericht zu zeigen, somit einen ersten Fuß in der Tür einer gerichtsnahen Trennungs- und Scheidungsberatung zu haben und dadurch die Chancen einer Identifizierung der Justiz mit einem psychologischen Beratungsangebot zu erhöhen. Ein Raumangebot beim Gericht bedeutet aber auch, daß die vom Familiengericht vermittelten Fälle bevorzugt behandelt werden sollten.

(4) Eine staatliche oder kommunale Regelförderung für eine gerichtsnahe Trennungs- und Scheidungsberatung erscheint im Augenblick äußerst schwierig zu sein. Mehr Erfolgsaussichten haben deswegen Anträge auf (zunächst einmalige) Bezuschussungen.

Um eine solche Bezuschussung kann man sich nicht nur bei den öffentlichen Kostenträgern bemühen (Jugendämter, Staatsministerien etc.). Social Sponsoring ist ebenso eine Möglichkeit, Geldquellen zu erschließen wie auch das Bemühen um gerichtliche Bußgelder.

Die in der gerichtsnahen Trennungs- und Scheidungsberatung tätigen Mitarbeiterinnen müßten dann auf Honorarbasis bezahlt werden.

(5) Die Umsetzung des Konzeptes in Regensburg erfolgt im Rahmen des integrierten Konzepts, mit dem Träger der Diakonie bundesweit verschiedene Beratungsansätze unter einem Dach zusammenbinden. Dieses Konzept erleichtert Übergänge zwischen Beratungsformen und erhöht die Flexibilität der angebotenen Hilfen. Es erscheint uns jedoch letztlich kein notwendiger Bestandteil für dieses Modell gerichtsnaher Beratung. Damit kommen alle Träger in Betracht, die bisher im Bereich der Erziehungs- wie auch Ehe- und Partnerschaftsberatung tätig sind. Die Umsetzung ist durchaus auch im Verbund mehrerer Träger möglich, wenn dabei ausreichende Ressourcen freigesetzt werden können.

(6) Wenn es zu einem Transfer im Sinne des Modells 2 kommt, halten wir folgende Rahmenbedingungen für erforderlich:

(a) Als Beraterinnen kommen bei entsprechender Qualifikation grundsätzlich Psychologinnen, Sozialpädagoginnen, Diplompädagoginnen etc. in Frage; also die Berufsgruppen, die üblicherweise im Beratungsbereich tätig sind. Mitarbeiterinnen von Jugendämtern können unseres Erachtens nur dann gerichtsnahe Beratung durchführen, wenn sie für diese Tätigkeit von Aufgaben der Mitwirkung (§ 50 SGB VIII) freigestellt sind.

(b) Der personelle Umfang der Ausstattung in Höhe von einer Stelle erscheint uns angesichts der knappen Kassen als akzeptabel und sollte nicht unterschritten werden. Die Erfahrungen des Regensburger Modellprojekts lassen eine Aufteilung der Stelle auf mehrere Beraterinnen zu.

(7) Für die konzeptionelle Weiterentwicklung des Modells halten wir folgende Punkte für wesentlich:

(a) Auch wenn es nicht immer möglich ist, die Kinder am Beratungsprozeß zu beteiligen, fordern die sehr positiven Ergebnisse dort, wo es gelang, Kinder einzubeziehen, dazu auf, verstärkt hierfür mehr Möglichkeiten und eine Fortsetzung/Ausweitung der Kindergruppen zu schaffen

(b) Je länger und erfolgreicher Beratungsstellen arbeiten, desto bekannter werden sie und desto mehr Klientinnen melden sich selbst oder werden über Bekannte vermittelt. Diese an sich positive Entwicklung könnte aber dazu führen, daß der Anteil der Klientinnen, die über Gericht oder/und Anwältinnen kommen, kontinuierlich sinkt. Da dies nicht im Sinne gerichtsnaher Beratung sein kann, muß bei der Anmeldung darauf geachtet werden, daß ein bestimmter Anteil an Fällen, der direkt über Gericht/Anwältinnen kommt, nicht mehr unterschritten wird.

(c) Ein weiteres konstitutives Merkmal dieser Beratung ist ein kontinuierlicher fachlicher Austausch zwischen Richterinnen und beteiligten Beraterinnen. Aus den Erfahrungen des Modellprojektes heraus, schlagen wir einen vier- bis achtwöchigen Turnus vor. Ein wichtiger Bestandteil dieser Treffen sollte, neben Fragen der „Indikation" und der Organisation, auch eine fallbezogene Diskussion sein. Gerade bei einer strikten Schweigepflichtregelung bedarf es eines Verfahrens, an dem konkrete Erfahrungen auch an ausgewählten (und anonymisierten) Fällen diskutiert werden können.

(d) Neben der internen Kooperation sollte auch die externe Kooperation ausgebaut werden. Feste Treffen aller am Thema Trennung und Scheidung beteiligten Institutionen der Jugendhilfe (hier insbesondere auch des Jugendamts) und anderer Anbieterbereiche sollten die Regel sein.

(8) Im Mittelpunkt des Regensburger Modells steht die Betonung eines familienpädagogischen Ansatzes bei gleichzeitiger Ausklammerung weiterer familienrelevanter Aspekte (wie Unterhaltsfragen etc.). Wir halten ersteres für richtig, sehen gleichwohl eine Reihe von Nachteilen, die mit dieser Beschränkung einhergehen. Für die fachliche Weiterentwicklung der gerichtsnahen Beratungsangebote muß es als noch offene Frage gelten, inwieweit beide Aspekte letztlich integrierbar sind.

# Literatur

Aumer-Gilch, G. (1995): Wahrnehmung und Umgang von Erzieherinnen mit dem Thema Trennung und Scheidung. Unveröffentllichte Diplomarbeit. Fachhochschule Regensburg.

Balloff, R. (1995): Beratung, Unterstützung und Mitwirkung im Scheidungsfall bei der Ausgestaltung der elterlichen Sorge und des Umgangsrechts im Allgemeinen Sozialen Dienst (ASD) nach Inkrafttreten des Kinder- und Jugendhilfegesetzes (KJHG) gemäß §§ 17, 18 und 50 KJHG - Eine rechtspsychologische Betrachtung und Bestandsaufnahme. In Zeitschrift für Jugendrecht, 4-6, S. 160-166.

Bastard, B., Cardia-Voneche, L. (1992): Die unaufhaltsame Verbreitung der Familien-Mediation. In Familiendynamik, S. 319-346.

Bastine, R. (1995): Scheidungsmediation - Ein Verfahren psychologischer Hilfe. In Bundeskonferenz für Erziehungsberatung (Hrsg.), Scheidungsmediation. Möglichkeiten und Grenzen (S. 14-37). Münster: Votum.

Bastine, R., Link, G. & Lörch, B. (1995): Bedeutung, Evaluation, Indikation und Rahmenbedingungen von Scheidungsmediation. Eine Übersicht. In: J. Dussvon Werdt u.a. (Hrsg): Mediation.Stuttgart: Klett-Cotta, S. 186-204

Bayerisches Staatsministerium für Arbeit und Sozialordnung, Familie, Frauen und Gesundheit (1995): Unterstützung von Familien in Trennung und Scheidung bei der Sorgerechtsregelung. In Zentralblatt für Jugendrecht, 4-6, S. 141-151.

Beelmann, W., & Schmidt-Denter, U. (1991): Kindliches Erleben sozial--emotionaler Beziehungen und Unterstützungssysteme in Ein-Eltern-Familien. Psychologie in Erziehung und Unterricht, 180-189.

Bühl, A. & Zöfel, P. (1996): Professionelle Datenanalyse mit SPSS für Windows. Bonn,Paris: Addison-Wesley

Bundeskonferenz für Erziehungsberatung (1995): Scheidungsmediation. Möglichkeiten und Grenzen. In dies. (Hrsg.), Scheidungsmediation (S. 14-37). Münster: Votum.

Bundesregierung (1996): Entwurf eines Gesetzes zur Reform des Kindschaftsrechts (Kindschaftsrechtsreformgesetz - KindRG). Bonn: Drucksache 180/96.

Beulke, W. (Hrsg.) (1995): Gewalt im sozialen Nahraum. Forschungsbericht über ein Modellprojekt der Fakultät für Rechtswissenschaft. Universität Passau.

Block, J.H. u.a. (1986): The Personality of Children Prior to Divorce. In Child Development, 57, S. 827-840.

Brehme, M. (1993): Die Zusammenarbeit von Juristen und psychosozialen Berufen. Erfahrungsbericht einer Berliner Familienrichterin . In H. Krabbe (Hrsg.), Scheidung ohne Richter (S. 226-235). Reinbek: Rowohlt.

Buchholz-Graf, W. (1997): Gerichtsnahe psychosoziale Beratung bei Trennung und Scheidung. Evaluationsergebnisse des Regensburger Modellprojektes. Referat auf dem 4. Deutschen Psychologentag in Würzburg am 02.10.1997

Buchholz-Graf, W. (1994): Ein klassisches Arbeitsfeld im Umbruch. Spektrum, 2, S. 17-19.

Bundeskonferenz für Erziehungsberatung (Hrsg.) (1995): Scheidungsmediation. Möglichkeiten und Grenzen. Münster: Votum.

Chow, S. & Köster-Goorkotte, I. (Hrsg.) (1995): Von der Reform zum Scheidungsalltag. Beiträge zum KJHRSG. Tübinger Reihe 15. Tübingen: DGVT-Verlag.

Deutscher Bundestag, Auschuß für Familie, Senioren, Frauen und Jugend (1997): Stenographisches Protokoll der 77. Sitzung des Rechtsausschusses. Öffentliche Anhörung zu dem Entwurf eines Gesetzes zur Reform des Kindschaftsrechts der Bundesregierung vom 24.02.1997. Bonn: Drucksache 13/4899.

Deutscher Verein (1992): Empfehlungen des Deutschen Vereins zur Beratung in Fragen der Trennung und Scheidung und zur Mitwirkung der Jugendhilfe im familienrechtlichen Verfahren. Nachrichtendienst, 5, S. 148-152.

Deutscher Verein (Hrsg.) (1992): Trennungs- und Scheidungsberatung durch die Jugendhilfe: Klärung der Rolle und Aufgaben öffentlicher und freier Träger. Dokumentation einer Fachtagung (Bd. 30). Frankfurt: Eigenverlag des Deutschen Vereins für öffentliche und private Fürsorge.

Deutsches Jugendinstitut (Hrsg.) (1993): Beratung von Stieffamilien. München: DJI-Verlag

Dietz, H. & Krabbe, H. (1991): Was ist Mediation?- Praktische Gebrauchsanleitung für ein außergerichtliches Vermittlungsverfahren. In H. Krabbe (Hrsg.), Scheidung ohne Richter (S. 109-131). Reinbek: Rowohlt.

Dietz, H. (1988): Familien in Krisen - Konzeption und Erfahrungen. In Menne & Alter (Hrsg.), Familie in der Krise (S. 103-109). München: Juventa.

Dillig, P (1994): Katamnesestudie an Klienten der Erziehungsberatungsstelle für Landkreis und Stadt Ansbach.

Dillig, P. & Gerlicher, K. (1990): Zur Häufigkeit von Trennungs- und Scheidungsberatung an den Erziehungs- Jugend- und Familienberatungsstellen in Bayern - eine empirische Erhebung. In Sonderheft der Mitteilungen der Landesarbeitsgemeinschaft für Erziehungsberatung Bayern.

DRiZ (1995): Ein Gericht zum Vorzeigen. S. 486-490.

Duss-von Werdt, J. u. a. (Hrsg.) (1995): Mediation. Stuttgart: Klett-Cotta.

Familienberatung bei Trennung und Scheidung am Amtsgericht Regensburg (1994): Konzeption und erste Erfahrungen mit dem Regensburger Modell-Projekt.

Faris, Kerim (1997): Psychologische Implikationen der aktuellen Veränderungen in der Behandlung und Beurteilung von Trennung und Scheidung – Ein Überblick. Referat auf dem 4. Deutschen Psychologentag in Würzburg am 02.10.1997

Fthenakis, W.E. (1995): Kindliche Reaktionen auf Trennung und Scheidung. Familiendynamik, 2, S. 127-153.

Furstenberg, F.F. & Cherlin, A.I. (1993): Geteilte Familien. Stuttgart: Klett-Cotta.

Hahn, J. u. a. (Hrsg.) (1992): Scheidung und Kindeswohl. Beratung und Betreuung durch scheidungsbegleitende Berufe. Heidelberg: Asanger.

194

Haynes, J..M. (1991): Mediation. Basisinformation für Interessierte. In H. Krabbe (Hrsg.), Scheidung ohne Richter. Reinbek: Rowohlt.

Haynes, J..M., Bastine, R. u.a. (1993): Scheidung ohne Verlierer. Ein neues Verfahren, sich einvernehmlich zu trennen. Mediation in der Praxis. München: Kösel.

Haubner, M. (1996): Verfahrensweise der öffentlichen Jugendhilfe bei Trennung und Scheidung am Beispiel des ASD Regensburg. Diplomarbeit an der Fachhochschule Regensburg.

Heindl, H. (1990): Familiengerichtshilfe. In M. Textor (Hrsg.), Hilfen für Familien. Ein Handbuch für psychosoziale Berufe (S. 364-387). Frankfurt: Fischer.

Hetherington, E.M. (1991): The Role of Individual Differences and Familiy Relationships in Children`s Coping with Divorce and Remarriage. In P.A. Cowen & E.M. Hetherington (Hrsg.), Family Transitions. Hillsdale: Lawrence Erlbaum.

Hetherington, E.M. (1982): Effects of Divorce on Parents and Children. In M. Lamb (Hrsg.), Nontraditional Families. Hillsdale: Lawrence Erlbaum.

Höfer R. & Straus F. (1991): Familienberatung aus Sicht ihrer Klienten. Zur Perspektivität der Erfolgsmessung. in: Presting G. (Hrsg): Erziehungs- und Familienberatung. Untersuchungen, Inanspruchnahme und Perspektiven. München: Juventa, S. 157-198

Höfer, R. (1998): Jugend, Gesundheit und der „Sense of Coherence". Zeitschrift für Gesundheitswissenschaften, im Erscheinen.

Holzheuer, K., Lederle, O. & Roßberger, H. (1990): Was unterscheidet Trennungs- und Scheidungsberatung von herkömmlicher Beratung? In BKFE (Hrsg.), Informationen für Erziehungsberatungsstellen, Bd.1.

Holzheuer, K. u.a. (1995): Erfahrungen zur Trennungs- und Scheidungsberatung. In H. Cremer u.a. (Hrsg.), Jahrbuch der Erziehungsberatung, 1, München: Juventa, S. 131-146.

Huber, U. (1996): Eine Eltern-Kind-Gruppe für Familien in Trennungs- oder Scheidungssituationen. Unveröffentlichte Diplomarbeit. Fachhochschule Regensburg.

Institut für Rechts- und Kriminalsoziologie (1996): Modellprojekt: Familienberatung am Gericht, Familienmediation, Kinderbegleitung. Wien.

Jopt, U.J. (1992): Im Namen des Kindes. Rasch & Röhrich.

Kalter, N., & Rembar, J. (1981): The significance of a child's age at the time of parental divorce. American Journal of Orthopsychiatry, 51, 85-100.

Kalter, N., Riemer, B., Brickman, A., & Chen, J. W. (1985): Implications of divorce for female development. Journal of the American Academy of Child Psychiatry, 24, 538-544.

Kaye, S. H. (1989): The impact of divorce on children's academie performance. Journal of Divorce, 12, 283-297.

Kinard, E. M., & Reinherz, H. (1984): Marital disruption. Effects on behavioral and emotional funktioning in children. Journal of Family Issues, 5, 90-115.

Kitzman, K.M. & Emery, R.E. (1994): One Year after Mediated and Litigated Child Custody Disputes. In Journal of Family Psychology, 8(2).

Knappert, C. (1991): Die öffentliche Jugendhilfe als professionelle Scheidungsbegleiterin - Ein veränderter Handlungsansatz in der Familiengerichtshilfe des Jugendamtes. ZfJ, 8, S. 388-403.

Knittel, Bernhard (1997): Reform des Kindschaftsrechts vor dem Ziel. Der Amtvorstand, S. 649-660.

Kodjoe, U. & Koeppel, P. (1998): The Parental Alienation Syndrom. Amtsvormund, 1, S. 12-20.

Koeppel, P. (Hrsg.) (1996): Kindschaftsrecht und Völkerrecht. Neuwied: Luchterhand.

Krabbe, H. (Hrsg.) (1991): Scheidung ohne Richter. Neue Lösungen für Trennungskonflikte. Reinbek: Rowohlt.

Krieger, W. (Hrsg.) (1997): Elterliche Trennung und Scheidung im Erleben von Kindern. Berlin: Verlag für Wissenschaft und Bildung.

Lang G., Herath-Schugsties I.& Kilius H. (1997): Erwartungen werden erfüllt. Erziehungsberatung in München: Ergebnisse einer Erhebung des Verbundes Münchner Erziehungsberatungsstellen, In bke (Hrsg) Informationen für Erziehungsberatungsstellen 1/97, S18-21.

Lenz 1994. Die Wirksamkeit von Erziehungsberatung aus Sicht der Eltern. Zeitschrift Unsere Jugend, 8/94

Lossen, H. (1997): Kindeswohl und Verbundverfahren im Kindschaftsrechtsreformgesetz (KindRG). Familie und Recht, 4, S. 100-103.

Lossen, H. & Vergho, C. (1993): „Familienberatung bei Trennung und Scheidung" - Modellprojekt im Familiengericht Regensburg. FamRZ, 7, S. 768-771.

Lossen, H. & Vergho, C. (1995): Zwischenbericht zum Modellprojekt „Familienberatung bei Trennung und Scheidung" im Familiengericht Regensburg. FamRZ, 13, S. 781-783.

Lütkenhaus, P., Hasler-Kufner, P. & Plaum, E. (1996): Evaluation eines präventiven Gruppenangebots für Scheidungskinder. In Praxis der Kinderpsychologie, und Kinderpsychiatrie 45, S. 238-244.

Maccoby, E. u.a. (1990) Coparenting in the Second Year after Divorce. In Journal of Marriage and the Familiy, 52, S. 141-155.

Menne, K., Schilling, H. & Weber, M. (Hrsg.) (1993): Kinder im Scheidungskonflikt. Weinheim: Juventa.

Menne, K. & Golias, E. (1992): Beratung in Trennungs- und Scheidungssituationen. Eine Erhebung an Erziehungsberatungsstellen über das Jahr 1990. In Informationen für Erziehungsberatungsstellen, 1, S. 24-29.

Mosandl, A. (1993): Der Auftrag der öffentlichen Jugendhilfe bei Trennung und Scheidung und die Bildung von erweiterten Familiensystemen in der Nachscheidungszeit. In DJI (Hrsg.), Beratung von Stieffamilien, S. 67-74.

Napp-Peters (1985): Ein-Elternteil-Familien: Soziale Randgruppe oder neues familiales Selbstverständnis? Weinheim: Juventa.

Napp-Peters, A. (1987): Scheidungsfamilien - Interaktionsmuster und kindliche Entwicklung. In BMJFFG (Hrsg.), Hamburg.

Napp-Peters, A. (1992): Die Familie im Prozeß von Trennung, Scheidung und neuer Partnerschaft. In J. Hahn u.a. (Hrsg.), Scheidung und Kindeswohl (S. 13-24). Heidelberg: Asanger.

Napp-Peters, A. (1995): Familie nach der Scheidung. München: Kunstmann.

Nave-Herz, R. (1995): Kinder mit nicht-sorgeberechtigten Vätern - Zusammenfassung soziologischer und sozialpsychologischer Forschungsergebnisse. In Familie und Recht, 2, S. 102-106.

Nave-Herz, R. & Schmitz, A. (1996): Die Beziehung des Kindes zum nicht-sorgeberechtigten Vater. In F.W. Busch & R. Nave-Herz (Hrsg.): Ehe und Familie in Krisensituationen (S. 99-116). Oldenburg: Isensee-Verlag.

Niesel, R. (1991): Was kann Mediation für Scheidungsfamilien leisten? Zeitschrift für Familienforschung, 3(2), S. 84-102.

Niesel, R. (1995): Erleben und Bewältigen elterlicher Konflikte durch Kinder. Familiendynamik, 2, S. 155-170.

Offe, H. (1992): Empirische Scheidungsfolgen-Forschung: Ein Überblick über neuere Ergebnisse. In J. Hahn u.a. (Hrsg.), Scheidung und Kindeswohl (S. 13-24). Heidelberg: Asanger.

Pelikan, C. & Schandl, H. (1996): Familienberatung am Gericht. Bericht über ein gemeinsames Modellprojekt des Bundesministeriums für Umwelt, Jugend und Familie und des Bundesministers für Justiz. Bericht des Institut für Rechts- und Kriminalsoziologie. Wien

Proksch, R. (1989a): Alternative Streitentscheidung im Scheidungsfolgenrecht. Überlegungen zur Übertragbarkeit US-amerikanischer Vermittlungsintervention während und nach der Scheidung in das Recht der Familiengerichtshilfe. Archiv für Wissenschaft und Praxis der sozialen Arbeit, 20 (2), S. 71-111.

Proksch, R. (1989b): Scheidungsvermittlung - Ein Instrument integrierter familiengerichtlicher Hilfe. FamRZ, 9.

Proksch, R. (1992): Wege alternativer Konfliktregelung bei Scheidung und Scheidungsfolgen. In J. Hahn u.a. (Hrsg.), Scheidung und Kindeswohl (S. 13-24). Heidelberg: Asanger.

Proksch, R. (1993a): Die Geschichte der Mediation . In H. Krabbe (Hrsg.), Scheidung ohne Richter (S. 170-191). Reinbek: Rowohlt.

Proksch, R. (1993b): Vermittlung. Verwirklichung von Elternrecht und Kindeswohl durch Vermittlung (Mediation). In K. Menne, H. Schilling, M. Weber (Hrsg.), Kinder im Scheidungskonflikt. Weinheim: Juventa.

Proksch, R. (1995): Praxiserfahrungen mit Vermittlung (Mediation) in streitigen Sorge- und Umgangsrechtsverfahren. In Duss-von Werdt, J. u.a. (Hrsg): Mediation. (S. 144-165) Stuttgart: Klett-Cotta.

Ramming, R. & Vergho, C. (1997): Möglichkeiten und Grenzen des Zusammenwirkens von Scheidungsberatung und Familienrechtsprechung – Erfahrungen aus dem Modellprojekt „Familienberatung bei Trennung und Scheidung" (Fats) am Amtsgericht Regensburg. Unveröffentlichtes Manuskript. Regensburg

Rudeck R. (1993): Kindergruppenarbeit im Feld Trennung und Scheidung. In K. Menne, H. Schilling & M. Weber (Hrsg.) Kinder im Scheidungskonflikt. Weinheim: Juventa, S.151-166.

Schaufler, D. (1996): Entwicklung und Auswertung eines Fragebogens zur Befragung von GrundschullehrerInnen über die Thematik von Trennungs- und Scheidungskindern in der Schule. Unveröffentlichte Diplomarbeit. Fachhochschule Regensburg.

Scheuerer-Englisch, H. (1992): Die Rolle der Erziehungsberatungsstelle bei Trennung und Scheidung. In Jugendwohl, 12, S. 560-572.

Scheuerer-Englisch, H. (1993): Beratung statt Begutachtung. Ein Modell der Zusammenarbeit von Erziehungsberatung und Familiengericht. In K. Menne, H. Schilling & M. Weber (Hrsg.), Kinder im Scheidungskonflikt (S. 213-225).Weinheim: Juventa.

Schmidt-Deuter, U. & Beelmann, W. (1995): Familienbeziehungen nach Trennung und Scheidung. Forschungsbericht. Universität Köln

Schön, K. & Müllensiefen, D. (1995): Scheidungsfamilien beraten und im gerichtlichen Verfahren mitwirken. Freiburg: Kontaktstelle für praxisorientierte Forschung e.V.

Schramm-Grüber. D. & Breinlinger, R. (1995): Mediation im Vorfeld familiengerichtlicher Entscheidungen zu Umgangs- und Sorgerechtsregelungen. Werkstattbericht aus dem Modellprojekt für Mediation des Hessischen Ministeriums der Justiz in der Stadt Frankfurt. In J. Duss-von Werdt u. a. (Hrsg): Mediation (S. 166-185). Stuttgart: Klett-Cotta.

Suess, G. (1993): Das Kindesinteresse im Scheidungsverlauf. Implikationen für die Beratungspraxis. In K. Menne, H. Schilling & M. Weber (Hrsg.), Kinder im Scheidungskonflikt. Weinheim: Juventa, S. 167-176.

Straus F., Gmür W. & Höfer R. (1988) Familie und Beratung. Zur Integration professioneller Hilfe in den Familienalltag. München: Profil

Thöne-Jäpel, D. (1993): Eure Scheidung - und was ist mit uns? Erfahrungen und Wünsche von Kindern und Jugendlichen. In K. Menne, H. Schilling & M. Weber (Hrsg.), Kinder im Scheidungskonflikt. Weinheim: Juventa. S.139-150.

Vergho, C. (1994): Familienberatung bei Trennung und Scheidung am Gericht. In H. Cremer u.a. (Hrsg.), Jahrbuch für Erziehungsberatung (Bd. 1, S. 147-162). München: Juventa.

Vergho, C. & Lossen, H. (1993): Familienberatung bei Trennung und Scheidung im Amtsgericht: das Regensburger Modell. Praxis der Kinderpsychologie und Kinderpsychiatrie, 42, S. 345-348.

Wallerstein, J., & Kelly, J. B. (1980): Surviving the breakup: how children and parents cope with divorce. New York: Basic Books.

Wallerstein, J. & Blakeslee, S. (1994): Scheidung - Gewinner und Verlierer. In U. Beck & E. Beck-Gernsheim (Hrsg.), Riskante Freiheiten (S. 168-190). Frankfurt: Suhrkamp.

Werner, K. (1997): Scheidung als kritisches Lebensereignis - Problemlösungen und erfolgreiche Copingstrategien. Erkenntnistheoretische und methodische

Überlegungen zu einer Untersuchungskonzeption. Magisterarbeit an der Ludwig Maximilians-Universität München.

# Anhang

Der folgende Anhang enthält

(1) Angaben zu Ziel und methodischem Design der wissenschaftlichen Begleituntersuchung,
(2) Einflußfaktoren der subjektiven Erfolgseinschätzung - eine CHAID-Analyse,
(3) die Datenblätter der Nutzen-Kosten-Analyse.

ANHANG-1: ZIEL UND METHODISCHES DESIGN DER WISSENSCHAFTLICHEN BEGLEITUNTERSUCHUNG

*Ausgangssituation*

Seit November 1991 wurde im Rahmen eines Modellprojekts die Beratungsstelle „Familienberatung bei Trennung und Scheidung" (FATS) direkt in den Räumen des Amtsgerichts Regensburg eingerichtet. Gefördert wird das Projekt vom Bayerischen Staatsministerium für Arbeit und Sozialordnung, Familie, Frauen und Gesundheit, vom Bayerischen Staatsministerium der Justiz, von der Stadt Regensburg, dem Landkreis Regensburg, dem Diakonischen Werk Regensburg, dem Diakonischen Werk Bayern und dem Amtsgericht Regensburg.
Nach der Konsolidierungsphase des Modellprojekts „Familienberatung bei Trennung und Scheidung" war im Modellversuch eine wissenschaftliche Begleitung festgeschrieben mit der Zielsetzung, eine Erfolgsbewertung der Maßnahme durchzuführen und die Übertragbarkeit der im Modellversuch entwickelten Handlungskonzepte und Kooperationsformen in systematischer Weise zu untersuchen. Die wissenschaftliche Begleitung wurde vom Institut für Praxisforschung und Projektberatung mit Beginn 1. November 1994 durchgeführt und mit dem vorliegenden Bericht und einer Abschlußtagung im November 1997 abgeschlossen.

*Forschungsfragen - Konzept der Untersuchung*

Die Ziele der Begleituntersuchung - Erfolgsmessung und Überprüfung der Transfermöglichkeiten des Modellprojekts - wurden anhand von Wirkungsanalysen auf vier Ebenen angestrebt, die sich aus insgesamt 13 Bausteinen (Modulen) zusammensetzen:

1. Prozeßanalyse:

| Prozeßanalyse (2 Module) | |
|---|---|
| P/1 Profil des Modellprojekts Bewertung der gegenwärtigen Strukturen von Beratung und Strukturen in Jugend- beziehungsweise Familienhilfe mittels Kontextanalyse | P/2 Verlaufsanalyse Projektentwicklung in der ersten Phase 1992-94 und der zweiten Phase 1994-1996 |

Schwerpunkt dieser Analyseebene war die Darstellung und Bewertung der Veränderungen, die das Modell von seiner Konzipierung bis zum Ende der Modellphase genommen hat.

2. Klientinnenanalyse:

| Klientinnenanalyse (4 Module) | |
|---|---|
| K/1 Zielgruppenanalyse Analyse der Klientel gestützt auf die Jahresstatistik des Modellprojekts | K/2 Erfolgsanalyse Klientel Interviews mit ehemaligen Klientinnen beziehungsweise Scheidungspaaren zu Verlauf, Nutzung und Bewertung der Beratung hinsichtlich Kooperation, Veränderung, Erfolg und Zufriedenheit durch Beratung |
| K/3 Perspektivische Erfolgsanalyse fallbezogene Interviews mit den beteiligten Beraterinnen und Familienrichterinnen zu deren Kriterien der Fallbewertung | K/4 Quantitative Befragung schriftliche Befragung aller bis 6/1995 beratenen ehemaligen Klientinnen beziehungsweise Scheidungspaare |

Den Schwerpunkt dieser Analyseebene stellte die Frage des Erfolgs der Familienberatungen aus Sicht der Klientinnen dar.

3. Expertinnenanalyse. Im Mittelpunkt standen Richterinnen, Anwältinnen, Mitarbeiterinnen des Jugendamtes und sonstiger Einrichtungen aus dem Beratungsbereich, die auf professioneller Ebene mit dem Modellprojekt zusammenarbeiten.

| Expertinnenanalyse (3 Module) | | |
|---|---|---|
| E/1 Netzwerkanalyse Vernetzung des Modells mit anderen Institutionen und Professionen | E/2 Erfolgsanalyse Interviews mit Expertinnen anderer Einrichtungen und Professionen hinsichtlich der Außenbewertung des Modellprojekts | E/3 Quantitative Befragung schriftliche Befragung von Expertinnen zu Kooperation, Vernetzung und Außenbewertung |

Schwerpunkt dieser Analyseebene war die Frage, wie das Modell von anderen Einrichtungen in Regensburg bewertet wird, und ob das Modellprojekt die Möglichkeiten der jeweiligen Institutionen sinnvoll ergänzt.

4. Übergreifende Analyse:

| Übergreifende Bewertung (4 Module) | |
|---|---|
| ÜB/1 Bedingungsanalyse Bewertung der Bedingungen der räumlichen Integration des Modells in das Familiengericht | ÜB/2 Transferanalyse Bewertung der Übertragbarkeit der Ergebnisse des Modells auf andere Jugendamtsbereiche und institutionelle Kontexte |
| ÜB/3 Entwicklungsanalye Chancen und Grenzen des Modells; Feedback-Prozeß mit dem Team des Modellprojekts | ÜB/4 Kosten-Nutzen-Analyse systematische Klärung von Effizienzfragen; Entwurf eines Rasters für eine Kosten-Nutzen-Analyse und konkrete Durchführung am Modellprojekt |

Schwerpunkt dieser Analyseebene war vor allem die Integration der Ergebnisse der Analyseebenen (1-4) mit der Besonderheit der räumlichen Anbindung an das Amtsgericht Regensburg.

*Untersuchungsmethoden*

Ziel war es, die Forschungsfragen mit möglichst verschiedenen methodischen Instrumenten zu beleuchten. Die wichtigsten Untersuchungsmethoden sollen im folgenden kurz vorgestellt werden.

Die qualitativen und quantitativen empirischen Bausteine der Begleitstudie erforderten ein vielfältiges sozialwissenschaftliches Methoden-Instrumentarium. Neben den qualitativen Interviews, die jeweils den Schwerpunkt der Datenanalyse bildeten, kamen quantitative Erhebungsinstrumente zum Einsatz (teilstandardisierte Fragebögen, Ratingskalen und life-event-Skalen).

*Qualitative Interviews mit Klientinnen*

Der Auswahlzeitraum wurde so gewählt, daß der Beratungsabschluß nicht länger als drei Jahre zurücklag, um die ausreichende Rekonstruktion der Ereignisse und Erfahrungen der ehemaligen Klientinnen zu ermöglichen. Das Ende der Beratung sollte mindestens ein Jahr zurückliegen, damit die emotionale Verarbeitung der Trennungs- und Scheidungserfahrungen nicht zu sehr in die Rekonstruktion einging. Die Reihenfolge der Auswahlkriterien wurde in einem gemeinsamen Prozeß mit den Beteiligten des Modellprojekts und dem Projektbeirat abgestimmt.

(1) Insgesamt wurden 40 Fälle ausgewählt. Die Zahl von 40 Scheidungsfamilien entspricht in etwa 20% aller in diesem Zeitraum bei FATS registrierten Fälle.
(2) Der Auswahlzeitraum war der 01.06.1992 bis 01.10.1994. Insgesamt standen 218 Fälle zur Verfügung.
(3) In einer geschichteten Zufallsauswahl wurden daraus 40 Fälle ausgewählt. Der Auswahlprozeß wurde von der Beratungsstelle FATS sehr sorgfältig begleitet, so daß der Schutz der persönlichen Daten der ehemaligen Klientinnen gegenüber Dritten gewahrt wurde. Konkret wurden die ausgewählten Fallnummern den Beratern rückgemeldet, die dann jeweils den Kontakt mit den Elternteilen herstellten.
→ Stimmten diese zu, wurden die Klientinnen von geschulten Interviewerinnen des Projektteams des IPP interviewt.
→ Stimmten diese nicht zu, wurde von den Beraterinnen der Grund erfragt

→ und in einem nächsten Schritt vom IPP ein passender Ersatzfall mittels Computers ermittelt

(1) Die Kriterien für die geschichtete Zufallsauswahl waren der Zugang und das Beratungssetting (Hauptkriterien) sowie (als Ergänzungskriterien) die Art des Beratungsabschlusses, Berufsstatus der Eltern, Beratungsschwerpunkte und Co-Beratung (Ja/Nein). Die Auswahlgruppe der 40 Fälle und die Gesamtpopulation der 218 Fälle sollten bezüglich der Hauptkriterien zu 95% und bezüglich der Ergänzungskriterien zu 90% übereinstimmen. Obwohl 50% der Fälle der ursprünglichen Auswahl ersetzt werden mußten, konnten beide Kriterien erfüllt werden.

(2) Ursachen, warum es zu keinem Interview kam: 37% der Klientinnen waren unbekannt verzogen, direkt verweigert haben 35%. Weitere 10% gaben an, jetzt keine Zeit zu haben, später aber für ein Interview zur Verfügung zu stehen. Bei weiteren 18% waren es sonstige Gründe (Adresse war nie bekannt, keine Antwort auf die Briefe). Auffällig war, daß doppelt so viele Frauen wie Männer verzogen waren. Bei den Verweigerungen ergaben sich keine geschlechtsspezifischen Unterschiede.

(3) Es wurden leitfadengestützte qualitative Interviews zwischen ein und zweieinhalb Stunden Dauer durchgeführt, die Interviews wurden auf Band aufgenommen, teiltranskribiert und inhaltsanalytisch ausgewertet.

*Quantitative Interviews mit Klientinnen*

Für die schriftliche Befragung wurde eine Totalerhebung durchgeführt. Insgesamt standen 561 Adressen von Klientinnen zur Verfügung. Aufgrund fehlender oder falscher Angaben betrug die Untersuchungspopulation letztlich 529 Klientinnen.

(1) Aus Datenschutzgründen fand der Fragebogenversand in enger Kooperation mit der Beratungsstelle des Modellprojekts statt, das heißt aber, daß einen großen Teil der organisatorischen Last die Mitarbeiterinnen der Beratungsstelle leisten mußten.

(2) Rücklauf: Insgesamt kamen 234 Fragebögen zurück, weitere 28 Klientinnen hatten bereits an Interviews teilgenommen, so daß insgesamt 49,5% der Untersuchungspopulation erreicht wurden. Angesichts der Klientel und der Tatsache, daß auch Klientinnen mit nur einem oder zwei Terminen mit einbezogen wurden, ist der Rücklauf zufriedenstellend (in der Befragung, die alle Münchner Erziehungsberatungsstellen durchgeführt haben und in die alle Fälle mit mindestens drei Beratungskontakten einbezogen wurden, betrug der Rücklauf 54%, vgl. Lang, Herath-Schugsties & Kilius 1997).

(3) Die Repräsentativität wurde unter anderem durch den Vergleich mit der Jahresstatistik sowie den Ausgangsdaten zur qualitativen Fallauswahl geprüft. Bei sechs Kriterien (Geschlecht und Berufsstatus der Eltern, Geschlecht und Alter der Kinder, Zugang zur Beratung und Beratungsdauer) ergab sich nur bei einem Kriterium eine signifikante Abweichung. Es haben etwas mehr Frauen den Fragebogen zurückgeschickt als insgesamt in Beratung waren.

(4) Die Befragung fand insgesamt in drei Wellen statt (zwei Erinnerungsschreiben, Gesamtrücklauf nach Wellen 48,9%-36,7%-14,4%). Der Vergleich der Wellen ergab als wesentlichen Unterschied nur, daß überdurchschnittlich viele Frauen bereits in der ersten Welle geantwortet hatten.

(5) Die Daten wurden mit SPSS überwiegend deskriptiv ausgewertet. Angesichts der kleinen Fallzahl in den Untergruppen und mit Blick auf die Hauptzielgruppe dieses Buches, wurde für die Darstellung auf eine Angabe der statistischen Maße verzichtet.

*Expertinnenanalyse*

Dazu wurden eine schriftliche Befragung und Interviews durchgeführt. An der schriftlichen Befragung haben 117 Expertinnen aus unterschiedlichen Berufsgruppen und Einrichtungen in Regensburg teilgenommen, die mit dem Aufgabenbereich Trennungs- und Scheidungsberatung und Folgen von Trennung und Scheidung befaßt sind (zu Verteilung der Teilnehmerinnen auf die einzelnen Einrichtungen vgl. Kapitel 5 Expertinnenanalyse). Ergänzend dazu und zur Vertiefung spezieller Themen, wurden Interviews mit fünf Expertinnen aus folgenden Bereichen geführt: Erziehungsberatungsstelle, Jugendamt, Rechtsanwalt, Kindertagesstätte, Jugendsozialarbeit.

(1) Die Auswahl der Teilnehmerinnen für alle Erhebungsschritte wurde zusammen mit dem Fachbeirat getroffen.

(2) Die Einrichtungen wurden durch telefonischen Vorkontakt über die schriftliche Befragung informiert, und es wurde ihr Einverständnis zur Teilnahme eingeholt.

(3) Auf dieses Vorgehen läßt sich die vergleichsweise hohe Teilnahmebeziehungsweise Rücklaufquote von 77% zurückführen.

*Erhebungen innerhalb des Modellprojekts*

Hierzu fand eine kleine Längsschnittbefragung statt beziehungsweise wurden die am Modell beteiligten Richterinnen und Psychologinnen zweimal interviewt.

(1) Der erste Erhebungszeitraum lag zu Beginn der wissenschaftlichen Begleitung, der zweite gegen Ende, so daß Aussagen und Vergleiche über die Weiterentwicklungen der Projektarbeit möglich wurden.

(2) Ergänzend dazu gab es perspektivische Fallanalysen, das heißt, es wurde eine Diskussion am konkreten Fall durchgeführt, an der alle Projektmitarbeiterinnen beteiligt waren.

(3) Außerdem wurde eine schriftliche Befragung der Familienrichterinnen zu ihrer Verweispraxis in die Beratungsstelle FATS durchgeführt.

Hinzu kam eine Zielgruppenanalyse, in der anonymisierte Datenblätter von 218 Fällen nach sozialstatistischen Kriterien ausgewertet wurden.


## ANHANG-2: EINFLUßFAKTOREN DER SUBJEKTIVEN ERFOLGSEINSCHÄTZUNG - EINE CHAID-ANALYSE

Im folgenden Beispiel geht es um die Frage, wodurch die subjektive Erfolgseinschätzung der Klientinnen beeinflußt wurde. Im Mittelpunkt steht das Ziel, vor allem jene Variablenkombinationen zu finden, die dieses Urteil besonders geformt haben. Analysiert wurden folgende Variablen:

*Vorerfahrungen und Erwartungen der Klientinnen:*

(1) Art und Bewertung der Vorerfahrung mit Beratung;
(2) Erwartungen an den Beratungsprozeß;
(3) Trennungserfahrung aus dem Elternhaus.

*Der Zugang zur Beratung:*

(1) Art des Zugangs;
(2) Zeitpunkt der Beratung im Trennungsprozeß;
(3) Wie freiwillig er erlebt wurde;
(4) Wie motiviert der/die Klientin war.

*Der Beratungsprozeß:*

(1) die Person des Beraters (Kontakt, ...);
(2) das Beratungssetting;
(3) die Beratungsdauer (Länge, Zufriedenheit);
(4) der Beratungsverlauf.

*Die getroffenen Regelungen:*

- Art und Bereich der Regelungen;
- Zufriedenheit mit den Regelungen;

*Die erreichten Effekte:*

(1) für die eigene Person;
(2) für die Beziehung zum Ex-Partner bzw. zur Ex-Partnerin;
(3) für die Beziehung zu den Kindern.

*Allgemeine Rahmenbedingungen und sozio-demografische Faktoren:*

(1) ob die Kinder in Beratung waren;
(2) wo das Kind lebt (beim Befragten/ nicht beim Befragten);
(3) Alter, Bildung, Konfession, Finanziellen Verhältnisse.

Zur Analyse und Darstellung haben wir mit der CHAID-Analyse auf ein neues, noch eher selten praktiziertesVerfahren zurückgegriffen. Die CHAID-Analyse teilt eine Population anhand von vorgegebenen kategorialen Vorhersagevariablen in verschiedene Teilpopulationen (Segmente) ein, so daß eine abhängige Variable in den verschiedenen Segmenten unterschiedliche Ausprägungen hat. Die einzelnen Segmente können dann bezüglich des Grades dieser Ausprägung in eine Reihenfolge gebracht werden. Ferner ist erkennbar, welche Vorhersagevariablen einen starken oder auch gar keinen Einfluß auf die abhängige Variable haben. Das wichtigste Hilfsmittel der Darstellung ist ein sogenanntes Baumdiagramm.

(a) Erfolgseinschätzung Frauen

Die CHAID-Analyse ergab folgendes Baumdiagramm:

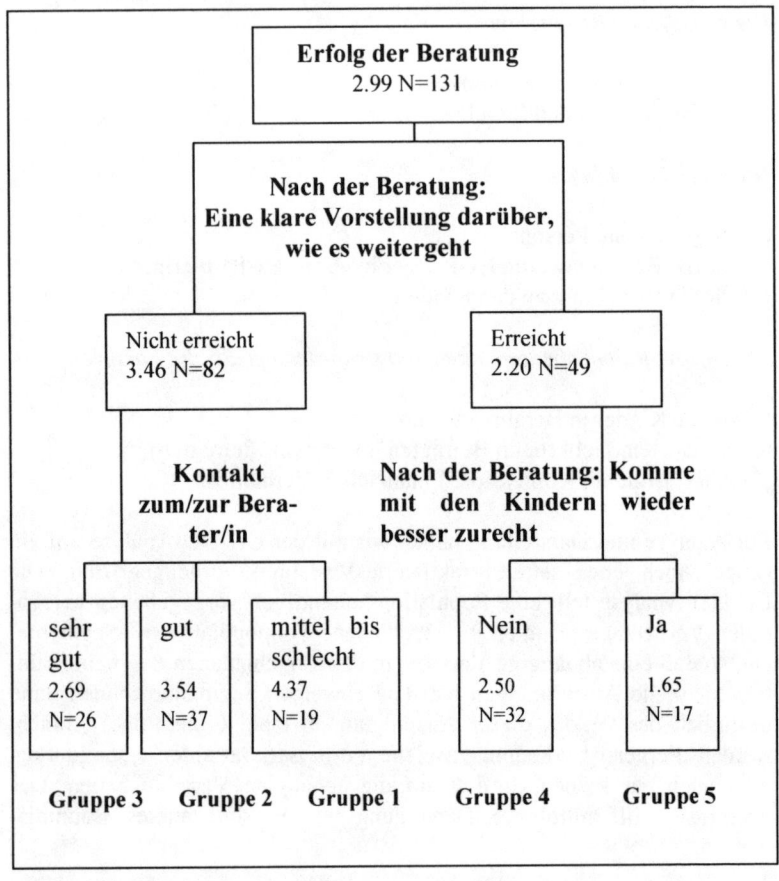

Man erkennt am obersten Knoten (Parent Node), die Grundverteilung der Population (N=131). Demnach haben die Klientinnen auf einer Skala von 1 (=sehr erfolgreich) bis 6 (=überhaupt nicht erfolgreich) die Beratung mit dem Durchschnittswert 2.99 bewertet.

Es folgt ein sogenannter Child Node. Dieser steht für die Prädiktorvariable „Eine klarere Vorstellung darüber, wie es weitergeht". Wer auf die Frage, was Beratung ihr persönlich gebracht hat, mit „Ja" geantwortet hat, bewertet die Beratung deutlich besser (2.20) als jene, die hier mit „Nein" geantwortet haben (3.46).

Daß diese Variable den ersten Child Node bildet, bedeutet, daß sie diejenige Einflußvariable ist, die den größten Einfluß auf die abhängige Variable „Erfolgsbewertung der Beratung" hat. Die weiteren Knoten zeigen, welche anderen Prädiktorvariablen einen signifikanten Einfluß haben[46] und wie diese zusammenhängen. Insgesamt ergeben sich fünf Gruppen[47]

(1) Diese erste Gruppe (1) umfaßt N=19 Klientinnen. Diese haben durch den Beratungsprozeß keine klaren Vorstellungen bekommen, wie es weitergehen soll, und sie hatten zur Beraterin oder zu ihrem Berater einen mittel bis schlechten Kontakt. Sie liegen mit ihrer Bewertung (4.37) um 46% über dem Durchschnittswert.

(2) Die zweite Gruppe (2) umfaßt N=37 Klientinnen. Auch diese haben durch den Beratungsprozeß keine klaren Vorstellungen bekommen, wie es weitergehen soll. Aber da sie zur Beraterin oder zu ihrem Berater einen guten Kontakt hatten, beurteilen sie die Beratung positiver. Sie liegen mit ihrer Bewertung (3.54) um 18% über dem Durchschnittswert.

(3) Die dritte Gruppe (3) umfaßt N=26 Klientinnen. Für sie gelten die gleichen Aussagen wie für die zweite Gruppe, nur daß sie den Kontakt zur Beraterin bzw. zu ihrem Berater als sehr gut erlebt haben. Dies erklärt, warum sie mit ihrer Bewertung (2.69) sogar um 10% unter dem Durchschnittswert liegen.

(4) Etwas positiver urteilt die vierte Gruppe. Sie umfaßt N=32 Klientinnen. Sie haben eine klarere Vorstellung darüber gewonnen, wie es weiterhgeht, aber in bezug auf ihr Verhältnis zu den Kindern hat sich nichts verbessert. Sie bewerten die Beratung mit 2.50 und liegen um 16% unter dem Durchschnittswert.

(5) Eindeutig am positivsten urteilt jene Gruppe (5) mit N=17 KlientInnen, die eine klarere Vorstellung darüber gewonnen hat, wie es weitergeht, und die durch Beratung auch wieder besser mit ihren Kindern zurecht kommen. Sie bewerten die Beratung mit 1.65 fast ausnahmslos positiv und liegen um 65% besser als der Durchschnittswert.

Alle anderen untersuchten Variablen sind von nachgeordnetem Einfluß. Dies heißt wiederum nicht, daß sie keinen signifikanten Einfluß auf die abhängige Variable haben, aber sie führen nicht zu einer weiteren Segmentierung.

---

[46] Für die Analyse galt zur Bildung von Gruppen ein Mindestsignifikanzniveau von $p \leq 0.050$. Untergruppen unterhalb 20% der Ausgangspopulation wurden nicht mehr gesplittet. Untergruppen unterhalb 10% der Ausgangspopulation nicht mehr erzeugt. Zur Analyse wurde die Standardeinstellung (Likelihood Ratio, Bonferoni adjustment) gewählt.

[47] Im Unterschied zur Clusteranalyse, werden die Gruppen nicht aufgrund von Ähnlichkeiten vieler verschiedener Variablen gebildet, sondern in bezug auf eine logisch-hierarchische Zuordnung zu einer bestimmten Zielvariable. Vgl. zum Verfahren Bühl & Zöfel 1996.

(b) Erfolgseinschätzung Männer

Die CHAID-Analyse ergab folgendes Baumdiagramm

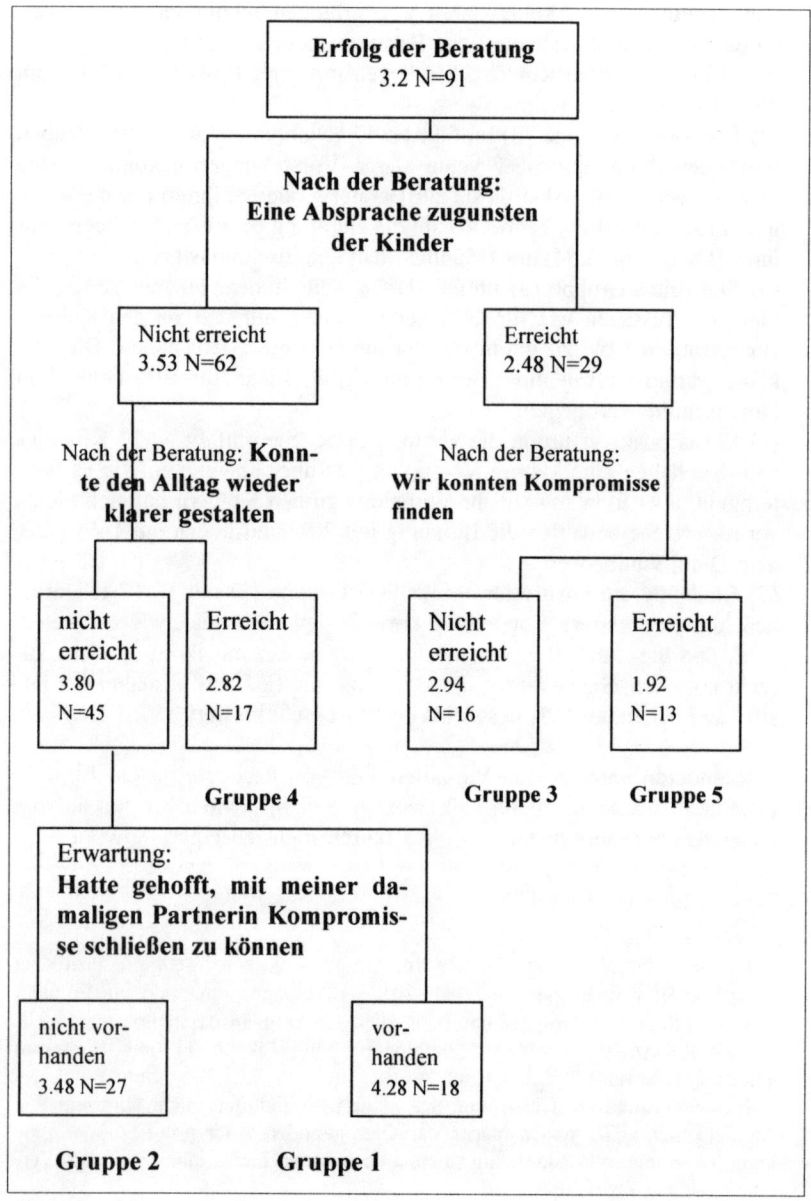

Man erkennt, daß die Männer in ihrer Bewertung ein wenig skeptischer sind als die Frauen. Ihr Durchschnittswert liegt mit 3.230 etwas höher. Zwar ergibt die CHAID-Analyse auch hier 5 Gruppen, aber das Variablengeflecht sieht etwas anders aus.

(1) Die schlechteste Einschätztung haben jene N=18 Klienten (Gruppe 1), die weder eine Absprache zugunsten der Kinder erreicht haben, noch ihren Alltag nach dem Beratungsprozeß wieder klarer gestalten konnten und die vor der Beratung gehofft hatten, über Beratungsunterstützung wieder Kompromisse mit ihrer Partnerin zu schließen. Ihre Bewertung liegt mit 4.28 um 34% über dem Durchschnittswert der Männer.

(2) Die zweite ebenfalls enttäuschte Gruppe (2) umfaßt N=27 Klienten. Für sie gelten die gleichen Bedingungen wie für die ersten Gruppe, mit der Ausnahme, daß sie sich nicht erwartet hatten, daß Beratung auch zu mehr Kompromißbereitschaft ihrer Partnerin führt. Ihre Bewertung liegt mit 3.48 nur um 9% über dem Durchschnittswert.

(3) Die dritte Gruppe (3) umfaßt N=16 Klienten. Sie beurteilen im Durchschnitt den Beratungsprozeß mit 2.94 wie die Frauen. Ausschlaggebend für ihr um 8% gegenüber dem Durchschnitt positiveres Urteil war, daß die Absprachen zugunsten der Kinder zwar erreicht wurden, aber es nicht gelang, mit der Ex-Partnerin Kompromisse zu schließen..

(4) Nur unwesentlich positiver urteilt jene Gruppe, für die gilt, daß sie den Alltag wieder klarer gestalten können, aber denen es nicht gelang, mehr Absprachen zugunsten der Kinder zu erreichen. Diese Gruppe umfaßt N=17 Klienten. Sie bewerten die Beratung mit 2.82 und liegen um 12% unter dem Durchschnittswert.

(5) Eindeutig am positivsten urteilt jene Gruppe (5) mit N=13 Klienten, die sowohl Absprachen zugunsten der Kinder treffen konnten wie auch wieder Kompromisse mit ihrer Ex-Partnerin. Klienten, denen die Beratung diese Erfolgserlebnisse bescherte, bewerten die Beratung mit 1,92 um 34% positiver als der Durchschnitt der Männer.

Vergleicht man Männer wie Frauen zeigt sich, daß die positive Beratungseinschätzung vor allem auf der Effektebene zu suchen ist. Gelingt es, Absprachen zu erreichen, den Alltag wieder klarer zu gestalten und wieder Kompromisse zu schließen, fällt die Bewertung positiver aus, als wenn Teile oder alle diese Effekte nicht eintreten. Der Geschlechterunterschied liegt einmal in der vor allem für Frauen wichtigen Einschätzung des Beraterin-Kontakts und darin, daß die Männer weitaus stärker als Frauen hoffen, wieder zu Kompromissen zu kommen.

Wichtig zum Verständnis dieser Analyse ist, daß die hier nicht zur Geltung kommenden Variablen nicht als ohne Einfluß interpretiert werden dürfen, sondern nachgeordneten Einfluß ausüben. Zum zweiten muß man bedenken, daß es immer um die Vorhersagekraft bezüglich einer einzigen

Ausgangsvariable geht. Würde man eine andere wählen (beispielsweise die erreichten Effekte) kämen ganz andere Variablen zum Zug (beispielsweise die Dauer der Beratung oder/und ob Kinder mit in den Beratungsprozeß einbezogen waren oder nicht).

ANHANG-3: DATENBLÄTTER DER NUTZEN-KOSTEN-ANALYSE

Die folgenden 5 Datenblätter geben die Berechnungsgrundlage der in Kapitel 4.5 vorgenommenen Nutzen-Kostenberechnung wieder.

| | Personalkosten | | Raum-kosten | Sachko-sten | Bruttoausgaben der öffentlichen Hand: | | | | |
|---|---|---|---|---|---|---|---|---|---|
| | Berater | Sekretärin | | | | | | | |
| Perskost ges. | 120.190 | 32.436 | 5184 | 1500 | *Bruttoausgaben der öffentlichen Hand:* | | | | 159.310 |
| AG-Anteil | 18.549 | 5.006 | | | Sozialabgaben | 23.555 | | | |
| Bruttolohn | 101.641 | 27.430 | | | Sozialabgaben | 23.555 | | | |
| AN-Anteil | 18.549 | 5.006 | | | Lohnsteuer | 13.261 | | | |
| Lohn vor St. | 83.091 | 22.424 | | | | | | | |
| Steuern | 11.467 | 1.794 | | | Ust. (12%) | 6.545 | | | |
| Nettolohn | 71.625 | 20.630 | | | Est. (40 %) | 3.072 | | | |
| Konsumausg. | 60.578 | 18.076 | | 1.500 | - Gewerbesteuer (2,5 %) | 1.527 | | | |
| Ausgaben für | | | | | Summe | | | | |
| Einzelhandel | 32.954 | 11.822 | | 500 | | | 45.276 | | |
| Wohnungen | 14.478 | 4.591 | 5.184 | | | | 24.253 | | |
| lokale DL | 13.145 | 1.663 | | 1.000 | | | 15.808 | | |
| | | | | | Gesamtumsatz | | 85.338 | | |
| | | | | | USt/GewSt-pflicht. Umsatz | | 61.085 | Summe der Rück-flüsse an die | |
| | | | | | - Gewinne vor Steuern 9 % | | 7.680 | öffentliche Hand | 71.515 |
| | | | | | **Nettoausgaben der öff. H.** | | | | **87.795** |

Blatt 1: Berechnung der Kosten von FATS

| | | | | |
|---|---|---|---|---|
| Perskost ges. | 63.200 | | | |
| AG-Anteil | 9.754 | | Sozialabgaben | 9.754 |
| Bruttolohn | 53.446 | | | |
| AN-Anteil | 9.754 | | Sozialabgaben | 9.754 |
| Lohn vor St. | 43.692 | | | |
| Steuern | 3.495 | | Lohnsteuer | 3.495 |
| Nettolohn | 40.197 | | | |
| Konsumausg. | 35.221 | | | |
| Ausgaben für | | Summe | | |
| Einzelhandel | 23.035 | 23.035 | | |
| Wohnungen | 8.946 | 8.946 | | |
| lokale DL | 3.240 | 3.240 | | |
| Gesamtumsatz | 35.221 | | | |
| USt/GewSt-pflicht. Umsatz | 26.275 | | | |
| - Gewinne vor Steuern (9 %) | 3.170 | 3.170 | | |
| | | | USt.(12 %) | 2.815 |
| | | | ESt (40%) | 1.268 |
| | | | Gewerbesteuer (2,5 %) | 657 |
| *Summe öffentlicher Einkommen* | | | | *27.743* |
| ***Gegenwartswert öffentl. Einkommen*** | | | | ***22.803*** |

Blatt 2: Berechnung des Einnahmeausfalls der öffentlichen Hand durch um ein Jahr verspäteten Schulabgang

| | Personalkosten | | | Raum-kosten | Einrichtungs-gegenstände | Verwal-tungs-kosten | Fortbil-dungen | | |
|---|---|---|---|---|---|---|---|---|---|
| | Berater | Honorar-kraft | Sekretä-rin | | | | | | |
| Perskost. ges. | 319.100 | 20.000 | 63.200 | 72.000 | 2.500 | 13.000 | 7.000 | Bruttoausg. der öff. Hand | 496.800 |
| AG-Anteil | 49.248 | | 9.754 | | | | | Sozialabgaben | 59.002 |
| Bruttolohn | 269.852 | 20.000 | 53.446 | | | | | | |
| AN-Anteil | 49.248 | | 9.754 | | | | | Sozialabgaben | 59.002 |
| Lohn vor St. | 220.604 | 20.000 | 43.692 | | | | | | |
| Steuern | 30.443 | 3.000 | 3.495 | | | | | Lohnsteuern | 36.939 |
| Nettolohn | 190.161 | 17.000 | 40.197 | | | | | | |
| Konsumaus. | 160.832 | 13.180 | 35.221 | | | | | | |
| Ausgaben für Ein-zelhandel * | 87.492 | 8.620 | 23.035 | | 2.250 | 4.333 | 700 | | |
| Wohnungen** | 38.439 | 3.348 | 8.946 | 72.000 | | | | | |
| lokale DL*** | 34.900 | 1.213 | 3.240 | | 250 | 8.667 | 6.300 | | |
| Summe * | | 126.430 | | | | | | Summe der Rückflüsse der öff. Hand | 189.795 |
| Summe ** | | 122.733 | | | | | | Nettoausgaben der öffentlichen Hand | 307.005 |
| Summe *** | | 54.570 | | USt. (12 %) | | 19.393 | | Nettokosten in % der Bruttokosten | 62 |
| Gesamtumsatz | | 303.733 | | ESt (40 %) | | 10.934 | | Bruttokosten je Leistungseinheit | 231 |
| USt/GewSt-pflicht. Umsatz | | 181.000 | | | - Gewerbesteuer (2 %) | 4.525 | | Nettokosten je Leistungseinheit (Beh.std.) | **143** |
| - Gewinne vor Steuern 9 % | | 27.336 | | | | | | | |

Blatt 3: Berechnung der Kosten der Behandlung psychischer Krankheiten je Leistungseinheit

Arzt-Honorare

| GOÄ-Ziffer | | DM je Einheit | GOÄ-Faktor | Behandlungseinheiten für | | Behandlungskosten je Leistungseinheit | | | |
|---|---|---|---|---|---|---|---|---|---|
| | | | | ernsth. Krankheit | einfache Krankheit | ernsthafte Krankheit | einfache Krankheit | ernsthafte Krankheit | einfache Krankheit |
| 1 | Beratung | 9,12 | 1 | | 1 | 0 | 9,12 | | |
| 2 | Wiederholungsrezept | 3,42 | 1 | 1 | 1 | 3,42 | 3,42 | | |
| 3 | Eingehende Beratung | 17,1 | 1 | 1 | | 17,1 | 0 | | |
| 5 | Symptombezogene Untersuchung | 9,12 | 1 | | 1 | 0 | 9,12 | | |
| 7 | Untersuchung e. Organsystems | 18,24 | 1 | 1 | | 18,24 | 0 | | |
| | | | | | | **Bruttoausgaben** | | **Nettoausgaben** | |
| | | | | | | 38,76 | 21,66 | 33,53 | 18,74 |
| | Medikamente | 30 | 1 | 2 | 1 | 60 | 30 | 56,34 | 28,17 |
| | | | | | | **Nettoausgaben je Leistungseinheit** | | **90** | **47** |

Blatt 4: Berechnung der Kosten der Behandlung physischer Krankheiten je Leistungseinheit

| Auftretenswahrscheinlichkeit der Merkmale ⇓ | Trennungsbezogene Auftretenswahrscheinlichkeit | Betroffene bezogen auf die Grundmenge | Maximale Verminderung des Auftretens der Merkmale | Einheitswert je Wirk. einheit | Wirkungseinheiten | erzielter Nutzen bei einer Wirkungszuordnung von | | | |
|---|---|---|---|---|---|---|---|---|---|
| | | 100 % = 157 | | in DM | | in DM | | | |
| | | | | | | 100 % | 44 % | 30 % | 10 % |
| **Merkmale:** | | | | | | | | | |
| Versetzung gefährdet 9,40 % | 5,00 % | 8 | 75 % | 22.803 | 0,22 | 29.472 | 12.968 | 8.842 | 2.947 |
| **physische Krankheit** | | | | | | | | | |
| < ernsthafte Krankheit 3,50 % | 2,80 % | 4 | 66,70 % | 90 | 4 | 1.052 | 463 | 316 | 105 |
| < Magen-Darm-Probl. 18,80 % | 15,04 % | 24 | 43,80 % | 47 | 2 | 968 | 426 | 290 | 97 |
| <Hautausschläge 7,86 % | 6,29 % | 10 | 42,86 | 47 | 2 | 396 | 174 | 119 | 40 |
| **Psychische Krankheiten** | | | | | | | | | |
| <Depressionen 61,80 % | 55,62 % | 87 | 58,80 % | 143 | 18 | 131.651 | 57.926 | 39.495 | 13.165 |
| <Schlafstörungen 22,47 % | 20,22 % | 32 | 54,54 % | 143 | 9 | 22.200 | 9.768 | 6.660 | 2.220 |
| <Wutanfälle 14,61 % | 13,15 % | 21 | 46,15 % | 143 | 9 | 12.214 | 5.374 | 3.664 | 1.221 |
| | | | | | | **197.952** | **87.099** | **59.386** | **19.795** |

Blatt 5: Berechnung des monetären Nutzens von FATS

# Die Autorinnen und Autoren

Wolfgang Buchholz-Graf, Dr. phil., Dipl. Psych., Professor für Theorie und Methoden der Sozialen Arbeit an der Fachhochschule Regensburg. Arbeitsschwerpunkte/Veröffentlichungen: Beratung in der Sozialen Arbeit, Gemeindepsychologie, Lebensweltorientierung in der Jugend- und Familienhilfe.

Christiane Caspary, Dipl. Psych., Mitarbeiterin des Instituts für Praxisforschung und Projektberatung und Beratungstätigkeit in einem Sozialpsychiatrischen Dienst. Arbeitsschwerpunkte: Ausbildung in Familientherapie.

Lis Keimeleder, Studium der Pädagogik, Psychologie und Kunsterziehung, M.A. in Pädagogik, tätig in Forschung, Beratung und Erwachsenenbildung, Mitarbeiterin des Instituts für Praxisforschung und Projektberatung. Arbeitsschwerpunkte: Berufsbezogene Jugendhilfe, Identitätsentwicklung junger Erwachsener.

Florian Straus, Dipl. Soz., Leiter des Instituts für Praxisforschung und Projektberatung. Arbeitsschwerpunkte/Veröffentlichungen: Soziale Netzwerke, Identitätsforschung, Gesundheitsforschung und Qualitätsmanagement.